江苏人民教育家培养工程丛书（第四辑）

研创课堂

YANCHUANG KETANG

蒋玉琴 著

江苏凤凰教育出版社
Phoenix Education Publishing, Ltd

感谢您使用本书。您在使用本书时如有建议或发现质量问题,请联系我们。

【内容质量】电话:4008283622

【印装质量】电话:4008283610

图书在版编目(CIP)数据

研创课堂 / 蒋玉琴著. --南京 :江苏凤凰教育出版社,2025. 7. --(江苏人民教育家培养工程丛书. 第四辑).

ISBN 978-7-5743-1249-4

Ⅰ. G623.502

中国国家版本馆 CIP 数据核字第 2024LK8903 号

江苏人民教育家培养工程丛书(第四辑)

书　　名	研创课堂
著　　者	蒋玉琴
责任编辑	林　琬
出版发行	江苏凤凰教育出版社(南京市湖南路 1 号 A 楼　邮编:210009)
苏教网址	http://www.1088.com.cn
照　　排	江苏凤凰制版有限公司
印　　刷	南京顺和印刷有限责任公司(电话:025-83682876)
厂　　址	南京市江宁区麒麟街道天和路 78 号
开　　本	787 毫米×1092 毫米　1/16
插　　页	2
印　　张	14
版　　次	2025 年 7 月第 1 版
印　　次	2025 年 7 月第 1 次印刷
书　　号	ISBN 978-7-5743-1249-4
定　　价	40.00 元
网店地址	http://jsfhjycbs.tmall.com
公 众 号	苏教服务(微信号:jsfhjyfw)
邮购电话	025-85406265,025-85400774
盗版举报	025-83658579

苏教版图书若有印装错误可向出版社调换

江苏人民教育家培养工程丛书（第四辑）编委会

总序 FOREWORD

为江苏未来教育家成长奠基

自党的十八大以来，特别是2018年1月中共中央、国务院印发《关于全面深化新时代教师队伍建设改革的意见》以来，全国教师队伍建设有了新的里程碑，教师发展整体面貌发生了新变化。贯彻党的二十大精神，落实立德树人根本任务，办人民满意的教育等等，都需要充分发挥教师的作用。教育家是教师队伍的重要组成部分和中坚力量，也是推动教育综合改革及实现教育现代化的积极参与者、实践者和贡献者。

纵观世界教育史，每一次深刻的教育变革都离不开教育家的参与和推动。邓小平同志在1986年就提出“希望中国出现一大批三四十岁的优秀的科学家、教育家、文学家和其他各种专家”。2007年《国家教育事业发展“十一五”规划纲要》明确提出了“提倡教育家办学”的方针。《国家中长期教育改革和发展规划纲要(2010—2020年)》也明确提出，要创造有利条件，鼓励教师和校长在实践中大胆探索，创新教育思想、教育模式和教育方法，形成教学特色和办学风格，造就一批教育家，倡导教育家办学。

倡导教育家办学，要在扎根于民族文化土壤的同时，吸纳一切人类文明成果，形成具有本土特色和全球视野的教育实践和教育智慧。我国源远流长的几千年文明发展，不仅积淀了丰富的教育话语体系，而且涌现出一批又一批的优秀教育家。如，有被推崇为“大成至圣先师”“万世师表”的孔子，有“匹夫而为百世师，一言而为天下法”的韩愈，有“捧着一颗心来，不带半根草去”的人民教育家陶行知，等等。

江苏素有重教兴学的优良传统。明清两代全国202名状元中，有66人出自江苏，约占总数的三分之一。新中国成立以来，两院院士三分之一以上是江苏籍。"十一五"规划以来，江苏认真贯彻国家、省教育规划纲要，坚持把优先发展教育作为强省之基，把科教与人才强省作为经济社会发展的基础战略，扎实做好教育改革发展各项工作。为顺应发展要求，江苏在2009年启动实施"江苏人民教育家培养工程"，旨在通过培养一批具有教育家潜质的校长、教师，带动全省师资队伍建设，提高全省教育质量。工程启动和实施以来，得到了省内外同行的高度关注，《中国教育报》《人民教育》等权威教育媒体纷纷予以报道，给予了很多的支持和鼓励。在工程的带动下，全省基础教育人才队伍建设工作蓬勃开展，人才梯队不断优化，人才培养形成常态。无锡的"教育名家培养工程"、常州和镇江的"名师工作室"、苏州的"姑苏人才计划"、南通和淮安的"名师名校长培养工程"、连云港的"中小学高层次人才'333'工程"、泰州的"中小学卓越教师培养"、扬州的"领雁工程"等，都取得了良好成效，为江苏基础教育事业的明天提供了人才支撑。

一、设计思路

古今中外的教育家，虽然成长路径各不相同，但他们身上有一个共同特点，那就是都有美好的发展愿景，都是积极主动、持之以恒地追求自我发展。而有计划的培养可以促其自觉、使其坚定、催其奋进、助其提高。实践证明，通过有效地整合社会资源，建立系统而完整的培养制度，对培养对象进行引领、促进、支持，给予他们相对良好的成长空间和必要的规制，有助于他们更快更好地成长。我们认为，确立"人民教育家是可以培养的"观念，是科学的人才观、发展观在师资队伍建设中的体现。

确立目标宗旨。为一批立志终身从教、教育理念新、科研能力强、专长突出、风格鲜明、发展潜力大的中小学教师和校长创造条件，提供平台，给予重点培养，帮助他们在教育理论素养和创新实践能力等方面得到全面提升，使其个人专长更加凸显，特色风格更加鲜明，为他们成长为社会公认的人民教育家奠定基础，并以此带动和促进全省中小学师资队伍水平的整体提升，为江苏建设教育强省、率先实现教育现代化、办人民满意的教育做出更大的贡献。

制订培养计划。工程实施的目标是培养基础教育高端人才。从2009年起，计划在全省范围内分四批选拔200名特级教师进行重点培养。200个培养名额，低于特级教师总数的20%，不到中小学专任教师总数的万分之三。分四批培养，每批50人，确保每一名培养对象都能享有足够好、足够多的专家资源、活动资源、财力资源和实践平台，保证培养过程更加具有科学性、针对性和有效性。

明晰选拔标准。分析近代以来我国教育家表现出来的特质，我们发现他们有三个方面的共同特质：一是志存高远，具有远大的教育理想，"敢探未发明的新理"，善于发现和潜心研究教育问题，形成自己独到的教育思想；二是学高为师，具有丰富的学识和科学的经验，勇于探索，在办学理念和思路、学校建设与管理、教育教学方式等方面形成鲜明的特色和风格；三是身正为范，具有高尚的人格魅力，热爱学生，尊重学生，对学生有大爱之心，并有较大的社会影响。为此，在培养对象的选拔上，我们确定了“坚持一个基本条件，着重考察三个方面”的原则。基本条件是必须是特级教师，是“师德的表率、育人的模范、教学的专家”。在此基础上，着重考察培养对象是否有正确的、强烈的成长动机，有为人民教育事业奋斗终身的坚定理想和不懈追求；是否具有深厚的教育理论素养、文化素养和专业素养，有成为人民教育家的基础条件和发展潜力；是否具有高尚的人格魅力，在区域和学科专业领域内声望高、影响大、示范性强，受到同行、学生、家长和社会的广泛敬重和好评。

二、制度建构

“江苏人民教育家培养工程”是一项系统性工程，旨在探索高端教育人才培养的政策、制度和实践模式，以培养对象的教育思想、办学行为和先进事迹激发全省所有校长、教师的教育热情和奉献精神。经过五年的实践探索，逐步形成了一套比较完整的培养体系，制订了《江苏人民教育家培养工程实施指南》，形成了管理、培养、考核“三位一体”的培养工作机制。

建立了管理机构。在管理上，江苏省教育厅成立了“江苏人民教育家培养工程领导小组”，负责培养工作的整体把握和指导，指定江苏省教育科学研究院负责工程的具体实施工作。根据培养对象的特点和研究方向，成立了小学学科组、中学学科组、中职教师组、小学管理组、中学管理组等不同培养方向的五个研修组。与培养对象相对应，组建了五个专家指导小组，通过个别指导和集体指导相结合的模式，就培养对象的发展规划、研究方向、课题研究进行指导。

搭建了培养平台。在培养上，以“政府创设平台、专家引领指导、个人主动发展、团队共同提高”为培养机制，以帮助培养对象“提高师德修养、拓展教育视野、创新教学理念、提高教育教学能力水平”为核心培养内容，规划实施了九大系列培养计划：催生教育主张——培养对象理论素养提升计划；聆听高端讲座——培养对象知识结构更新计划；牵手农村教育——培养对象责任修炼计划；推动教育创新——培养对象实践模式构建计划；走近教育家——培养对象分类阅读计划；聚焦实践问题——培养对象小组合作研究计划；带动共同发展——培养对象团队建设计划；教育家办学——影响力论坛计划；行者无疆——教育考察计划。围绕计划，在2017年至2022年第四期培养对象培养期内，开展省级集中活动20余次、小组活动近100次。

制订了考核制度。在考核上，江苏省教育厅委托江苏省教育科学研究院与培养对象签订“目标责任书”，依据目标责任书开展年度考核、中期考核和终期考核工作。其中，年度考核实行报告评价式考核，研修小组和培养对象每年要做一次工作总结，报告一次研修心得；中期考核在培养期的第三年举行，实行发展性评估考核；终期考核按目标责任书实行目标考核。培养周期完成，在个人考核的基础上，成立“培养工作评估项目组”，对项目实施情况进行整体评估。

提供了条件保障。主要从专家、平台、经费等方面为工程实施及培养对象提供专业支持、环境支持和政策支持。一是组建了专家指导团队，聘请了国内一流专家。目前共聘请专家119人次，其中为第四期培养对象聘请的专家有37人。二是设立江苏省教育科学规划“十三五”人民教育家培养对象专项课题，鼓励培养对象申报教育科研课题，通过课题研究推动培养对象成长。三是为每位培养对象至少安排一次出国研修的机会，召开一次教育思想研讨会，资助出版一部专著，为他们形成教育教学思想创造条件。

三、实践成效

工程实施以来，每一位培养对象都以教育家的素养标准要求自己，经过五年努力，提升了综合素养，取得了很多教育教学成果，带动了区域内多元团队的共同发展，还通过跨区域的合作在更大范围发挥了重要作用。

素质显著提高。五年的研修对每一位培养对象来说都是一个迅速进步的过程，他们的专业素养与教育能力不断提升，教育思想已现雏形。其一，潜心读书，提升了专业素养。有的培养对象五年阅读了100多部专著，撰写了40多万字的读书笔记。其二，实践探索，提高了教育能力。通过构建自己的课堂教学模式提高课堂教学质量，通过成立名师工作室和建设学科基地发挥辐射作用，通过管理模式的变革寻求学校的优质发展，已成为培养对象的自觉行为。其三，活动研修，拓宽了教育视野，丰富了发展内涵，增强了服务江苏教育发展的责任感与使命感。其四，自省反思，凝练了教育思想。通过回顾和反思、梳理和归纳，做到更深刻地认识、更清晰地表达自己的教育理念，初步形成了自己的教育思想。

研究成果丰硕。五年来，各位培养对象在实践研究方面积极进取，取得了丰硕成果。据不完全统计，第四期培养对象公开发表论文734篇，其中核心期刊发表163篇；编著、专著103本；获批市级以上课题（项目）203项；荣获国家级教学成果奖9项，省级教学成果奖36项；开展县级以上公开课、讲座1429节（次）；获得市级以上奖励311次；被媒体报道410次。教学办学上，他们不仅善于把自己的教育理念运用到实践中，而且非常注重特色成果的形成，成为江苏基础教育改革大背景下一例例鲜活的典型。他们的教育教学实践获得了广泛认可，产生了深远的影响。这些成果来之不易，体现了各培养对象不断超越、勤于探索的精神。

带动效应显著。培养对象皆有自己领衔的发展团队，不仅有学校管理团队、教师集体和学科教师团队，而且有县（市、区）的名师团队、骨干教师团队，为带动当地教师发展做出了很大贡献。在团队发展过程中逐渐形成了由“被动发展”走向“主动发展”、由“短期性发展”走向“持续式发展”的良好格局，表现出相当高的发展水平与强大的辐射力。另外，第四期培养对象共开展“牵手农村教育”活动近30次，覆盖近30个县（市、区）50多所农村学校，发挥了培养对象的专业服务作用，带动了农村地区教师的专业发展。难能可贵的是，他们在成为“培养对象”后，依然有着清醒的自我认识。他们常常淡看自己的努力和成就，却对“机遇”怀有感恩之心。正如一位培养对象所说：“孔子的彼岸是闻达于诸侯，我在想我们的彼岸是什么？也许我一辈子也成不了教育家，但我可以拥有教育家的志向、教育家的情怀、教育家的理想。在培养工程一千多个日日夜夜里，我如农夫般日日耕耘，如哲人般时时自省。从此岸到彼岸，是岁月的距离，更是成长的步履。让我们揣着梦想、带着感恩、携着激情，执着行走在成为教育家的路上，不为彼岸只为海！”

当前，江苏教育系统正在全面学习贯彻落实党的二十大精神，全力推进教育现代化建设，坚持以立德树人为根本，以发展素质教育为主题，以提高教育质量为核心，以促进教育公平为重点，以服务经济社会发展为重任，以深化教育教学改革为动力，以扩大教育对外开放、提升教育国际合作交流水平为重要路径，以教育信息化为着力点，以争取加大教育投入、建设高素质专业化教师队伍为关键，探索建立中国特色现代学校制度，努力营造健康向上的校园文化和有利于教育改革发展的社会氛围，努力办好人民满意的教育。衷心地希望“江苏人民教育家培养工程”的实践探索能给我国推进教育发展和办学专业化、促进高端教育人才成长提供借鉴。

编委会
2023年6月

序 FOREWORD

第一次了解蒋玉琴老师研究的小学数学“研创课堂”是在2017年5月，我们参与“江苏人民教育家培养工程第四期培养对象”项目的实地考察与研究活动时，蒋老师作为人民教育家培养对象，于她所在的常州市花园小学现场展示了“研创课堂”，我们观摩了一次“研创课程”的教学活动，初步感受到这项着眼于小学数学教学改革实践的研究，后来又通过不同的方式较为深入地了解了“研创课堂”的理论研究与实践样态。《研创课堂》是蒋玉琴老师和她的团队多年来对小学数学课堂教学改革研究的结晶。很高兴能为这样一个研究成果写几个字。

“研创课堂”旨在为儿童学习数学创造研究的空间和思考的机会，针对小学数学教学中存在的重结果轻过程、重接受轻探究等问题，秉承基础教育课程改革以来提出的理念、目标和方法，探索指向学生核心素养发展的小学数学教学的实践路径，切实提高小学数学教学质量。在“研创课堂”的教学设计与实施中，教师为学生的学习创设真实的问题情境，教师和学生身处共同的学习环境，在教师的组织和引导下，学生主动学习，深度探究，使学习真正发生，学生的知识、能力、方法、素养以及情感态度获得整体的发展。在“研创课堂”中，学生的主动性、创造性得到发展，学生有更多的机会参与学习过程，提出自己的观点，质疑他人的想法，反思学习的过程和结果。富有开放性、创造性的学习活动，发展了学生的高阶思维，促进了学生的全面发展。本书分五章介绍了“研创课堂”的理论建构和实践样态，并通过37个具体的案例展示了“研创课堂”的研究实践，形成了一系列具有独创性的研究成果。

本书是作者多年探索与研究的结晶。蒋玉琴老师多年来从事小学数学教学的实践，积累了丰富的经验。自2000年以来，基础教育课程改革为适应时代发展的需求和学生发展的需要，提出了一系列新的理论与方法，对小学数学教学产生了巨大影响。改革的理念固然重要,更重要的是如何将其落实到具体的教学活动之中。作者吸收国内外基础教育改革经验,以及数学教育教学改革的理论与方法,将其与自己的教学改革实践相结合,针对小学数学学科探索了“研创课堂”这一教学模式,这既是对基础教育课程改革的一种回应,也是对改革的理论与方法的一种实践。书中呈现的作者对小学数学教学改革的探索历程,既有理论上的学习和探索,更有实践上的总结与提升。从中可以看出作者及其团队的探索足迹和实践智慧,这也是近些年众多中小学教师潜心教育研究,追求教育理想,实践教育理念的一个缩影。

本书展示了小学数学课堂教学的一种有效模式。课堂教学是中小学教育活动的基本组织形式,任何教育改革的理念与方法,最终都要落实到课堂教学之中。2001 年开始实施的新一轮基础教育课程改革,推动了中小学教育改革的方方面面。新课程提出的“学生为本”理念,提倡的启发探索、合作交流等教学方式如何落实在课堂教学中,是影响课程改革推进深度的一个重要标志。“研创课堂”的研究与实践正是在这样的背景下,从小学数学学科入手,探索如何将基础教育改革的理念在具体的课堂教学改革中落实。“研创课堂”的特点体现在,为学生创设良好的学习环境,使学生有更好的空间和时间参与到学习活动之中。在这样的学习活动中,学生有更多的机会研究和探索,从具体的问题情境入手,分析和思考问题,提出自己的想法,探寻解决问题的路径。从书中呈现的每一个教学案例中可以看到,学生积极主动地参与到学习活动之中,在学习中思考和创造。“研创课堂”作为一种小学数学学科有效的教学模式,体现了数学学科的本质特征。数学学科相较于其他学科具有更高的抽象性和严谨性,更需要学生在学习活动中思考和创造,数学学科的“研创课堂”更能体现学生学习数学的特点,培养学生的高阶思维和创新意识。

本书为数学教师的专业成长提供范例。教师的专业成长包含了专业知识、专业精神和专业能力等多个方面,在学校的课堂教学实践中探索、研究、改进与提高,是教师专业成长的有效途径。蒋玉琴老师带领小学数学教师团队,创造性地探索和研究“研创课堂”这一教学模式的理论与实践,在取得丰硕研究成果的过程中,锻炼了一支研究队伍,促进了教师的专业成长。本书展示的几十个小学数学“研创课堂”的教学案例,包含了小学数学学科中各领域的核心内容和关键问题,在对这些内容深入研究的过程中,教师们会深入探讨每一个内容的学科本质,具体研究学生学习的需求以及相关教材内容的特征等教学的基本要素,在此基础上将“研创课堂”的设计理念与教学思路融入其中,实现教学内容、学生学习和教学设计的整体构思,形成一套完整的教学设计方案,并将其在具体的课堂教学中实施。我们在每一个案例中都可以看到教学目标、制订依据、教学过程几个核心要素,在每个要素中都包括了教师对内容的理解、学生个人的理解,体现了教学过程中研创课堂的理念。相信通过这一系列的教学设计探索,蒋老师和她团队中教师的专业成长获得了长足发展。这种在实践中形成理论,将理论转化为模式,以模式带动实践,最终促进每一位教师专业成长的探索，为小学数学教学研究和小学数学教师的专业成长提供了一个很好的范例。

《研创课堂》为我们提供了一个值得借鉴和学习的小学数学课堂教学研究范例。相信本书中展示的研究成果，以及蒋玉琴老师带领的研究团队探索小学数学课堂教学改革的研究经历，会启发更多从事小学数学教学研究的老师在专业成长的道路上不断进取。

东北师范大学教授、博士生导师　马云鹏

目录 CONTENTS

第一章　小学数学研创课堂及其分析

早在1985年时，中央就作出过教育体制改革的决定，提出改革的根本目的是提高民族素质。1993年，《中国教育改革和发展纲要》中明确提出中小学要由“应试教育”转向全面提高国民素质教育，1994年中共中央、国务院召开的全国教育工作会议提出，基础教育必须从应试教育转向素质教育。受到时代的感召，当站在新的角度来审视当今的教育时，我们发现：教育还停留在近代教育理念的框架内，这种具有工业化特征的教育理念和在这种理念下营造出来的教育模态，相对刻板地抑制了学生的主动发展。所以，必须在立足认识新时代本质的基础上，重新构建对“新人”的要求：新时代需要怎样的新人？新人形象与过去有什么差别？

作为新时代的新人，其认知能力应该有以下三方面的特点：一是思维方式要从平面的、点状的、并列的、静止的转化为立体的、多层面的、动态的。二是新时代信息太多，变化太快，每个人要想不被信息淹没、不在众多信息面前茫然无绪，就必须要有捕捉信息、判断信息、重组信息的能力。三是在这样的信息社会，每个人认识自己、认识周边环境的能力显得很重要，自己的命运要自己把握。

当我们将目光投向现实的课堂教学时，我们会发现：随着二十余年的社会变革，中小学课堂上逐渐发生着不同程度、不同方向的变化，其中，用以衡量这些变化的一个尺度就是其研创程度。课堂教学是否研创，将对学生的诸多方面产生重要影响：他们了解到的信息是否全面，学习的思路是否开阔，思考是否独到而有力量，学习的结果是否完整、严密而又不失灵活，学习的过程是否产生了自信、成功的体验，主动发展的意识和能力是否得到培养……归根结底，是否能够有利于培养具有成熟而独立的主见，同时又充满生命活力的学生个体。如果课堂教学能在这些方面产生积极的成效，那么它就在培养符合时代需要的一代新人；否则，就有可能成为社会发展的包袱。①

---

① 李伟胜. 开放教学[M]. 福州：福建教育出版社，2005.

第一节 从封闭的模式到研创的课型

一、小学数学教学模式演变

小学数学教学模式演变经历了两次较大的变革：第一次是以改革教学内容和教学方法为核心；第二次是以实施素质教育为核心。①

（一）以教学内容和教学方法为核心的变革

从1978年到1986年，全国各地纷纷开展教学方法的改革试验。其中，一部分由国外引进，如发现教学法、探究—研讨教学法、程序教学法、情境教学法、暗示教学法等；一部分由国内提出，如三算结合教学法、六因素单元教学法、尝试教学法、引探教学法、五段自学辅导教学法、联想—迁移教学法、读讲精练教学法、反馈教学法等。这一时期出现的教学法，基本上都有各自的教学模式和具体的可操作步骤。如程序教学法，就是把教学过程分解成几个连续的小步骤，并编制成一步一步可操作的程序，教师可依程序实施教学。有了这些可操作的模式和步骤，教师很容易展开教学，课堂教学活动比较规范且紧凑有效，基础知识的教学目标也能够得以落实。

这一阶段的改革与以灌输为主的传统教学相比，在调动学生作为学习主体的积极性方面有了进展，这为进一步深化改革提供了可能。华东师范大学吴亚萍教授认为，总体而言，这一时期改革关注的重点大多集中在教学内容的更新和教学方法的改革，还存在一定的局限性，主要表现在以下方面：一是教法改革关注的重点主要集中在教师对学生的有效控制上，其共同特征是遵循“复习铺垫—新知识点学习—巩固知识点—小结”的操作程序。它们实际上是把凯洛夫“五个环节”中的教师“教授新课”这一环节进行改造或细化处理，转变为学生“自学”、教师“辅导”，或者是学生“探究研讨”等等，认为这样就充分体现了学生在教学过程中的主体作用。二是教法改革局限在“方法”层面。在这一时期的改革中，许多教师通过探索和研究，普遍认为数学教学的关键在于教学方法的灵活使用，并提出“教学有法，但无定法”的教学基本原则。从本质上说，教法改革是为了突出教学中知识的重点与难点，服务于学生对数学知识的把握，但其背后的支撑观念依旧是“为教书而教书”的学科教学价值观。所以，局限在“方法”层面的改革常常使教师为方法而方法，教学只是形式上的变化，而与以前无实质不同。对于一线教师来说，需要跳出“教学法”研究的认识框架，上升到教育本质研究的层面，对教育和教学活动的前提性问题进行重新认识和思考。三是教法改革本质上还是教师主导、学生被动，依然是用传统的教学观，即以谁为中心的思维方式来认识课堂教学中教与学的关系。这种

① 吴亚萍．小学数学教学新视野［M］．上海：上海教育出版社，2006．

将教学中的教与学视作二元对立矛盾关系的做法，在改革开放后相当长的一段时期内依然没有被转变。这种思维方式的偏差是影响人们认识教学过程复杂性的重要因素之一。

（二）以素质教育为核心的变革

从1986年到1998年，主要是以素质教育为核心开展改革。全国范围内围绕如何激发学生学习的主动性、如何实施素质教育以及如何以学生发展为本等问题展开了多层面的热烈研讨和积极探索。为了体现学生学习的主动性，数学的课堂教学发生了一些变化。首先，增加了学生课堂活动的时间。其次，数学练习形式的更新和多媒体动画的运用给学生带来感官的刺激。教师在20世纪80年代形成的“最优化”教学过程基础上，对数学课堂练习设计加大了研究的力度。数学判断题、选择题、变式题等题型与多媒体技术手段结合，形式变化层出不穷，以至于在以后相当长的一段时期里，多媒体课件的研制和操作成为教师的“兴奋中心”。

上述变化，确实让人感受到学生在课堂学习的状态相比以前自由轻松并且积极了许多，充分显示了广大教师积极投入教育改革实践的热情和智慧。然而，透过这些变化，我们仍可以进一步看到以下问题：一是课堂教学基本上还是围绕认知目标，重点关注落实“加强基础知识教学，加强基本技能训练”（简称“双基”）的要求。这一时期的学生大多是独生子女，家庭对独生子女所寄予的厚望、大面积提高教学质量的呼声、应试教育的强大压力等造成了学校对升学率的日益看重和追求，导致一切行动皆服务于学生对知识的掌握和考试成绩的提高。所谓“素质教育轰轰烈烈、应试教育扎扎实实”的说法，形象地概括出了当时学校教育的状态。二是大量的机械练习充斥课堂。为了提高课堂教学的效率，大面积提高教学质量，教师往往在课堂有限的时间内让学生完成大量的练习，将新知识的学习压缩在十多分钟内匆匆“走过场”，使得学生对抽象的数学知识的形成过程缺乏了解和体验，常常是囫囵吞枣无法内化。学生身心感到压抑，思维机械刻板、产生定势，久而久之，逐渐把数学学习等同于数学解题操练。三是课堂教学在本质上还是按照传统的教学模式操作，有些多媒体程序的设计，使课堂教学在原来的“人控”基础上又增加了“机控”，多了一只看不见的手在控制和操纵学生。这一时期的改革中，教学形式的多样与活跃、由新技术的介入引起的兴奋，在一定程度上冲淡了素质教育对学科教学的真正要求，甚至掩盖了教师依赖于传统教学模式的惯性思维。

尽管每一次改革的重点不同，内容不一，变化有大小，但从这些多样的不同中，可以发现其内在的变化规律。在此基础上，反思历次改革中的进步因素和存在的问题，就能明晰当前改革的方向和起点。

纵观数学教学几十年来所经历的数次改革，从期望达到的目标角度，可以看出其发展的轨迹：加强基础知识教学→加强“双基”→加强“双基”，重视发展智力和培养能力→加强“双基”，重视智力，同时重视非智力因素→加强“双基”，重视素质教育。同时，改革关注的重点也在发生变化：从关注教学内容到关注教学方法，从关注教师的教到关注学生主动的学，从关注学生的智力发展和能力培养到关注学生基本素质的全面提高。数学教学改革在这一过程中获得了不断的深化和发展。

与此同时，历次改革中数学教学过程的程序操作基本不变。无论是各种教学法的引进，还是多媒体技术手段的介入，数学课堂教学过程基本上是对固定模式的程序操作、对预设教案的简单执行，课堂教学中的“人”，从教师到学生，皆服从于教案的完成。处在当代社会转型的背景下，数学学科教学怎样体现时代性，是我们必须直面并回答的问题。这不仅需要审时度势，重新认识当代社会发展对数学教学提出的新要求，而且需要转换思维方式，重新思考数学教学的一系列前提性问题。

二、小学数学教育改革需要研创课堂开展课型研究

（一）回应教育改革的要求

从教育改革的宏观视野来看，我国教育的进一步发展固然离不开整个社会的发展，尤其是教育行政体制、投资体制、决策机制等方面的改革，但是，这些改革只有真正落实到具体的教育实践之中才能产生实际效果。若从学校教育自身的角度看，如此丰富的教育改革涉及教育思想、管理制度、教育内容、教育设备和手段、教育方法等众多方面。进一步聚焦，可以明确地将学校教育的改革方向确立为从“近代型”向“现代型”转换。近代型学校的基本特征是按工业化、批量性生产的模式来“塑造”学生的：统一的目标，基本划一的课程与教科书，整齐排列的通用教室，严格规定的课时与教学周期，按规定执行的教育、教学过程……学校的基本任务是传递知识和培养社会不同领域需要的规范化人才。现代型学校主要有价值提升（追求为社会更新性发展、为个人终身发展服务）、重心下移、结构开放、过程互动、动力内化等特征。在重心下移上，除了教育对象、目标与管理等方面重心下移外，还有教学内容方面的重心下移，即关注学科领域与生活领域、社会职业界的沟通。结构开放特征除了表现为整个学制的开放性和弹性化以外，还表现为两个向度的开放：“一个是向外的，对网络、媒体的开放，对社区、社会的开放，以及学校间、相关教育机构的相互开放，另一个是向内的，在管理上向师生的开放和教育、教学活动中向学生发展的可能世界开放。”①

“研创”是对“研究性学习”的深化和发展。“研究性学习”作为一种教学的模式和标准，起源于美国。20 世纪 80 年代美国把“Hands-on Inquiry Based Learning（HIBL）”列为基础教育改革的重要原则之一，促进了美国科技创新的发展，因而被普遍认为找到了一条成功的道路。2001 年，“研究性学习”被引进到中国，简称“做中学”，就是让学生在动脑、动手的实践中利用所学知识发现问题、解决问题。其本质是在实践体验中发现问题，并能综合运用所学知识去解决问题。

研创作为一种实践性很强的教育教学活动，在现有课程体系中主要是作为综合实

---

① 叶澜．实现转型：新世纪初中国学校变革的走向[J]．探索与争鸣，2002(7)：10－14．

践活动课程的分支，它有别于一般的学科教学，不再局限于对学生进行纯粹的书本知识的传授，而是让学生参加实践活动，在实践中学会学习并获得各种能力。当然，这里的“实践”的含义不仅是指社会调查、收集资料，还包括选题、制订研究计划、到大学或科研机构聆听专家讲座、请教专家学者、撰写研究报告等一系列探究式学习的过程。

作为课堂形态层面的“研创”应成为一种学习方式，成为撬动课堂转型、培育学生创新意识和实践能力、发展思维能力的重要“支点”。

2017 年 9 月中共中央办公厅、国务院办公厅印发的《关于深化教育体制机制改革的意见》（以下简称《意见》）明确提出，要注重培养支撑终身发展、适应时代要求的关键能力。在培养学生基础知识和基本技能的过程中，强化学生关键能力培养。培养认知能力，引导学生具备独立思考、逻辑推理、信息加工、学会学习、语言表达和文字写作的素养，养成终身学习的意识和能力。培养合作能力，引导学生学会自我管理，学会与他人合作，学会过集体生活，学会处理好个人与社会的关系，遵守、履行道德准则和行为规范。培养创新能力，激发学生好奇心、想象力和创新思维，养成创新人格，鼓励学生勇于探索、大胆尝试、创新创造。此外，还强调要建立以学生发展为本的新型教学关系。改进教学方式和学习方式，变革教学组织形式，创新教学手段，改革学生评价方式。

（二）呼应教学变革的需要

基于以上分析，我们提出小学生“研创课堂”实践建构，旨在对国家课程进行创造性实施，通过选择、改变、整合、补充、拓展等方式，进行再加工和再创造，使之更符合学生、学校的需要，体现学校的特点和个性。“研创课堂”的实践建构研究，将重点进行教学方式、学习方式及评价方式的转变和优化，逐渐聚焦学科关键能力、思维能力、问题解决能力等核心要求，把研究、探索、合作共赢的意识和适用于终身学习的能力渗透贯穿于教和学的全过程，培养主动、健康发展的时代新人。

我们办学的愿景，是想用师生的创意装点学校生活，延展学习空间，将学校建设成创意无处不在、学习随时发生、思想自由飞扬的大乐园。聚焦到课堂层面，即创新性地重构课堂形态，以学生的自主生疑、合作探究解疑为主，以教师的适时引领为辅，直指学生思维发展与提升，营建“学研创”一体的课堂形态。

“研创”中的“研”，即研究性学习，又称探究式学习，是在教师和学生共存的学习环境中，以学生为中心，让学生主动探究、主动学习。“研创”中的“创”，指的是创意和创新，如创读、创编和创作等。“研”侧重在研究性学习知识，侧重思想、理论及知识学习；“创”侧重于把思想转化为行动，把假设变为现实，把知识转化为应用。从创意角度看，“创”是引领，“研”是跟进；从成果角度看，“研”是手段，“创”是目的；从过程角度看，“研”和“创”是互动共生的，研中有创，创中有研，边研边创，创研一体。“研创”既是学习的目的，又是学习的理念方法和模式，是“发展素质教育”课堂转型的根本出路。

“研创课堂”是一种实践性很强的教育教学活动。和现有的学科教学不同，它不再局限于对学生进行纯粹的书本知识的传授，而是以学生的学为基础，以学生的研为落脚点，强调思维的真正发生。学生运用学到的基础知识提出问题，通过生生和师生间的讨论、质疑甚至争辩形成研究结论。“研创课堂”重视活动和探究，重视学生的思维发生和体验。在“研创课堂”中学生的应用、分析、评价和创造等高阶思维得到充分发展。

“研创课堂”的主旋律是“学”，外显形式是“研”，即“提出问题—分析问题—解决问题”，流程形态是“板块式推进”。

（三）响应教学创新的号召

在对小学数学教学历次改革的回顾与反思中，我们能够感受到依赖模式操作的惯性做法对教师思维的深度侵入。① 因此，数学教学变革需要唤醒教师的研究意识和创造意识。这种研究与创造并非信马由缰式的任意发挥，而应该基于数学学科知识之间紧密的内在逻辑，借助数学学科内在的知识结构，针对数学知识内容的特点，开发和体现其独特的教育价值，从而形成相对稳定的数学教学类结构课型，并按照学生的年龄特点，将培养学生的长远目标划分为各年龄段的具体目标加以落实。

“课型”的分类，其实就是一种探索规律的研究，我们研究数学课型，首先要给数学内容分类，比如按一定的标准给数学分类就是在进行关系架构，我们把义务教育阶段的数学知识分成三大知识结构块，即数与代数部分、空间与图形部分和统计与概率部分。把握了类知识的共同特征后，我们又研究这一类知识的共同的教学特点，诸如教学目标、教学内容等，让数学的教学设计过程有规律可循。

小学数学的三大知识结构块主要涉及数的认识、四则运算、混合运算、估算教学、量的计量、规律的探索、方程与应用、图形的认识、图形的测量、图形与变换、简单的数据统计、解决问题的策略、实践活动和综合应用等教学内容。对于这些内容，如何有针对性地使用有效教学策略？它们可以体现的具体的教育价值是什么？各部分有着怎样不同的教学过程结构？2005 年 12 月，在常州市教育局和常州市钟楼区教育文体局领导的直接关心下，由我领衔的第一轮名师工作室成立了，随后我持续领衔了共计五轮。在五年的数学教研员工作和十五年的名师工作室研究中，我和广大数学教师经过不断的探索和总结，根据这些不同教学内容的内在结构和特点，在思考和认识其特有的育人价值的基础上，采用了相应的教学策略，形成了相对稳定的数学教学课型。

宏观层面上，学校数学对于学生的发展价值，除了提供数学知识本身以外，还可以提供特有的话语系统——运算符号和逻辑系统，使学生掌握数学的话语系统；提供认识事物数量关系、数形关系及转换的不同路径和独特视角，使学生具有数学的眼光；提供发现事物数量关系、数形关系及转换的方法和思维策略，使学生具有数学的头脑；提供给学生一种唯有在数学学科中才可能经历和体验并建立起来的独特思维方式。② 落实

---

① 吴亚萍.小学数学教学新视野[M].上海：上海教育出版社，2006.

② 同①。

到具体的课堂教学中，不同的教学内容对学生又具有不同的发展价值。面对生动有趣的现实情境或研创的问题情境，学生能从数、形、关系的角度去比较、分析，尝试提出问题，用所学的数学知识、方法和适当的策略去解决问题，学会逻辑清楚地表达解决问题的方法和过程。在此过程中，学生的思维从无序向有序提升，从点状向结构状提升，并认识到数学原来就来自我们身边的现实世界，是认识和解决我们生活和工作中问题的有力武器，同时也获得进行数学探究的切身体验，体会数学的应用价值，树立应用意识，形成解决日常生活工作中的数学问题的能力，并通过这一应用过程学会用数学的眼光看社会，形成正确的数学态度。

面对不同知识结构展开的各具特征的教学过程，或整体感悟概念的形成与结构，或整合融通各种运算之间的相互转化与递进，或归纳探究丰富表象后面的规律与方法。总之，在研创、交流、互动中学生学会了运用多种方法解决问题，体验同一问题的不同解决方法，感受到解决问题的不同策略，形成分析、判断、选择和灵活运用的自觉意识，形成整体把握的能力，同时培养了创新精神和实践能力，获得成功的体验，激发了学好数学的勇气和信心，养成良好的学习习惯和健康的学习心理。

一旦数学内容课型化，它就对教师产生如下要求：一是对每一个课型独特的育人价值有整体把握，对这个课型对本年级学生和本班学生的数学素养和数学能力的发展有何种意义，能够满足学生哪种数学学习的成长需要等关键性问题，心中有数。[①] 二是设计系列化的教学目标和教学内容，明确该课型的课到底做什么？解决什么问题？能够让学生的数学素养和数学能力达到什么程度？为何确立这些目标而不是那些目标？三是每个课型的教学目标都必须有两大依据：教学内容依据和学生依据，特别是学生依据，它正是“学生立场”在数学课型研究中的具体体现。四是采用系列化的教学方法、教学技术和注意事项，针对不同课型的价值、目标和教学流程，需要安排与其匹配的教学方法和技术。五是确立系列化的教学评价标准，除了相对统一的数学教学评价标准之外，不同课型的评价标准也应有特殊的评价标准。无论是数认识课型、数运算课型，还是量的计量课型，这些基于不同数学内容的课型，其评价标准（包括评课标准）都应体现该课型的特征。

小学数学“课型”是从更深的层面认识和开发知识内在的结构关联，这样的研究跳出了知识点框架，以一个教学单元或一个教学长程的整体视野，在研创的课堂中，建立知识之间的本质的、连续的联系，明晰它们的结构关联。

首先，“课型”的确立促进了数学学科的发展，提高了数学教学的效率。相对数学学科而言，数学以及数学教学规律的认识和运用没有被大家所重视。对某一类知识，从低年级到高年级都是一个教法，没有体现出这一类知识的递进目标和学生能力发展的阶段特点，无论是对概念还是对计算内容，教学往往无视知识本身的特点，采用模式化的

---

① 李政涛.关于语文课型研究的几点思考[J].江苏教育，2009(10)：4－6.

教法。其实，数学和数学教学都有各自的逻辑结构，弄清楚其逻辑关系后，就能帮助我们掌握其规律，大大提高数学教学的效率。

其次，“课型”促进了教师的发展，提升了教师的专业素养。“课型研究”改变了教师的思维方式。教师以往的教学研究，往往研究一个知识点或者一堂课的教学，思维方式是点状的，而“课型研究”则引导教师从整体上把握规律，思维方式是整体的。以合理的思维方式从事数学教学和研究，有效地促进了教师专业素养的提升。

三、研创课堂的价值定位

变革教学方式，培养学生的学科关键能力。《意见》中强调“要建立以学生发展为本的新型教学关系”。教师教学方式应从知识传授转向融合应用，实现新常态下教学思维方式的变化。注重学思结合，倡导启发式、探究式、讨论式、参与式教学，帮助学生学会学习。激发学生的好奇心，培养学生的兴趣爱好，营造独立思考、自由探索、勇于创新的良好环境。

聚焦问题解决，建构“研创”课堂的教学结构体系。结合“研创”和高效课堂内涵，我们将课堂学习流程分为五个环节：自主研习—小组合作—交流展示—评价矫正—研创延伸。教师根据课程要求，布置学生自学内容，通常情况下会提供学案辅助。学生自主研习后，以小组合作的方式交流讨论疑点、难点，共同解决基础知识问题，寻找并确定共性难点问题，交流展示解决问题的方案。教师可以即时评价并发挥主导作用，及时进行反馈以印证课堂学习效果。教师根据学科特点和学习内容，适度调整学习流程和各环节时间变化，既基于模式又不拘泥于模式，这样的课堂显得更加灵动和高效。

改革评价方式，为学生终身学习和发展奠基。对学习的评价要从关注学生学习的结果，转变为不仅关注结果，更关注学生的学习过程，关注学生学习过程中表现出来的情感与态度，帮助学生认识自我，建立信心。课堂教学中的激励评价，有利于增强学生主动发展的动力和能力。

我们让学生在“研创课堂”实践中提升关键能力，促进学生主动、健康的发展，让教师探索并形成“学研创”一体的新型教学方式、优化素养结构、提升教学领导力，不断丰富“创学园”的文化内涵，构建一套聚焦学生关键能力培养的“研创课堂”教学结构体系，形成“学思结合，知行统一”的新型教学方式和新型学习方式，形成一套着眼于学生思维发展与提升的评价方案。

第二节　小学数学课型与教学过程研创生成

数学知识是最具有逻辑性的，而这是否就意味着它具有严密性、不可怀疑性？实际上，新的知识观早已表明，所有的知识都需要由人来理解和陈述，而在理解和陈述知识的时候，理解者和陈述者必然会因为种种原因而使他们理解和陈述的知识带有个人的印记，包括他们所处年龄阶段的特征、他们在学习知识过程中的特殊感受，即使是结果最为确定的知识，也应当允许出现不同的理解和陈述方式。[①]

以课型为依托，再加上研创课堂的过程生成策略，那数学知识就不再是由威严的教师或者冷静而不露感情的数学家自上而下颁布的“圣旨”，而是允许学生放心大胆地与之开展智慧“游戏”的对象。在这样一种放心地追逐智慧、开心地共同探讨的过程中，本来板着一副凛然不可侵犯的铁面孔的数学知识，变成了学生们共同亲近、共同欣赏的人类智慧。由此展现的数学世界，就不再是与学习者对立而不可互通的、站在学习主体对面不容进入的“封闭数学”，而是一个研创的数学世界：通过这一个知识点，可以在一定程度上欣赏到数学学科中蕴藏的人类智慧成果，包括数学的严谨性、简洁性等智慧之美，包括由这些知识的形成过程、与其他知识点的联系和与生活世界的联系而拓展开来的更为广阔的人类文化世界。在这样的数学世界之中，学生不是以旁观者的身份冷静、客观地接受知识，反映客观世界，而是以一个参与者的身份融入其中，经历着探索、发现、困惑、交流、欣赏、再创造等知识形成过程。在主动探索和发现的过程中，在对复杂的信息保持敏感的体验和仔细辨析的警觉时，在准确判断信息的合理程度与合理部分的过程中，在面对多种可能性做出合理选择的过程中，学生也就在逐渐养成主动把握机会、积极追求发展的态度和主动的思维方式。此时，“数学就不再只是为教而教、为学而学，不再只是为做而做、为练而练，也不再只是为开放而开放、为解题而解题，更被关注的将是形成学生对周围世界和自己的态度与作用方式，是开发学生生命潜能、形成学生主动生存意识和生存方式的一种文化”。[②]

这样，这些知识就有可能以个人化的方式融入学生个体的精神世界，成为他的世界图景的有机组成部分，成为他的人生智慧中的一个资源，并为他进一步追求主动发展提供知识上、学习心态上的基础。

“研创生成”，指课堂教学中没有预见的教学因素和教学情景。在新课程的教学中，学生的自主性得到尊重，个性得到张扬，教学的不确定因素不断增多，课堂的“研创生成”也随之而来。它的产生在学生的情理之中，而又在教师的意料之外；它的出现如火花般稍纵即逝，而充分利用它，又会使课堂熠熠生辉；它引人入胜，而又发人深思。课堂“研创生成”在给教师带来几分惊喜的同时，也给教师增添了几分无奈。如何捕捉课堂中的“研创生成”，并把它作为教学资源来开发，这个问题值得我们深思。

---

① 李伟胜. 开放教学[M]. 福州：福建教育出版社，2005.

② 蒋玉琴. 小学数学开放课堂及其分析[C]//北京师范大学. 首届华人数学教育会议论文集. 江苏省常州市花园小学，2014：357 - 359.

一、一刹那间的价值——课堂中的“研创生成”是独特的课程资源

课堂上有形形色色的资源，这些资源的产生常常在一刹那间——转瞬即逝。资源产生于学生中，较为贴近学生，因此易于激发学生的认知冲突，也更易于激活课堂。对此，教师需要在教学过程中灵活运用，有时要敢于舍弃教案，放弃预定的教学步骤，去捕捉能激发学生学习热情和有助于学生发展的课堂创生资源。学生的“一点看法”，可能开发了基础性资源，基础性资源引发了认知的冲突，诱发了学生学习的动力。学生的“一个表情”，可能发掘了互动性资源，学生已有的差异，是我们教学要面对的事实，同时也是互动中不可缺少的互动性资源。学生的“一次顶撞”，可能涌现了生成性资源，出乎意料的“一次顶撞”，可能会产生新问题、新观念、新思想和新创意！真实的教育过程是师生及多种因素间动态的相互作用的推进过程，常常会生出一些意料之外的想法，这是课堂教学动态生成的资源，即生成性资源。在课堂上教师还要善于点燃学生思维的火花，让学生体验到成功的快乐。

二、一张新型教学设计表的构建——给课堂“研创生成”留出空间

教学设计是回应理念、凝聚智慧的创造性劳动。新课程理念下的教学设计赋予了课堂更多的创造性、生成性。这样的教学设计为师生课堂教学的实践留出了“主动参与、积极互动、创造生成”的可能，从而催生出新型的课堂教学形态。探索中，我们构建了新的教学设计表(见表 1－1)：

表 1－1　研创课堂教学设计表

<table>
<tr><td>课题</td><td colspan="2"></td><td>教时安排</td><td></td></tr>
<tr><td rowspan="2">教学目标设计</td><td colspan="2">基础性目标</td><td colspan="2"></td></tr>
<tr><td colspan="2">发展性目标</td><td colspan="2"></td></tr>
<tr><td rowspan="2">目标制订依据</td><td colspan="2">学生状态分析</td><td colspan="2"></td></tr>
<tr><td colspan="2">教材分析
① 研究本课题对学生而言独特的发展价值
② 重视知识点的结构化</td><td colspan="2"></td></tr>
<tr><td rowspan="3">教学准备</td><td colspan="2">课堂可能发生的情况的预测及对策
(不可能穷尽但要思考)</td><td colspan="2"></td></tr>
<tr><td colspan="2">课件选择与制作(依据需要自定)</td><td colspan="2"></td></tr>
<tr><td colspan="2">其他</td><td colspan="2"></td></tr>
<tr><td rowspan="2">教学过程的设计</td><td>教师活动</td><td>学生活动</td><td>设计意图</td><td>时间估算</td></tr>
<tr><td></td><td></td><td></td><td></td></tr>
<tr><td>反思与重建</td><td colspan="4"></td></tr>
</table>

这样的教学设计，有可能更贴近每个学生的实际状态，有可能让学生思绪飞扬、兴趣盎然，它始终充满着疑点，因而有可能不断产生令人激动的亮点。这样的教学设计表体现了以下三个特点：一是弹性设计。我们的教学设计，试着从传统的“固化设计”的范式中走出来，走向“弹性设计”。“弹性设计”是富有挑战的、研创的、动态的、发展的，它不是对课堂情景面面俱到的描述，而是给各种课堂“研创生成”的出现留出足够的空间，并把这些不可预测的事件作为课堂进一步展开的契机，它不是一出已经定稿的剧本，而更像是一部不能画上句号的手稿，一直处于自我校正、自我完善的动态发展之中。二是充分预设。我们的教学设计，提倡教师对课堂可能发生的情况，进行充分的预设，并预想对策；要求教师充分了解学生，站在学生的角度，预先判断自己的教学会发生、可能发生哪些情况，并有相应的措施。三是反思重建。我们的教学设计，要求教师在课后结合教学中的真实体验进行反思和重建：反思教师自己在课堂中的表现，包括启发的艺术、判断的水平、组织的能力、追问的力度、评价的意识等；反思教师自己在课堂中有没有发挥作为教学过程的“重组者”和动态生成的“推进者”的重要作用，然后在此基础上提出进一步改进的策略。由此，教师处理“生成”的水平也就在反思和重建的过程中逐步得到提高，课堂中的“研创生成”便能进一步推进课堂教学的进程。

三、一个互动教学流程的形成 ——让“生成”促进课堂推进①

这样的教学设计，就必然会促进师生为实现教学任务和目的而围绕教学内容共同参与，通过对话、沟通的合作活动产生交互影响，以动态生成的方式推进教学活动。课堂教学可以概括为如图 1 - 1 所示的流程：

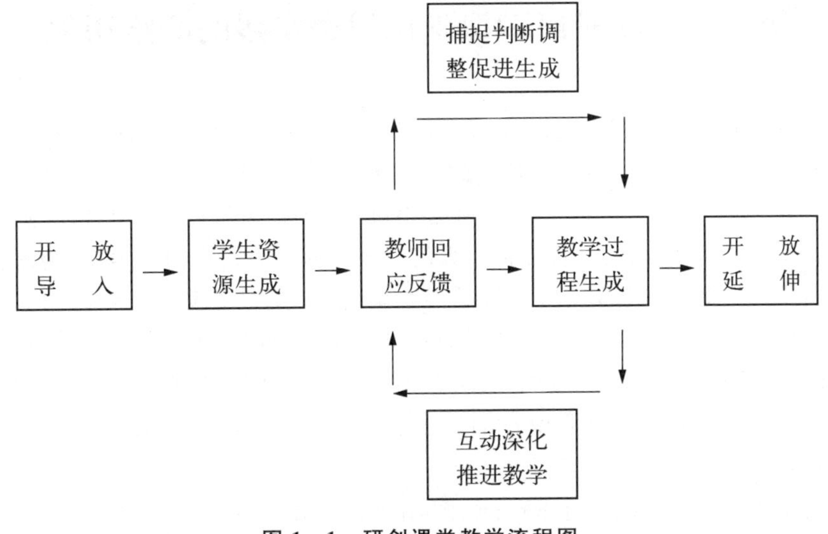

图 1 - 1　研创课堂教学流程图

① 蒋玉琴. 教学过程的“生成”：基于师生成长的意义[J]. 上海教育科研，2011(11)：29 - 31.

这个教学流程图，反映了一个互动深化的教学过程，具体包括：

教师在关注学生的前在状态、潜在状态、生活经验和发展需要的基础上，提出挑战性、研创性的问题，用挑战性的问题激发学生解决问题的欲望，打开学生思维的多条通道，为课堂的“研创生成”提供了可能。由研创的导入而生成的丰富的学生资源，打破了旧课堂秩序的平衡，这时，教师应有渴望“研创生成”产生的心态，对课堂教学过程中的“人”给以深层次的关注。用自己的敏感，努力地去倾听和捕捉课堂中生成的学生资源，及时地把资源分类处理，做出正确的价值判断，使教学的过程得以生成和推进。

在围绕学生发展精心设计的基础上，教师要在变动不已的课堂中发现、判断、整合信息，随时把握有价值的“研创生成”，展开“创造性的碰撞”，以动态生成的方式推进教学活动过程，以学生思维水平的提升为目标。教师要提升学生解决问题的能力，促进学生思维的有序化和条理化，促使学生对数学的认识由点状向结构状提升，使学生领悟数学的抽象性。长此以往，课堂中出现的“生成”会更丰富、更多彩、更有价值！

需要特别指出的是，让教学向“意外”开放，并不等于“脚踩西瓜皮”式地展开教学，无目的地“走到哪里就滑到哪里”。教学是“预设”和“生成”、“封闭”和“研创”、“突然”和“应然”的矛盾统一体，如果过分强调“预设”，便会忽略学习主体的“自主建构”；如果过分推崇“生成”，可能失去教学主体的“价值引导”。作为新课程的具体实施者，我们应穿梭于昨天和明天去思考，关注学生发展的无限可能性，按照“动态生成”的理念，去探索新型的、充满生命气息的课堂教学。

第三节　我对研创课堂认识和实践的心路历程

1997 年 10 月的一天，我在《教育研究》上读到了华东师范大学叶澜教授一篇题为《让课堂焕发出生命活力——论中小学教学改革的深化》的文章，文章的观点深深吸引、震撼了我。1998 年下半年的一天，叶澜教授来常州讲学，又一次从社会学的角度阐述教育与生命价值的关系，“新基础教育”研究把广大的一线教师作为研究的主力军，为解决各种现实问题提供了一个新的契机，我们顿时觉得心里敞亮，找到了发展的切入口。1999 年 8 月，我校（当时叫“常州师范第二附属小学”，后改名为“常州市第二实验小学”）加入“新基础教育”研究项目①，成为研究实验学校。直到 2012 年，研究还在继续。1999 年 8 月到 2005 年 7 月，我作为学校该研究项目的管理者和实验者，对于课堂研创问题有着切身

① “新基础教育”研究是由时任中国教育学会副会长、华东师范大学基础教育改革与发展研究所所长叶澜教授主持的一个科研项目。该项目列入全国教育科学“九五”规划重点课题、国家哲学社会科学“十五”重点课题。1994 年 9 月开始第一阶段的探索性研究，1999 年开始进入第二阶段的推广性、发展性研究，该课题于 2004 年 5 月结题，并进入成型性研究阶段。

的体会。

一、在“新基础教育”研究中反思

“新基础教育”研究的核心内容，就是要改变人——改变学生，改变教师。在以往的改革中，教师往往被当作工具，改革的目的是为了成事，而改革中的人的地位却不被重视。叶澜教授对于“新基础教育”研究要形成的新型教师提出了三个精辟深刻、令人折服的见解。她认为，要在研究中提升教师对职业价值的认识，更新教师的思想方法，改造教师的知识结构和能力结构。对照这三个要求，我扪心自问，不禁脸红心跳，我离这三点要求相距甚远。但我愿意走进内心深处，对我参加实验的心路历程，进行再一次的回顾，对研创课堂的认识和实践做一次深刻的反省。

1999 年 8 月下旬，我们学校正式参加“新基础教育”推广性研究，我和几个低年级的骨干教师跟着我们当时的李校长，一起来到上海“新基础实验学校”开始暑期培训。听了叶澜教授的报告以及接受了其他教师的学科辅导，我有了一种强烈的责任感和使命感。这种责任感和使命感，也许有一部分是来自自己承担的教科室主任的工作，但更多一部分是来自我对刚进入的这个实验的期盼和对叶澜教授的敬仰。

就理论素养而言，我当时堪称“一贫如洗”。我只是凭着一腔热情便“赤膊上阵”了。我还是沿袭以往搞课题研究的经验，以一名管理者的身份在实验之岸上“摇旗呐喊”。那时我教毕业班，每天上完六年级的课，就与一年级的实验教师“泡”在一起，指导实验教师确立子课题，设计研究方案，分析研究中存在的问题；布置实验教师上研究课，和他们一起定题目、列提纲。作为一名教科室主任，为了促进实验教师读书、思考、总结，我还利用业余时间领头搞起了青年教师读书沙龙，每周一活动，成员自愿参加。这样的实验活动，“轰轰烈烈”地搞了一年。

正在兴头上时，叶澜教授的一句耐人寻味的话深深地启发了我。她说：“实验教师不要整天忙于事务，时间是最厉害的腐蚀剂，它会把一些独特的感受销蚀殆尽，不要怕自己不会写，哪怕是随记，要把观念的变化记下来，要给自己规定写作的时间。”从那以后到现在我一直坚持写教育随记。我在当时的随记中写道：接触“新基础教育”研究之前，我们曾开展过五年的课题研究，研究过程中我们大多是在研习他人的教育经验，也许教学技能有些长进，但那只是从某一方面来认识我们天天面对的课堂教学，而缺乏对课堂教学作为一种实践活动的整体的、师生交互作用的动态过程的研究，缺乏整合，缺乏对课堂教学理性又具体的认识。在一年之内，我初步了解了“新基础教育”的理论，知道该理论是既能揭示课堂教学实质，又能指导课堂教学改革实践的新理论。但我的教学与“新基础教育”理论的要求距离很大，我的投入只停留在管理层面。

对“新基础教育”研究进行深入思考，是从 2000 年 9 月我带了两个实验班开始的，与此同时，我的挑战精神逐渐萌发，领悟能力不断提高，教育智慧也有所增长，我也从此成了叶澜教授“追星族”的一员——“新基础教育”研究的“痴迷者”。

二、在“新基础教育”研究中成长

先说挑战。2000年9月我开始“下水”——走进实验班的课堂。我真正参与了课题研究，并带两个一年级实验班。这是我十年教学生涯中面临的第一次大的挑战：一年级从未上过数学课，怎样在课堂上管理好这些孩子们是一个棘手的问题。另外，我虽了解了一些新基础教育的理论，但并未付诸实践，它们就如假牙、假发一般，只是人的身外之物。如何把理论之“毛”植入实践之“皮”，是个难题！就在这样沉重的心理压力下，我开始了我的实验日子，接受了这个挑战。

再说领悟。第一个月，我在各种图书资料中搜寻，当新基础教育的十大观念出现在我面前时，我便迫不及待地振臂高呼“把班级还给学生，把课堂还给学生”。但是我还没有仔细研读它的内涵，也没仔细研究该怎么还。于是，在我的课堂中就出现了“学生牵着老师走”“想到哪里是哪里”的现象。2000年12月叶澜教授等专家组的老师来我校指导实验工作，笑着说：“小蒋在课堂中与学生搏斗。”她们走后，我就思考，我的课堂教学出现了什么问题？下一阶段我该怎么办？通过反思，我意识到在我的课堂中，有这样两种情况：一是活多却“无效”，是形式上的活。课堂虽然热闹非凡，但是缺乏思维深刻性，孩子们你一言、我一语，围绕一个话题你也想说、我也想说。而至于别人说什么，自己说的与别人说的有何区别、有没有新意，全然不顾。学生开始满足于“都会了”，而较少有孩子再想去找出一点“我还不会”的东西来和大家研究。课堂中学生表面上活了，但没有什么效果。二是动得“无序”，是无重点的动。课堂片面追求教学过程的灵活机动，满足学生主动探索的欲望，而缺乏有机的调节和控制，导致教学过程颠三倒四，步子跨得过大，学生对基本知识都未能扎实掌握。课堂上，学生虽然动起来了，但是是一种无序的“动”，效果不佳。

当聆听了叶澜教授和专家组的评课后，我不由自主地再次捧起《“新基础教育”探索性研究报告集》，认真阅读了“新基础教育”观念系统的三个层次十大观念，豁然开朗，有了全新的感悟。如动态生成是对教育过程生动可变性的概括，它应该是针对过去教育一成不变、一环紧扣一环的教育过程的重要修正和补充，它是师生的主体性、积极性被充分调动后，在不可预测的教育过程中产生的。我的教学仍应认真钻研教学内容，组织学生围绕教学重点和难点展开探索和讨论。而至于先研究哪一个重点、先突破哪一个难点、以何种方式突破，都是生动、可变的。于是我更坚信，只要做到对一节课的重点有整体把握，不管冒出多少意料之外的新思维、新方法，教学总会被激活，产生意料之中的结果，同时对基本知识和技能的教授也能做到两不耽误。

当新的情境、新的事物出现时，它需要我有较好的教学机智，对它做出及时的评价。如果是对本课教学有意义的，可以顺手拈来运用的，那就要及时肯定，并提供给学生学习或讨论。在具体操作中，我的适当点评和引导十分重要。评价必须是少而精，留给学生充分的想象和创造的空间。于是，我的评价不再是简单的“对”“错”，更不是漫无目的的“你真棒”“你真聪明”。我总是肯定加希望，如果他的发现在这儿不太重要，我会说：“你有自己独特的发现，我们有机会再来研究。”或是：“你的见解很有新意，请你再听一听别的同学的看法。”如果他的发现很切合内容，我会说：“你的猜想很大胆，你能证明它吗？”或是：“你有一双敏锐的眼睛，带着大家一起去看一看好吗？”在课堂教学中，尊重学生的需要，重视学生的主动参与，珍惜学生的思维成果，当学生有需求，就大胆地给予，只要这个给予的方式不是师“教”生“听”，那就不必回避。每一堂课都是学生生命历程中一次真切的体验，一点一滴都将在他心头积淀下来。把课堂还给学生，奏响课堂灵动与调控的协奏曲，才能真正让学生焕发生命的活力。我在当时的一篇随记中写道：“下水”一年，我发现“新基础教育”的理论不但是全面的，而且是鲜活的。它时时在与我脑中原有的观念发生碰撞；它使我自觉地用理论指导实践，在实践中应用理论；它使我对自己的教育实践和周围发生的教育现象进行反思，从中发现问题；它使我对日常工作保持一份敏感和思考的习惯，并不断地改进自己的工作以形成理性的认识。一年中改变最大的是我的精神状态，我在实践中不断改变自己，并且在不断面对新问题的过程中，迎接着新的挑战。

最后说教育智慧。2001 年，又到了 9 月份，新一学年又开始了。叶澜教授和专家组的老师们又一次坐到我的课堂中。我上课的内容是“万以内数的读法”，我把课堂教学的立足点放在“要使师生积极、有效、高质量地互动”上。上课前，我就让学生去搜集生活中“万以内的数”，学生从网上、书上找到很多有关万以内数的课外知识，并且通过走访、调查等方式，了解到标价、计量用到的万以内的数，于是我就挑选了十条内容丰富且具有代表性的信息，作为学生的学习内容。我觉得这样的材料是真实、有趣且富有挑战性的，学生乐意学。当然搜集材料的意义不仅仅在于资料本身，更重要的是学生在这个过程中调用了认知基础，从而促使学生快速有效地掌握知识，顺利达到目标。在整节课中，我设计了四个研创性的问题贯穿全课，这些问题富有挑战性、包容性和针对性，有效地激发和引导学生进行动态生成，让学生在合作学习的过程中进一步掌握了数的组成和读的方法。在那一节课上，教师、学生、课堂都发生了很大的变化：课堂和谐了，教师自如了，学生变自信了、变积极了、变主动了。但我的敏感度已不能应付鲜活的课堂。所以那天的随记我取的名字叫：遗憾的教学。我发现在课堂中有几次脑子转不过弯来，以至于学生精彩的火花因为我没有及时点燃而熄灭了。在课堂上，学生的思维、活动、情感会滋生出许多资源，怎样合理有效地开发课堂上的教学资源，点燃学生的智慧火花，激活他人的思维，并启迪自己的思维？仔细分析后，我找到了今后努力的方向：

1. 提高教育智慧。具有教育智慧，是未来教师专业素养达到成熟水平的标志。

2. 要自我减压。我们常说要给学生营造自由的空间，但在课堂中，我们也要给自己营造一个自由的空间，这样才能使自己在教育过程的推进中，在多种可能中做出选择，使新的状态不断生成。

3. 课堂中有真激情、真愉悦。在课堂中与学生平等交流，想学生所想，对学生宽容、豁达，还学生一个自由探索的宽松氛围。

4. 及时反思，及时调整。没有永远的遗憾和失败，今天的失败，能够变成明天的成功，应充分利用犯错误和改进错误的机会来提升自己。

这段时间，我经历了“在水中搏斗”的艰辛，也体会到“在水中畅游”的愉悦，这给我的教育生涯增添了无穷的乐趣：我和学生一起切身体验到了成长的乐趣、创造的乐趣，我们拥有了自主充实的精神世界。这正是新基础教育的魅力所在。

“下水”的日子里，我作为一名实验教师，也清楚地看到我们现存的管理模式、科研制度存在明显的缺陷，但不知道问题的实质在哪里。2001 年 12 月，我参加“新基础教育”共同体会议，听了叶澜教授“新基础教育研究和新型教师的培养”的专题讲座，她在讲座中指出：我们现在的教育改革很多在做加法和减法，用最简单的算术思维解释教育改革的复杂问题，这是有局限的。人都在成事中实现着自己的发展，在成事的过程中，如果没有意识便会成为成事的工具，没有发展；有意识便是成事的主人，就能发展。面对具体情境下的、动态的、多因素的、变化的教育过程，需要用哲学的复杂性思维去很好地把握。如果把复杂问题分解成简单的项目，那就缺少综合和整体的意识。这是思想方法变化的问题。

对于叶澜教授的教育观点，仅仅用三言两语去概括无法得其要领。但我已感受到她穿越世纪的“深邃目光”，她的教育思想具有深远的“历史穿透力”。我从她的话语中得到了启发，产生了一个朴素而富有人情味的愿望：让每一位教师的发展如“吃饭”一样成为他自己的需要。我意识到，现有的一些科研制度，促使大部分教师对“新基础教育”实现从了解到理解，促使实验的面得以扩展，也促使教师说和写的能力有所提高。但同时，还存在三大负面影响：它加重了教师的负担，牺牲了教师独立思考的时间，导致教师失去了自主发展的内驱力。对此，我们尝试了让教师自主选择校本培训的内容、时间、形式的“菜单式”创新培训方式，让教师有校本培训的自由选择权，进一步鼓励教师参与专业发展，将从专业发展中获得的知识、技能应用于自己的课堂实践。

同时我也理解了“在成事中成人，成人中成事”这句话的深刻涵义。印象最深的、对自己帮助特别大的是 2002 年 10 月的“新基础教育”中期评估活动。在准备活动的过程中和活动结束的反思中，我和每一位实验老师一样不断地超越自己：我们在追求结果高质量的同时，丰富了对教学及研究的体验，引发了对后续教学生活的反思，调整了做事、做人的思维方式。成事与成人在这样的研究实践中得以统一。通过做这样有挑战性、具有研究价值的事，我们尽力让自己成为喜欢挑战、善于研究的人，因为越是成为喜欢挑战、善于研究的人，事情就会越做越好。在这个过程中，我学习了，努力了，尽责了。面对那么多的困难，我克服了。我就在这努力尽责的过程中，实现了自己的发展。

叶澜教授说过，新基础教育是一条河。那么我想，无数改变了的、正在改变的和将要改变的“人”，便构成了最坚实的河床和有生命力的潮汐，我只是浮动在河面上的一朵小水花。但我仍然希望通过自己坚韧执着的探索，顽强地证明：每个人的脚下都有一块土地，头上都有一片天，每个人都有可以自主的生命，把握好天和地，我们都能做成一点事业。

第二章　研创课堂的理论基础

作为一种新的教学活动形态，研创课堂应有系统的思想、策略和措施。因此，需要结合当代教育教学改革的趋势及其深层理论背景，整理研创教学的理论基础。我们认为，从教师教学观和教学行为改变的角度看，最直接的基础主要是师生关系观、教学过程观和教学价值观。叶澜教授对于研创课堂的立场是把教育学的理论应用到学科教学知识实践中去，追求的是融合，这种教育学的立场要实现课堂的几个转换：从价值追求来看，是从知识的教学转换为育人的教学；从思维方式来看，是从局部的、割裂的教学转化为融合的、整体的教学；从视角来看，是从简单的教教材转化到用教材教；从策略来看，是从点状教学转化为结构状的教学；从教学重心的转化来看，是从个别的"明星"转化为面向每一个学生。需要交代的是，关于知识的类型、教学过程的要素和模式、教学价值的内容结构或具体体现，已有较多文献做了充分论述。其中，当然也有一些复杂的，甚至是不一致的界定和表述。鉴于此，我们不想在这些方面简单地重复或整理，而更愿意就师生关系观、教学过程观和教学价值取向等方面的主要性质做较系统深入的探讨。

第一节　师生关系观

良好的师生关系，能够促进学生素质的发展。师生关系是一种以教育任务为中心的"人—人"关系。而在现今的学校教育中，师生关系似乎因主被动地位不对等更易于被异化为"人—物"关系。为使课堂中师生的交往成为独立的人与人之间的交往，形成民主和谐的师生关系，我们对课堂师生关系进行了研究。

一、传统的课堂师生关系

（一）课堂教学中的师生角色观

以往的课堂，教师是绝对的"教"者。因为他们不仅懂得要教的知识，而且懂得如何教。教的直接目的是让学生学会教师所教的知识或能独立运用知识做练习。检查学生是否学会的方法是布置作业、测试与考试。课堂上所教的一切都是教师根据对大纲及教材的理解、教育参考资料和个人经验，上课前准备好的。总之，课堂完全由教师主宰。

学生在课堂上，是绝对的“学”者。学生要好好地学，积极正确地完成教师提出的要求。教师心目中的“好”学生即是教师所提问题的积极“应答者”。学生在课堂中缺乏主动性，使“学”仅围绕着“教”转。

（二）课堂教学中的师生配合观

在整个教学过程中，教师更关心的是他的“教”，相对忽视学生的“学”；教师重视知识的传递，忽视学习过程中的非智力因素；教师期望的是学生按教案设想做出回答，教师的任务就是努力引导学生，直至得出预定的答案。学生在教学中实际上扮演着配合教师完成教案的角色。

教师好比是一名导游，手拿旗帜，背对学生，不停地说“跟我走”。学生紧紧跟着，不知走向哪里。

二、新型的课堂师生关系

（一）课堂教学中的师生角色观

新基础教育认为，教师的教学设计应以如何让每一个学生积极主动地“学”为主，教师的“教”应以学生的“学”为基础。教师在课堂中应担任多重角色。

1. 教师角色

既是“问”者，又是“听”者。教师为了启发学生的思维，可以设计一些问题，但教师绝不是课堂提问的垄断者。学生对教师提出的问题做出的不同回答，可能与教师预先估计的不完全一致。这时，教师要善于“倾听”，善于发现学生问答中富有价值和意义的、充满童趣的想法，体验学生的情绪。教师要及时捕捉课堂中学生的心声和发现课堂的活力，教师要养成“倾听”的习惯。

既是“述”者，又是“思”者。教师适当的讲解是必须的。但学生主动学了以后会提出一系列问题，发表一系列观点，学生之间的讨论也常常会升级成“争论”，甚至会冒出连教师都没想到却十分有意义的建议和聪明的方法……这些“节外生枝”，对教师提出了挑战，教师如果不思考，将很难“应付”。

既是“教”者，又是“学”者。在中国传统教学中，教师更多地被赋予知识传授者的称号。教师最典型的特征就是站在教室的前面，高声地向学生讲授知识。现在，教师要降低自己的“权威”地位，在与学生互问互答、与学生交流讨论中，共同把课堂教学进行下去。这里，教师的“学”不仅指跟学生“学”，还包括倾听学生发言时所受到的启迪，在与学生问答互动时所产生的思维“突进”，以及教育智慧的逐渐养成等。教师不应是一位“导游”，而应是一名“会玩的游客”，经常说的话是“我们一起走”。除此以外，教师更是整体活动进程的灵活调度者和局部障碍的排除者，是课堂信息的捕捉者、判断者和组织者。

2. 学生角色

既是“听”者，又是“问”者。课堂中，我们把教学置于师生、生生之间多边活动的主体背景上，突出动态因素间的多边互动，特别是生生之间的互动。原先属于学生主要承担的“听”的任务也发生了变化，学生不只是听教师的“问”与“说”，还要听同学的“问”与“说”。学生在提高“倾听”能力的同时，还要具有“敢问”的精神、“乐问”的心态、“会问”的方法和“爱问”的习惯。

既是“答”者，又是“论”者。学生的答，不仅是指答教师的“问”，还要答学生的“问”，课堂中学生相互提问题，相互讨论。有的同学对他人的回答有补充内容或不同意见，有的同学对身边的现象发表自己的看法，还有的同学甚至对教科书提出了异议……一段时间的训练后，学生独立思考的内在需要增强了，“论”的水平也相应提高了。

既是“学”者，又是“教”者。随着学生学习的兴趣和欲望增强，他们的主动性已经从“学”的领域扩展到对“教”的参与。有的学生会提出“我来教大家一招”，他们会站在讲台上像教师一样讲解自己的解题思路，提出所谓的“注意点”。而教师也在与学生的交流中逐渐养成了从善如流的开放态度。

（二）课堂教学中的师生统一观

1.“失控”的外显性，“控制”的内在性

教师在课堂上自觉地“放开自己的手”，学生有了相对的自由，有自由的大脑、自由的嘴巴、自由的身体。这种教学过程虽然表面上显示的是教师对学生的“失控”，但教师依然保持可信赖的“真理式权威”和善于点拨、纠正错误的引路人的形象，教师通过多种途径或手段间接“控制”着学生学习的方向和学习的时间。正是这种内在的“控制”使师生统一于课堂，共同完成教学活动。

2.“多元”的课堂中心，“一致”的教学目标

师生间积极的建设性的双向互动，学生间不同组合的双向互动，使课堂上因任务、情境变化而变化的师生角色地位不断交换，这不只是在学生被指定为临时的小老师时才出现，而是在学生提出问题、相互讨论、发表有创见的意见时就出现。在这样的课堂中，单一的教师中心不存在，完全地以学生旨趣为中心的状态同样也不存在，课堂的中心呈现多元变动态势，但这种态势始终围绕着一致的目标且贯穿于全过程，因此还是有序而非任意的。

三、新型师生关系的构建

（一）提供学生课堂主动学习的条件——前提

提供学生课堂主动学习的条件，是构建课堂新型师生关系的前提。

首先是时间。教师要给每个学生在课堂上至少有 1/3 主动活动的时间，最好有2/3主动学习的时间，包括思考、操作、练习、讨论等。

其次是空间。要想增加学生在课堂上主动学习的时间，教学组织形式势必要发生变化。课堂上，主要可增加学生个别学习、讨论学习、小组学习、大组讨论、学生执教或情景表演等机会，加上原先的师生一问一答和教师讲述，构成 6 种基本教学组织形式。

教学组织形式的多样化扩大了单位时间内学生主动活动的空间，而且释放了每个学生的精神活力，使他们在小组和大组讨论中有机会大胆表达自己的感受、意见和结论。语言上出现不同的声音、发生争论，就会引发进一步的思考，甚至出现意想不到的“高潮”，给师生关系注入活力。

（二）帮助学生掌握主动学习的工具——基础

学生掌握知识结构，学会方法结构，是构建新型师生关系的基础。

实践中，我们帮助学生掌握教学内容的结构和学习方法的结构，并注意在教学中教会学生掌握结构。具体地说，我们把教内容调整成教结构，改变过去主要是按知识点组织每堂课教学内容的状态，在教学时不仅教知识，还教知识结构，同时还教学习这类知识的方法程序结构。一个个“结构”设计的连接，构成了学科的知识结构链和学习方法结构链，新的教学内容组织方式的结构系统也在学生头脑中逐渐形成并清晰。

（三）培养学生质疑能力和要求教师学会倾听——关键

学生质疑能力的提高和教师倾听水平的加强，是构建新型课堂师生关系的关键。

当学生对已有的结论产生怀疑，或是新知识与旧知识发生矛盾时，学生便会质疑。我们把学生质疑能力的培养看作一个过程。首先是让学生想质疑。教学中，我们不断激发学生“质疑”的兴趣，有了兴趣，才会步入学习和探究过程。其次让学生敢质疑。可以用提问的方式，如用提醒别人注意、考考别人等方式，鼓励学生提问，鼓励每个孩子敢问。最后是让学生会质疑。我们组织学生讨论哪些“疑”提得好，以便发现高质量的“疑”。学生的质疑实质上是发现问题、讨论问题、解决问题。教师在课堂上要善于倾听，捕捉课堂教学的敏感信息，捕捉新的资源，并及时对这些内容处理和利用，做出判断，进行归纳。

（四）营造富有人文气息的课堂氛围——保证

课堂氛围是师生互动的产物。我们这里所说的人文气息，包括教师在课堂上表现出来的对每个学生的尊重和真诚的关爱，对每个学生进步的鼓励和缺点改正的帮助，对每个学生战胜困难和创造性行为的支持，对每个学生个性的宽容和苦恼的理解，此外，还包括同学们之间团结合作、坦诚交往、相互帮助和欢乐共处。

通过多年的研究，我们在师生关系性质探究上有了一点突破：它既不是西方某些教育学派推崇的学生中心式，也不是传统教育中普遍存在的教师中心式，而是可变动的、师生多向的、多中心的，这种关系的本质体现了师生人格上的平等和在探究式教学过程中的自由交往。

真情和至爱是培养人才的源头活水，情真意切的师生关系建立在一种相互平等、信任、理解的基础上，和谐、愉悦的教育氛围能够产生良好的教育效果。

如在数学的课堂上，问题由学生而来，讨论由学生而起，课堂是学生互动、自觉活动的场所，教师是诱发者、组织者、辅导者、参与者。学生不懂教师允许大胆地问，答错了允许重答，答不完整允许补充，没有想好的允许再想，不清楚的允许再问，不同意的允许争论，教师错了允许批评，在学习过程中产生了新的问题允许随时再问。

综上，情真意切的师生关系的核心是平等。师生之间是平等的关系，没有高低和尊卑之分。情真意切的师生关系体现在真情融融的人际关系。学生与教师都在相互尊重、合作、信任中全面发展自己，获得成就感和对生命价值的体验。情真意切的师生关系还体现在心灵成长的真实愉悦。教师通过教育教学行动，让每一个学生都能真正感受到自主的尊严，感受到成长的快乐。

第二节　教学过程观

课堂教学活动的目的性、计划性、预设性，常常会使教师不关注教学过程本身，把教学过程看作是预定计划或方案的简单体现，从而使最有活力的教学过程僵化。“动态生成性”是对教学过程可变性的生动概括。它是对强调课堂教学过程的预先设定性、计划性、规定性的一个重要的补充和修正。真实的课堂教学过程是一个师生及多种因素动态相互作用的推进过程。由于参与教育活动的因素诸多且复杂，因此，教学过程的发展有多种可能性存在，教学过程的推进就是在多种可能性中做出选择，使新的状态不断生成，并影响下一步发展的过程。它是生机勃勃、极富动态性的。强调研创课堂教学过程的“动态生成性”，是突出教学过程作为一个复杂过程的特征，同时也是突出教学过程的生命性。①

一、对于研创课堂教学过程动态生成的三点“新”认识

课堂教学是师生共同推进的。一方面，它不可能百分之百地按预定轨道行进，会生出一些意料之外的、有意义或无意义的、重要或不重要的新事物、新情况、新思维和新方法，尤其当师生的主动性、积极性都充分发挥时，实际的教育过程远远要比预定的、计划中的过程生动、活泼、丰富得多。另一方面，从教师设想、计划的教育过程到实际进行着的过程，从教到学再到学生发展的过程本身就是一个动态转化和生成的过程。基于以上思考，我们提出了对于研创课堂教学过程动态生成的三点“新”认识。

（一）对教学价值的“新”定位

过去对于教学的价值定位是学科知识的传递过程，它突出的是知识，然后发展为能力，最后发展为智力。现在我们感到这个过程只是停留在认知领域。人是整体性的存在，课堂是丰富的、综合的动态过程，价值是多方面的。教学是学校帮助每一个学生实现多方面发展的重要途径，学科（包括语文、数学、英语）是实现这一根本目标的重要工具，是培养学生的重要途径。就拿数学学科来说，它渗透着科学精神，它的理念，它的逻

---

① 蒋玉琴．动态推进　互动生成[J]．教育研究与评论（小学教育教学），2011(6)：34－36．

辑，它的数学语言都有着巨大的价值。这是我们对教学价值的“新”定位。

（二）对学生地位的“新”认识

以往的研究中曾提过学生是学习的主体，我们认为学生不仅是学习的主体，而且是教学的资源，是课堂生活的共同创造者。学生不仅是教学的对象，学生在课堂教学中至少能提供以下三个方面的教学资源。第一是基础性资源。学生原有的不同经验，是我们教学得以开展的基础。第二是差异性资源。学生在课堂上有着不同的态度，不同的水平，有独特的表达方式，这些差异也是教学资源，我们要善于在课堂上捕捉差异性资源。第三是生成性资源。这种资源是在教学过程中激发并形成的。每一个小脑袋动起来，会有许多奇妙的东西，会产生许多生成性资源。我们最难做到的是捕捉这些生成性资源，课堂正是锻炼教师捕捉、判断、重组信息能力的最好场所。

（三）对教学过程的“新”理解

我们强调教学过程是师生围绕教学内容开展积极的、有效的、动态生成的互动的过程。课堂就像是一个网络，学生是网络上的节点，网络上的节点都在活动，每一个学生表达自己的意见，并在交流过程中生成新意见，人人都是信息的发布者、构建者。学生主动学习以后会提出哪些问题、发表哪些观点不能完全预测，学生之间的讨论会在哪些方面发生争执、产生困惑同样不能完全预测，这就使原来具有极强确定性的课堂教学，变得有相对更多的不确定性了。课堂教学过程应是围绕着一致的目标，以促进学生主动发展为中心的教学活动，课堂的中心呈多元、变动态势。

二、促进课堂教学过程动态生成的四个设想

（一）教学内容——结构重组　拓宽视野

当前教学中使用的教材[①]是由专家的实践经验浓缩而成的，这种教材部分存在着主观划一、过于分散、远离学生的直接经验和生活世界的问题。我们在实践中采用了“调”“联”“扩”“删”等方法对其进行结构重组，使教学内容活起来。如苏教版数学教材第二册中有关“认识人民币”的部分，原教材分为“认识元、角、分以及换算”四个环节，并把元、角、分的进率插入其中，这样编排很繁杂，不利于学生学习，我们将其调整为“认识—进率—换算”三大环节引导学生系统认识人民币，使学生感知类比迁移和系统思想方法。另外，我们还有意识拓宽学生的视野，让教学内容“走近”学生，让学生“走进”生活。拓宽视野要做到以下两点：一是拓宽空间的视野。把学习的视野从就课论课拓宽到课前和课后，课前的积累集中，课中的碰撞，课后的更新，把课的全过程沟通起来；把课内和课外沟通起来；把学校、家庭、社区乃至社会在当代的生存状态沟通起来。二是拓宽渠道的视野。课堂教学信息收集要有渠道的视野，如积极寻求互联网、电视、报纸、杂志、书籍等的帮助，有这样一个渠道的视野，那么课堂教学内容就会远远超出原有的

① 注：本书中所提及或引用的苏教版小学数学教材一般指 2003 年版，若提及新版则指 2013 年版。

教学内容。教学内容结构重组和拓宽视野是教学过程动态生成的前提。

（二）教学设计——预想“可能”　厚积薄发

当学生的主动性、独立性增强后，教师就不再是课堂提问的垄断者，原先的一问一答模式变成了互问互答，教师可根据对学生的了解，来思考学生可能会提出哪些问题，或学生对提出的各种问题可能做出怎样的回答。上课前预想“可能”应注意以下两个方面：一是预想更多的可能。教学设计时，准备可能出现的问题，重要的是教师要有研创的意识，把握一些最可能出现的“可能”。二是提高教育智慧。在课堂教学过程中肯定会遇到很多没有想到的“可能”，这时教师要善于倾听，并通过在课中捕捉学生的信息、处理信息来提高自己的教育智慧，使自己轻松地解决课中出现的各种可能。如此一来，教师对课中出现的各种可能的预想和把握便成了教师组织好动态生成的课堂教学的重要条件。

（三）教学环节——弹性控制　适当引导

一是提出弹性问题。所谓“弹性问题”是指问题富有挑战性、包容性和针对性，能有效地激发和引导学生进行动态生成的思维活动。如我在教学“9 的乘法口诀”中提问：“你们能不能根据 9×8＝72 推算出 9×6＝□？”这个问题就富有挑战性，在引导学生发现乘法口诀规律时我又问：“9 的乘法口诀有很多规律，请各小组讨论，看看哪一组同学发现的奥秘最多。”这个问题就具有包容性和针对性，能激励学生在合作学习中多角度地发现 9 的乘法口诀的规律。二是留下弹性时空。我们坚持每节课至少要有 1/3 的时间甚至 2/3 的时间让学生主动学习，并且在小组讨论后安排大组交流。学生在大组交流时，教师要特别关注他们的发散思维，在大家趋同时，让思维发散的学生发言，因为他的发言是引发点，将可能成为一种生成性的资源。

总之，这里的弹性是为了给课堂教学中的动态生成留有时间和空间，充分满足学生的表现欲，激发学生强烈的学习动机，让学生亲身体验知识产生的过程。另外，教师借机冷静倾听，有的放矢地进行点拨和调控，实现资源的有效配置。弹性控制、适当引导是课堂教学过程动态生成的关键。

（四）教学方法——灵活运用　优化组合

在关注生命、关注发展的新基础教育目标下，我们选择的教学方法是“研创式”“民主式”的。我们在课堂教学中并不是机械套用某种教学法模式，而是汇集多种教学法的精华，坚持灵活运用、优化组合、推陈出新，以“活”的教学方法培养新人。我们认为，教学活动的形式可以是各种各样的，但其本质必须是双边、双向乃至多向的沟通，没有沟通就无所谓教育影响，更不会产生教学的变化。如教二年级数学“口算两位数加减法”时，教师创设情境导入新课，出示例题“64＋25”“28＋37”之后，不是进行启发讲解，而是采用“尝试探索”的教学方法，引导学生尝试从不同的角度探究、发现和掌握各种口算方法，让学生拓宽了思路、展示了才华、在亲身体验中享受到成功的乐趣。

在教学形式上，我们使每个学生都能实现在原有基础上的提高，让他们各自的特长和个性都得到健康、充分的发展，采用了“合作式”“质疑式”“表演式”等教学形式。“合作式”是师生、生生情感交流，培养“合作意识”的一种教学形式。课堂上的师生合作，从类型看有师—生、生—生、组—组；从合作方式看有与个体合作、与小组合作、与班级合作。以上两项综合起来可得到九种合作形式。“质疑式”是我们课堂教学的必要形式，我认为学生“提出一个问题比解决一个问题更重要”，因而最大限度地为学生开辟质疑的时空，把学生的“质疑”融化到每个教学环节之中。“表演式”是学生最喜欢的一种活动形式，我们寓教学内容于此形式之中。教学方法的灵活运用、优化组合是课堂教学过程动态生成的重要保证。

总之，我们通过对教学内容的结构重组、教学设计的精心预想、教学环节的弹性控制、教学方法的灵活运用来促进课堂教学在动态中推进，在互动中生成。我们的课堂教学过程，与传统的课堂教学相比，立足点是使师生积极、有效、高质量地互动。学生动起来了，就要动出新东西来，在动的过程中出新思想、出新创意、出新观念、出新问题。这些思想、创意、观念、问题，便变成课堂教学动态生成的资源，即生成性资源。

数学是学生全面而深刻地认识世界的一种工具，因此教师应尽量在不同的情境中还原丰富的生命状态，揭示数学与现实生活之间的关联。教师所采用的教学行为也要处理好继承和创新的关系，去“浮华”求“真淳”，追求真实的教学境界，具体表现为以下几点：

1. 学生在“经历体验”的过程中，不要“谈讲色变”。新课程强调让学生经历和体验数学知识的创生和发展的过程，使学生在经历这些数学知识“再创造”的过程中感受智慧、体验智慧和实践智慧。但这并不是如有些教师认为的，能少讲就少讲，能不讲就不讲，尽量让学生代讲。我觉得，教师应该精心选择和设计好自己的“讲解点”，使自己的“点讲”更能激发学生的自主学习，更有利于把学生的思维引向深处。

2. 学生在“判断选择”的过程中，不要“原地打转”。如在数学的计算教学中，教师想培养学生灵活判断与主动选择的自觉意识和能力，而一味地提倡“让学生喜欢什么方法就用什么方法计算”，使学生在原有水平上“原地打转”。我觉得，教师应引导学生尝试从不同角度（思维广度）探索解决问题的多种方法，引导学生的思维往深层发展，体现出“有方法、方法多、方法好、方法落实”的既保底又不封顶的教学层次。“方法好”就是引导学生在方法多的基础上，寻求更加合理的、简便有效的方法，知道什么情况下应选择什么方法。

3. 学生在“感悟探究”的过程中，不要“舍弃训练”。有些教师把感悟探究作为教学的唯一目标，在课堂上很少训练，甚至不再训练。其实，训练本身并没有错，关键是如何进行科学而有效的训练，使训练包容感悟，促进感悟，加深感悟，让感悟体现训练。

教育过程是一个动态的发展过程，具有一种研创的运动态势，我们在这动态、研创而真实的课堂中，感受着真实的感受，激动着真实的激动，智慧着真实的智慧。

三、案例：还原24时记时法的生成过程①

在人类数学发展的历史长河中，闪烁着一颗颗明亮的星星。远，可以追溯到计算圆周率的祖冲之；近，可以联想到苏步青、陈景润。许多国内的、国外的、大大小小的数学发明或创造，充分体现了前人的智慧。传统的数学教科书虽然对此有提及，但大多只做介绍而已，常以后人记忆或运用前人成果之方式来呈现，这导致这些重要的育人资源被遗忘在角落。数学教学需要对此进行深度的开发，实现书本知识与数学发明的人和历史的沟通，亮出数学发明最智慧的部分，充分开发实现数学学科育人价值的丰富资源，使学生在经历这些数学发明的"再创造"的过程中，感受智慧、实践智慧、展现智慧。学生通过主动尝试，应可以获得属于自己的知识，而不是被动接受数学家给予的现成知识。

苏教版数学教材第五册中的第五单元——"24时记时法"，让很多三年级教师谈虎色变。这部分知识初看之下，的确密密匝匝，让人眼花缭乱。普通记时法与24时记时法是两种不同的表示一天时刻的方法，课本上给出的两种记时法的概念，只不过是数学学科世界的一小片风景，却是经过很多人长期努力逐步凝结而成的风景。

笔者试着以"24时记时法"的教学来阐释如何还原24时记时法的生成过程，通过教学实现学科对于学生发展的独特价值。

（一）以学生的学习基础和生活经验为育人资源

学生的建构是以已有风景为参照系的，是在教师精心营造的条件之下才能实现的。他们也许不能改变这片风景之中的任何关键景物，但是，他们可以通过自己的尝试来品味它、欣赏它，通过自己的体验来丰富它的意义——对于学生而言的意义，而不仅仅是对于数学家而言的意义。真实的体验需要教师以学生的学习基础和生活经验为育人资源，研究和分析学生学习数学的困难和障碍，了解和把握学生已有的学习基础和生活经验，然后把数学教科书中间接的知识与学生直接的日常生活紧密地联系起来。

本节课是在学生已经认识了钟面，学习了时、分、秒等相关知识的基础上教学的。教材通过学生熟悉的电视节目预报，引入新课的学习，唤起学生已有的生活经验，从而引导学生主动探索24时记时法的规律，帮助学生理解和发现普通记时法与24时记时法之间的联系与区别，并学会准确地改写。学生在生活中经常应用普通记时法、24时记时法，虽或多或少都有过接触，但基本都是点状的。对于24时记时法的记时原理和24时记时法与普通记时法间的本质关系这两个方面还比较欠缺系统的了解。所以教学中既要注意保护学生学习的积极性和表现欲，又要鼓励学生勇于克服困难，在学习中经历探索规律、运用规律的过程，同时帮助学生养成有条理的思维习惯。

通过对教材的解读和学生的分析，我们把本节课"育人"的目标定位在：引导学生对

---

① 蒋玉琴.还原24时记时法的生成过程[J].江苏教育，2012(16)：35－37.

生活中有关数学的现象、经验进行总结和升华，使学生感受和经历从社会生活中抽象出数学的过程，通过感悟、体验、抽象、提升，形成对数学的有意义的认识。

（二）以数学知识创生和发展的过程为育人资源

学生在理解这个概念时，应该进入这片风景，而不应像蹩脚的模仿者或照相机那样简单地复制它。进入这片风景的最好方法，可能就是参与建构它。参与建构就是以数学知识创生和发展的过程为育人资源，让学生不但了解数学知识的来龙去脉，而且在学习过程中经历和体验数学知识的创生和发展，感受数学的基本思想和方法，感受数学的抽象和力量，形成学习数学的内驱力，并逐渐建立起独特的思维框架，这是其他学科无法替代的、数学学科所独有的教育价值。

要还原数学知识创生和发展过程的本来面目，首先必须激发学生对知识产生需求。

1. 引发冲突催创生

师：国庆假期，小明和小红相约8时去看电影。小明早早地就到电影院等候，可是，电影开始了，还不见小红的踪影。为什么？

（屏幕出现钟面，显示时刻：8时。）

生：……

师：如果你们是小明和小红，该怎样约定才不冲突呢？

生：可以约好上午8时一起去看电影。

生：也可以约晚上8时。

师：也就是说，这是两个完全不同的时刻。一起来看大屏幕。

（出示钟面，显示时刻：8时，背景白天。再显示8时，背景黑夜。）

我在教学中，先创设认知冲突激发学生的学习需要，让学生在寻求解决问题策略的情境中，突出“约定时间要统一”的需求，较深刻地感受两种记时法作为规则存在的原理与价值。

2. 体验价值再发明

24时记时法的发明凝聚了前人智慧的结晶，如果把它们开发出来作为育人的丰富资源，就可以使学生在经历“再发明”的过程中，变得更智慧。

课前，我给每个小组发了一张纸，纸上有根长条，长条被一根根小短竖平均分成了24个小格（如图2－1），我告诉孩子们，这是时间老人送给他们的时间轴。

师：地球绕着太阳转，同时地球也在自转，自转一周的时间定为一日，规定为24小时。

我们把时钟上时针第一圈所走的时间在图中用灰色表示，第二圈所走的时间在图中用蓝色表示。我们一起来“创造”24时记时法。

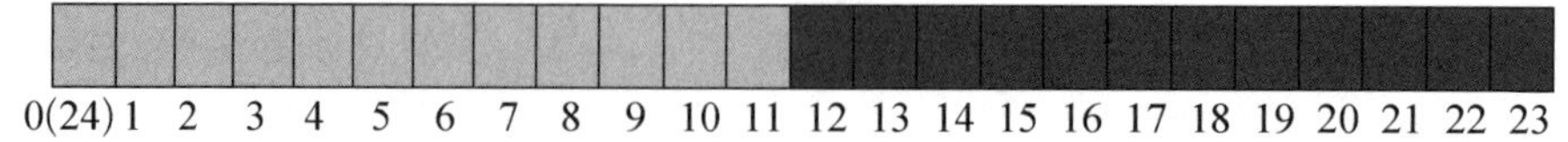

图2－1　24时时间轴

师：凌晨 0 时这个时刻，大部分小朋友应该都有深刻体会的。在我们除夕守岁时，春节联欢晚会的主持人会说“让我们倒计时，迎接新的一年到来”，迎接来的凌晨 0 时，就标志新年第一天的开始。

师生同数：10、9、8、7、6、5、4、3、2、1、0！

师：现在你们知道新的一天从哪个时刻开始了吗？

生：从凌晨 0 时，也就是夜里 12 时开始。

（师在时间轴上面写普通记时法：凌晨 0 时。）

师：新的一天开始后，有些小朋友还不睡，看了一会儿电视，就到了……

（在课堂上，我帮孩子们规定了约定俗成的说法：一天中，上午 6 时前，统称凌晨几时；上午 6 时开始到中午 12 时前统称上午几时；中午 12 时往后到下午 6 时为止，统称下午几时；下午 6 时往后到夜里 12 时，统称晚上几时。）

四人小组由组长负责，带领大家一起研究接下来的时间如何在时间轴上做记录。于是小家伙们激动地凑在一起，在时间轴上展现自己的智慧。有一半的小组“创造”出了这样的时间，如“下午 13 时”“下午 14 时”等，我在巡回指导时，反问他们“你们‘创造’的时间里有几个 13”，他们说只有一个。在时间轴上，8 时在上午叫上午 8 时，晚上的叫晚上 8 时，现在只有一个 13 时，你们认为应该叫什么？孩子们立刻想到应该直接用 13 时来表示。

时间是看不见也摸不着的，时间轴，却把孩子们的思维和时间联系在了一起，它不仅具体形象，而且可以盛放孩子们自己对时间的猜想、理解。他们集中智慧，书写自己的理解，在这个过程中，每个孩子都经历了数学化的过程。我想，有了理解，即使后面有了问题也不可怕了！在教学过程中，把学习的主动权给学生，让学生“创造”24 时记时法，感受探索和体验的乐趣，课堂会因此更灵动更有思想。

事实上，现在被认为相对而言最完整、最正确的知识，正是经过许多人的批判性探索才达成的共识，它也可以通过学生在课堂上的独立思考和相互交流而被理解。学生由此获得的知识，就是经过自己独立思考、批判检验之后主动理解了的活知识，而不是静态接受的、固定化的死知识；学生由此获得的发展，更不仅仅限于知识量的增加和知识结构的改变，还拓展到多方面素养的形成，如对知识的批判性探究、创造性思索，主动、灵活而不失严谨的理解等等。所有这些，都需要我们改变学科世界中的知识观，为学生营造更为研创的发展空间。

从“育人”的角度看，还原 24 时记时法的生成过程，其价值主要体现在以下三方面：

（1）学生获得的是活化了的知识。“24 时记时法”固然已经有数学家做出了经典的、权威的界定，但这并不等于说学生只能被动地全盘接受，它还需要从前人界定的知识被转化为学生自己的知识——真正活化了的知识。也就是说，在这样的过程中，知识的主体有了变换：从数学家、教材编写者、教师转化为学生。相对而言，最合理的理解和表述正是在不同人的批判性思考和交流中形成的。正因为如此，我们需要在与他人交往、包括课堂互动中完善我们的认识成果。

(2) 学生经历了一场智力之旅。在这节课中，学生似乎参与了一场智力游戏。他们获得了充分发挥自己主动性和智慧潜能的机会，也就是由自己给本节课知识赋予意义的机会。在这一过程中，学生的不同思路，包括错误的看法，都成为这一场智力之旅中的不同景色，在欣赏、鉴别、判断和选择这些景色的过程中，学生通过师生的积极互动体验了 24 时记时法所内隐的文化意义——多年之后，也许还有学生记得这一次的特定经历，而本节课的知识已融为他个人精神世界的一个有机部分。

(3) 在不确定中达到确定。在学生贡献不同思路、共同参与知识建构的过程中，必然会出现刚开始的不确定、冲突甚至局部的混乱，但是，经过积极而有效的互动，学生获得了共识。通过这种看似不确定的探究过程，知识也得以被赋予更高层次的确定性。它是确定的，因为它经过了学生再创造；它也是灵活的，因为每个学生结合自己的独特体验深入理解并灵活运用它，让它成为自己认知结构、精神世界中的有机要素。

第三节　教学价值观

教育活动是具有一定价值的。长期以来，我们把对教育价值的选择定位在“传递知识”上，虽然有一些教师已关注到学生技能、技巧，甚至能力和智力的发展，但大多只是抽象地谈论着，在教学实践中难以落实。所以我们有必要反思我们的教育实践，找出教育实践中蕴藏的教学价值观，认识这种价值观的问题所在，并对新价值观进行整体定位，进而重建学科价值观，体现数学知识是学生生命成长的资源，数学教学要“育”主动发展的人。

一、小学数学教学价值观的基本定位①

我们认为，学科知识在教学中是“育人”的资源和手段，服务于“育人”这一根本目的。在教学中，教师通过“教书”实现“育人”。所以，教学的价值观必须从单一地传授书本的现成知识，转变为培养“主动发展”的新人。数学教学的独特育人价值是从学生的发展需要出发，用数学特有的运算符号和逻辑及其独特的视角，提供一种唯有在数学学科的学习中才可能获得的经历和体验，提升对数学美的发现、欣赏和表达能力。

① 蒋玉琴. 数学教学的价值：育主动发展的人[J]. 江苏教育研究，2011(23)：35－37.

(一) 提升学生对数学价值的认识

数学,作为人类思维的表达形式之一,反映了人们积极进取的意志、缜密周全的推理,以及对完美境界的追求。数学除理性价值外,还具有精神价值、美学价值和文化价值。探索、进取、严谨、求实、批判、自主是数学教育永恒的精神追求,数学的曲直、平衡、和谐渗透着美感,而数学的求真、求善、求美,会使人更高尚、更丰富,也更有力量,这些都体现着数学独特的价值。了解了数学价值的丰富性,有利于学生主动把握数学与自我的关系。

(二) 调动学生学习数学的内在动力

数学学习,还需要激发学生的内在动力。因为任何知识只有在学生具有积极的心态时,才能被接受并产生影响;只有在最终成为内在需求时,才能真正使学生掌握;只有经过学生接受、重组、筛选、提炼,才能不断发展成为能力。所以内在的学习动力又是决定性的因素。我们在教学中要让学生感受到数学根源于实践生活,随着实践的发展而发展。而人要成长、发展,也离不开数学。人与数学,是密切相关、交互作用的。产生了学习数学的“需要”,学生便能形成主动学习的心态。

(三) 拓展学生数学知识结构和能力结构

学生的数学知识结构的拓展,主要指的是它不仅仅局限于书本知识,而是要实现学生书本知识、生活世界、精神世界、成长需要间的相互沟通。学生数学能力结构主要指研究数学的能力和数学实践活动的能力。它主要表现为学生对自己生活实践和周围现象的数学反应能力:善于从中发现数学问题,对日常生活保持一份数学敏感和数学思考的习惯,数学视野研创、拓展,并依靠“数学力量”“自我力量”展示正确思想,使用数学方法,得出相应结论。数学知识结构和数学能力结构的进一步拓展,使学生在课堂上主动地投入学习成为了可能。

(四) 培养学生数学思想

在数学课堂中,我们要让学生在学习数学知识的同时掌握最一般的数学方法,如观察、归纳、推理、分析、综合等,还要培养学生的反证意识、批判精神。数学教育充分利用数学应用的优势培养学生的社会责任感,养成学生用数学服务社会的意识;开展数学合作学习的团队精神。数学的思想和方法是身处复杂多变时代的人生存、发展所需要的一种基础性的学习能力,也是学生的学习能力可自我发展的重要基础。

二、数学教学价值的重建策略

当教师认清了本学科的具体价值后,就要把对教学价值观的认识落实到具体的教学行为之中。在新课程标准实施过程中,教师新价值观与新教学行为的联系、共创、互动是贯穿改革始终的要求,也是评价新课程改革是否真实发生的重要指标之一。所以我们必须要重新构想与价值取向相一致的新的教学实践,我们试着从数学教学内容、教学过程这两方面,来谈育人价值观的重建策略,来展示教学价值观从理论转换为实践并渗透到教师实际工作的演进过程。

(一) 通过对教学内容的重组、综合和激活,开发数学学科价值

教学实践中,我们发现教学内容缺乏"人气",编排缺少系统性,教师只能靠零敲碎打、反复操作取胜。我们把改革的切入口放在对现有数学教材育人价值的开发上,具体做法是对教学内容进行重组、综合和激活。

1. 教学内容的重组加工

(1) 重组教材。

我们采用了"调""联""扩""删"等方法,对数学教材进行重组,使教学内容既合乎学科知识本身内在的逻辑序列,又合乎学生认识发展的顺序。

(2) 呈现结构。

我们认为,要让学生掌握学习的主动权,最有效率的是掌握和运用知识结构。结构相较于知识点具有强得多的组织迁移能力。重组教材后,我们期望的目标不仅是学生能对与结构有关的知识牢固掌握和熟练应用,直至内化,更为重要的还是使学生具有发现、形成结构的方法和灵活使用结构的能力。如针对应用题教学,我们教给学生经历三个过程(谈一谈,找一找;想一想,列一列;算一算,查一查),逐步渗透"综合法"和"分析法"两种最基本的解题方法,学生每学习一种类型的应用题,都试着按"三步两法"在小组里合作学习,借此在头脑中形成类结构群和结构思维的方法。

2. 教学内容的渗透综合

(1) 内部的综合。

数学知识内部的综合主要指数学教学内容之间的综合。小学数学内容分为数与计算、几何初步知识、量与计量、应用题四大块,将这些知识以"解决问题能力的培养"的主线综合起来,便可融会贯通,如可把计算教学和应用题教学进行综合,利用应用题的情感化和生活化来帮助理解计算的定义,探求计算的规律;把计算问题转化为几何问题,为抽象的计算搭一座形象思维的"桥",将纯技术的计算化为可视可变的形体;把计算教学与计量教学进行综合,使计算能力在计量中得以提高。

(2) 外部的综合。

数学知识外部的综合主要指数学与其他学科的综合。如:在自然课中"做"数学。教学"千克和克"时,我们尝试与自然课中的化学小实验综合,把"克、千克的认识和应用"与实验药品的称量取放综合,而数学中的计算、统计、制表等知识又在实验数据的处理、实验报告的书写中派上用场。再如:在美术课中画数学,用色彩、线条、图案来表示平面图形,体验数学的美,增强对数学的学习兴趣。又如:音乐中的节奏可以和数学中的"循环小数"联系起来,把节奏美和数学美联系起来。这些都使数学教学内容更丰富,数学教学空间更广阔,数学教学意义更具现实性。

3. 教学内容的多向激活

(1) 激活沟通。

数学要与书本世界、学生生活世界、学生内心世界三方面联系起来,使结构化的、以

符号为主要载体的书本知识重新“激活”，使数学知识恢复到鲜活的状态，重新与人的生命、生活息息相关，呈现出生命态。具有内在生命态的知识，最能激活、唤起学生学习的内在需要、兴趣、信心，提升他们主动探求的欲望及能力。如：在教授苏教版数学教材第四册中的“统计”时，我们让同学们调查班上同学喜欢的书的种类，从各种书的数量中反映信息，从信息中反映生活中学生的内心需求，从而让同学们了解到：统计是因需要而产生的。

（2）拓宽视野。

如我们在学习“万以内数的读法”时，学生从网上、书上查到有关万以内数的课外知识，并且通过走访、调查了解到标价、计量用的万以内的数，使得学习材料呈现出现实性、生动性。教学内容激活的意义不仅仅在于内容本身的价值，更重要的是学生在这个过程中调用了认知基础、生活经验和潜在能力，从而进一步激发了内在的发展需要。

（二）通过对教学过程预设、把握和创生，渗入数学学科价值

有了能体现数学价值的教学内容，我们的注意力就聚焦到教学过程上。我们通过对教学过程的预设、把握和创生，实现从以“教书”为本转换到通过教书来“育人”。

1. 教学过程的关联预设

（1）找准教学基点。

数学学习具有累积性及连续性的特点，准确把握学生的已有水平，是渗入数学学科价值的重要前提。比如学习“万以内数的读法”时，我们首先了解了学生的知识背景，如学生是否已经掌握了“百以内的数的读法”，是否已经知道读数的基本方法；还了解了学生的生活背景，即学生在日常生活中耳濡目染，已经接触了大量的万以内的数。结果发现学生的实际水平比理论分析的知识水平要高得多。

（2）设计研创性问题。

找准教学的基点后，我们便来设计研创性问题，以满足每个孩子的发展需要。如在“万以内数的读法”中，我们设计了四个研创性的问题贯穿全课：① 你怎么把这些数（从学生提供的十条信息中，找到十个万以内的数）进行分类，使自己读得又对又快？② （结束新课后）你还有哪些信息要与别人交流？ ③ 学到这里，你有问题要问吗（或者有问题要考考别人吗）？ ④ 用“5、7、0、0”这四个数字可以组成怎样的四位数？这些问题重在对课堂教学由何开始、如何推进、如何转折等进行关联式策划。至于具体教学进程，何时节外生枝、何时戛然而止，并不是绝对的。

2. 教学过程的弹性把握

（1）留下弹性区间。

教学过程的弹性区间可以由不同的活动、练习，师生不同的互动方式来体现。这样就给教学过程留下了较多的不确定性、可变换的弹性目标、空间和时间。然而正是这些不确定性和可变因素的引入，使课堂教学有可能更贴近每个学生的实际状态，有可能让师生积极互动，迸发出创造的火花，涌现出新的问题和答案。

（2）把握立足点。

我们认为，数学课堂教学的立足点要落在师生积极、有效、高质量的互动中。教学中我们结合教学内容、学生实际、学习状态精心策划积极的活动，强调师生双边的“共时性”和“互动性”。我们在设计教学活动时要关注有效性：活动在什么时间开展能更有效？什么形式更合适？为什么要组织这样的活动？我们力争使师生、生生在设计好的活动中，出思想，出创意，出新的观念、新的问题，让“动”出来的东西变成课堂动态生成的资源，即生成性资源。

3. 教学过程的互动生成

（1）生成新资源。

学生的资源并不是静态的，而是处于动态之中。如果我们有意识地安排，就会生成很多学生资源。在学习苏教版数学教材第二册“退位减法”时，我为课堂教学准备了5张卡片，每张卡片上分别写着“2”“3”“7”“－”“＝”，让学生同桌合作，摆出所有可能的两位数减一位数的算式。学生摆出了六道算式：“27－3＝”“23－7＝”“37－2＝”“32－7＝”“73－2＝”“72－3＝”。这些生成性资源成了极好的教学导入资源。

（2）利用新资源。

教学的起点要利用好学生资源，有了教学智慧，我们就会发现学生资源贯穿于教学过程的始终。当学生提出上述六道算式后，我又提出挑战：“你能算出这些算式的结果吗？能算出的，用口头语言表述你的算法步骤；遇到困难的，找出难点所在，力争自己克服，或与同桌商量。”我在激励孩子发挥自己的学习潜能，并让孩子们个性化地表达。然后我又找出同一道题的两个不同答案：32－7＝35，32－7＝25，并问道：“谁对？谁错？为什么？”以一连串的追问激发他们的认知冲突，同时培养学生对于丰富的生成性资源的鉴别能力。

我们通过对教学内容的重组、综合和激活，来开发数学学科价值；通过对教学过程的预设、把握和创生，渗入数学学科价值，使“数学教学为学生的主动发展服务”这种价值观落实转化为教师对自己教学行为的预先策划，并把这一价值最终渗入和体现在教学实践中。

三、案例：从“教材”到“学材”的创生构想①

教材是教学内容的载体，是人类知识及其精神产品的精华。教材的价值不在于给人现成的东西，而在于给人创造的“起点”。学生学习的目的不单纯是为了掌握知识，而是通过与教材的对话，进入更广阔的领域，去感受、经历、体验，去积极思考，去提出自己的看法，最终孕育出“全新的果实”。学材是人与知识对话的纽带。学材是一种激活了的教材，它存在于学生和教材之间、教师和教材之间、教师和学生之间，它是一种生成性

① 蒋玉琴. 从“教材”到“学材”的创生构想——“万以内数的读法”例谈[J]. 小学教学参考，2011(11)：16.

的教材，它向生活和生命开放。

我们把学生的学习基础和生活经验、数学教材的重组和创生以及研创的问题设计等综合起来，建设具有“创生视野”的新学材，使学生成长为自主的“对话者”。让我们以一种探究与审慎的心态走进“万以内数的读法”这一课。

（一）教学设想

我所执教的内容是“万以内数的读法”的第一教时。我所制订的教学目标是：（1）通过学习，学生能感受到生活中处处要用到数，数是构成数学的基础；（2）让学生了解数学应用于现实生活中的形态，会发现并观察生活中和数学有联系的现象，学会搜集基本的数据，并能进行简单的处理；（3）学会读三位数、四位数，知道“中间零读一个，末尾零都不读”。

（二）教学过程

师：请大家读出下列各数——79、83、50、66、100、34。

（生先自由读，后齐读。）

师：我们学过的百以内的数应该怎么读呢？

生（相互补充，共同归纳）：高位起，往下读；看数字，想数位；末尾零，都不读。

师：老师昨天请小朋友回家搜集了一些有关万以内数的信息，请大家来汇报一下。

生 1：我家去年用水 452 吨，是我妈妈告诉我的。

生 2：太阳表面的温度大约是 6000 摄氏度，我是从《少儿百科全书》上看到的。

生 3：昨天我家的电表度数是 3002，是我自己看的。

生 4：“9·11”恐怖袭击事件中遇难的人数约是 3201 人，我上网查到的。

……

（师电脑上逐一记录这十条信息，并且隐去文字，剩下十个数字：452、6000、3002、3201、980、1050、101、8002、9070、1864。）

师（电脑上显示数位，帮助学生试读）：自己轻轻地读一读。

万位	千位	百位	十位	个位
		4	5	2
	6	0	0	0
	3	0	0	2
	3	2	0	1

……

（生轻轻地在下面读。）

师：你在试读的过程中，有没有遇到不太会读的？

生 1：第四个数我读得不太熟练。

师:你读读看!

生 1:三千二百零一。

生 2:第三个数我读得不太熟练。

师:你读读看!

生 2:三千零二。

师:这个数有没有不同的读法?

生 3:二千零三。

(生哄堂大笑。)

生 4:我们中国人读数一般都是从左往右而不是从右往左,应该读成“三千零二”。

师:刚才小朋友说,有一些数还读得不太熟练,那么怎么让自己读得既对又快呢?请小朋友把桌上的数字卡片分一分,再说一说为什么这样分我就能读得既对又快。

(生同桌两人边分、边读、边议。)

师:请小朋友汇报刚才分的方法。

生 1:我们把这些数分成了四类,中间有零的、末尾有零的、中间末尾都有零的、一个零也没有的。

师(电脑演示分的结果):请你读一读!

生 2:我觉得 6000 应该放在中间末尾都有零的这一类。

生 1:中间末尾都有零的数,像 9070,它的十位上有数,而 6000 的十位上没有数,所以放到末尾有零的这一类。

生 3:我们是把末尾是零的分一类,末尾是 2 的分一类,其余的分一类,我觉得很简单。

生 4:你这样分,我觉得搞乱了,我听不懂。

生 5:我们是分两类,一类是三位数,一类是四位数,这样就不会把四位数读成几百多,三位数读成几千多。

师:刚才小超说按从小到大排列,你有没有试一试?觉得怎么样?

小超:我试了,比较快!

师(小结):小朋友看这些数时,有的特别注意到了数位,于是分成三位数和四位数,方便我们把数位读对;有的特别注意到了零的位置,分成中间有零的、末尾有零的、中间末尾都有零的、一个零也没有的,方便我们把数中的零读对。我们既要看清楚数位,又要特别注意零的位置,这样才能读得既对又快。

师:请同桌的女生给男生“打电话”,男生要注意听。

(生同桌开始“打电话”。)

生 1:我的同桌把 6000 读成六百,3002 读成三百零二。

师:都是数位上出的问题。

生 2：我发现 302 读成三百零二，3002 读成三千零二，中间不管有两个零还是一个零，都只读一个零。

师（板书）：中间零，读一个。

师（出示练习）：读出下列各数——6080、5000、3060、2004、1234、576、4300、706。

（师请学生自己先读，再让个别学生读。）

师：请大家分组交流昨天收集的数字信息。

（生四人小组交流。）

师：交流过程中有没有疑问？

生 1：我们组的同学收集了一条信息——“今年是 2001 年”。我读“二零零一年”，其他同学说应读成“两千零一年”。不知道哪一种读得对？

师：读年份时两种读法应该都是对的。

生 2：我们组的同学收集了一条信息——“我爸爸单位的车牌是苏 D3999”，这个数应该怎么读？

生 3：我觉得可以读成“三九九九”，因为它只表示序号。

师：对的。有谁想出题考考大家！

生 1：用“0、0、4、5”组成一个四位数。

（师请几个同学拿着这四个数上台表演。）

生 2（做导演）：“5”排第一个，“0”排第二个，“4”排第三个，“0”排第四个。请大家读！

……

师：请你思考“4、5、0、0”这四个数字共可组成几个四位数？

生（通过讨论得出）：4050、5040、4005、5004、5400、4500 这六个。

师：请你给今天学习的内容取个名字。

生 1：学习万以内的数。

生 2：学习万以内数的读法。

（全课结束。）

（三）教学反思

1. 以学生的学习基础和生活经验蓄积对话的“情绪场”

学习“万以内数的读法”时，首先我了解了学生的知识背景，了解到大部分学生已经掌握了“百以内数的读法”，已经知道读数的基本方法，即：高位起，往下读；看数字，想数位；末尾零，都不读。其次我借助谈话、调查等手段了解了学生的生活背景，发现学生在学习“万以内数的读法”之前，已经会读一些生活中的万以内的数。于是在课堂教学中我注意把小学数学间接的知识与小学生直接的日常生活紧密联系起来，引导学生对生活中有关数学的现象、经验进行总结和升华，认识数学学习的真实意义。那么，学生对话的热情就会被激发，动态生成也就成为了可能。

2. 以数学教材的重组和创生打造对话的"高峰会"

我在组织教学内容时，有意识拓宽学生的视野，让教学内容"走近"学生，让学生"走进"生活，把生活中的素材作为教学内容的一部分，把学习的视野从就课论课拓宽到课前课后。学生学习材料的收集可以有多种渠道，如互联网、电视、报纸、杂志、书籍等，运用好这些渠道，那么课堂教学内容就会远远超出原有的教学内容。我在设计"万以内数的读法"这一课时，让学生去搜集生活中的"万以内的数"，学生从网上、书上查到有关万以内数的课外知识，并且通过走访、调查，了解到标价、计量用到的万以内的数，然后我就挑选了十条不同领域且具有代表性的信息，作为学生学习的内容。我觉得这样的材料是现实的、有趣的且富有挑战性的，学生乐意学。当然，搜集资料的意义不仅仅在于资料本身，更重要的是学生在这个过程中调用了认知基础，这会促使学生快速有效地掌握知识，顺利地达到目标。把数学教材的重组和创生作为"学材"，师生、生生围绕这样的"学材"进行讨论和思维的碰撞，从而打造了师生、生生对话的"高峰会"。

3. 以研创的问题设计构筑对话的"快车道"

研创的问题设计，在"新基础教育"看来，更深层次的意义在于提升学生思维水平的层次，继而为实现学生主动思考创造条件和提供可能，构筑对话的"快车道"。

在"万以内数的读法"中，我设计了四个弹性的问题贯穿全课：(1) 在从学生提供的信息中，挑选了十个万以内的数，这些数有的没零，有的中间有零，有的末尾有零，有的中间末尾都有零。我设计了这样一个问题：你怎么把这些数进行分类，使自己读得又对又快？(2) 在结束新授后，我设计的问题是：你还有哪些信息要与别人交流？(3) 学到这里，你有问题要问吗？或者有问题要考考别人吗？(4) 用"5、4、0、0"这四个数字，可以组成怎样的四位数？在本节课的教学中，我利用这四个富有挑战性、包容性和针对性的研创性问题，来提高学生的思维水平和对话能力：一方面在解决问题时要求学生要"想得多""想得快"；另一方面在解决问题时要求学生"想得全"，不重复、不遗漏，有规律地寻找解决问题的方案或全部结果，使学生的思维能够有序化和条理化。研创的问题设计能有效地激发和引导学生进行动态生成，让学生在课堂对话的过程中进一步掌握数的组成和读的方法。

在教学活动的设计中，我还预想好各种可能发生的情况。如前面提到的第一个问题，即如何通过分类把这些数读得既对又快？对此，我就想到可能有三种情况：(1) 根据数中零的位置分类，即分成数中没零的、中间有零的、末尾有零的和中间末尾都有零的。(2) 根据位数分类，即分成三位数和四位数。(3) 根据数的奇偶性分类，即分成单数和双数。当然，教学设计时，准备可能的问题，绝对地说是不可能的，相对地说是有可能的，重要的是教师要有研创的意识，把握一些最可能出现的"可能"。

具有"创生视野"的新学材的建设，激活了教育中的各个要素，教师、学生、知识都不再是一个个独立、封闭的个体，他们在研创而又宽松的情境中进行着对话、沟通和交往，对话成为教育教学的主旋律，从而共同构成了研创的、充满生机的对话式教学情境。

第三章　研创课堂的主要方法

我们将课堂教学看作一个开放的人为系统，它涉及许多复杂的因素。其中，从营造研创的学科世界、促进学生主动发展的角度出发，我们最关注教学目标、教学资源、教学组织形式和教学评价等方面的研创，关注结合一节课的教学设计与实施来探讨如何进行研创课堂实践。不过，在具体论述时，某些方面可能不限于一节课，而是延伸到其他课或者课外，这也恰好反映了研创课堂的特征。

第一节　研创教学目标

教学是实现教育目的、提高学生素质的最基本途径，课堂教学是教学活动的主要方式。教师在课堂教学过程中所展现的组织行为的格局，通常在备课期间就基本形成。备课是为课堂教学活动制订蓝图的过程，它规定了课堂教学的方向和大致进程，是师生教学活动的依据。

一、小学数学教学目标的整体定位

我们认为，学科知识在教学中是“育人”的资源和手段，服务于“育人”这一根本目标。

（一）关注视野

拓展视野是确定教学目标的前提。视野要从就课论课拓展到课前和课后。生活的底蕴不只是在课内，还包括很多的课外社会生活，教材和教学参考书仅仅是一个资源。视野一方面要拓展，一方面要下放，要考虑如何运用资源才适切。还要注意通过多种渠道收集信息。依托宽阔视野设计出来的课堂教学内容会远远超出原定的内容。因此，我们强调广阔的视野拓展和对学生的关注。

（二）关注立足点

课堂教学要立足于使师生产生积极、有效、高质量的互动。与传统的课堂教学目标相比，我们强调互动，强调师生在课堂教学中共同推进，不可分割。只想教师应该怎样教，不是一个完整的课堂教学目标。如果老想学生怎么样，就必然会关注到学生的学习活动，所以我们提出力气要花在互动上。

第一步是积极。课堂教学离开了教师和学生，都不能称为课堂教学，我强调“共时性”和“双边互动性”，这两个东西随时都在发生碰撞，不能分割开。这一教学目标要求课堂教学要结合教学内容、学生的实际状态进行精心的策划。第二步是要关注有效。怎样才算是动得有效？我们必须要关注：什么时间用？什么形式适合？为什么要用？现在的课堂教学对于学生活动有效性的关注还不够，如在一堂课里没有必要用四个人讨论但还在用，认为讨论越多就越好。不是什么年级都要四人讨论，四人组、二人组、六人组或自由组合，要考虑这些组合在什么情况下适用。我比较反对六人组，六人组往往会出现形式化的东西，总有人开小差。有的课讨论很多，活动很多，小组长动起来了，但组员并不动。把课堂教学重心下降的目标，就是要让更多的学生动起来，如果学生没动起来，则没实效。第三步是高质量。要在动的过程中出思想、出创意、出新的观念、出新的问题，动出新东西来，这个动就是高质量的动。动出来的东西会变成课堂动态生成的资源(生成性资源)。一个课堂能动到这个水平，我们就可称为高质量了。我认为要精心思考学生的活动，而不是精心思考学生的答案。

我们对学生活动高度关注的同时，还要考虑教的活动的设计：(1) 教师在课堂中是责任人。有的教师说学生配合不好，这就忘记了自己是课堂教学的责任人。(2) 教师是课堂教学的组织者。课堂要发挥促进群体交往的价值，课堂不是哪个人的舞台。备课的时候要走近学生，到学生中去。教师在学生中，而不在学生前面，这不是空间位置的变化，是相互交往方式的变化。(3) 教师是指导者。要做好指导者就要倾听，教师在课前就要把内容弄清楚，课堂中要倾听，要抓问题，要抓学生在课堂里表现出的心理状态和行为方式以及所凸显的问题。一堂课下来不是没错误就是好的。学生刚开始不会，到后来会了，这就是一种真实状态的体现。教师指导是建立在对学生情况掌握的基础上，这样才能让学生中的差异充分地表现出来。(4) 教师是激励者。课堂中教师要激励学生参与到课中来，共同完成教学任务。教师要弄清自己的角色，所以教师展现的远远不只是知识和能力，而是他的全部，包括他的人格。学生也是教学的主体，与教师共同组成复合主体，是一块动态的复合板。

(三) 关注多元

关注多元指的是：(1) 要有具体目标意识，根据学生需求和实际情况来制订具体目标；(2) 要有分类目标意识，要设定目标区间，不可能每一个学生都达到这个目标，要有“类”学生，有了“类”学生就有“类”目标；(3) 要有递进目标的意识，目标间有递进关系，即第一节课解决什么问题，第二节课要在第一节课的基础上达到什么目标；(4) 要有隐形目标的意识，即在教学中学生要做什么，如在计算教学中，关于笔算学生要能体会到竖式计算的好处；(5) 要有弹性目标意识，关于弹性目标，教师有这个意识就可以，不必写出来，要在过程中体现和落实这一意识——有的要用渗透的、弥漫的方式(如数感问题)，有的要在过程中理解(如竖式计算的过程)，理解就可以了，不必背出来，如果硬要背出来，就又变成非数学化的东西了。学生在大组交流时，教师要特别关注他们的发散性思维，“该出手时就出手”，在大家趋同时，让思维发散的学生发言，因为他的发言将是一种生成性的资源、是引发点，借此来创造弹性的空间。弹性是为动态生成留有空间，弹性度是为“两段式教学长程”提出来的。提高弹性度，要研究数学学科的改革大纲，这远远比研究别人提供的教案重要得多。

二、对于研创教学目标的三个设想

（一）确定多元教学目标

教师的教学过程蕴含着一系列的决策活动，确定教学目标就是其中的一项重要决策。科学、合理地确定数学课堂教学目标是在数学备课时必须正确处理的首要问题。完整的目标应有三个层次的考虑。

1. 关注学生发展的长远目标

数学作为一门学科，是发展人的思维和提高人的能力的重要手段；作为一种文化，是培养与提高人的文化素质的重要组成部分。我们确立的长远目标，要充分考虑培养什么样的新人的问题，要能通过一节一节的数学课，促进每个学生一生的发展，使学生有自觉更新知识的意识和能力。

2. 数学学科的教育价值目标

过去数学教学的价值定位是传递数学知识，它突出的是知识，到后来这一定位逐步发展为能力，最后发展为智力。现在我们感到这个目标只是停留在认知领域，因而要通过科学的目标制订将其逐渐延伸到实践领域。人是整体性的存在，课堂是丰富的、综合的动态过程，课堂教学是帮助每一个学生实现多方面发展的重要途径，学科本身是实现这一根本目标的重要工具。就拿数学学科来讲，它渗透着科学精神，它的理念、它的逻辑以及创造它的人的语言都有着巨大的价值。

3. 每一节课的具体教学目标

前两个目标可以理解为隐性目标，第三个目标则是显性目标，但前两个目标要体现在第三个目标之中。我们在进行数学备课时，不会单独提长远目标是什么，学科目标是什么，教学目标是什么，而是充分处理好隐和显的关系，把新基础教育的理念体现在每一节课的目标制订中，并且一层一层地渗透、互动，进一步丰富、扩展和完善新基础教育的育人目标和学科目标。

书本知识按其内在的结构和教学的认知主线组成结构链，在教学中打破“匀速运动”式的按章、按节的分配局面，按“长程两段”设计的要求，将每一结构单元的学习分为教学“结构”阶段和运用“结构”阶段。结构的重组为师生提供了更为生动和个性化的主动发展的广阔空间。同时，每一个结构知识都确立总目标和递进子目标，以苏教版数学教材第八册中的“平面图形面积计算”为例，我们根据总目标和具体教学内容的特点，确定了“平面图形面积计算”各教学内容阶段性目标（如表 3－1），便于我们在各教学阶段递进式地加以落实。

表 3-1 “平面图形面积计算”的递进目标

学习顺序	学习内容	阶段性目标
1	平行四边形面积	1. 通过实际操作,将平行四边形剪切、平移,转化成学过的长方形,了解转化的方法。 2. 引导学生建立利用数据比较、探索新图形与已学图形之间关系的意识,从而找到面积的计算方法,学会字母公式的表示。 3. 学会选择合适的数据解决求实际图形的面积问题。
2	三角形面积	1. 在剪、拼的基本方法基础上,启发学生运用多种方法将三角形转化为学过的图形。 2. 学生自觉探究三角形各部分与转化图形之间的关系,总结三角形的面积公式,理解“除以 2”的意义,并用字母表示出来。 3. 实际测量各种三角形的底和高,计算出三角形的面积。
3	梯形面积	1. 学生自觉地用转化的方法,发现梯形与其他图形的关系,找出梯形面积的计算公式。 2. 在实际测量和计算中弄清实物中各部分与梯形的关系,运用公式计算。 3. 进一步理解平面图形之间的内在关系,理解直线图形面积的转化方法,为圆面积和立体图形面积的学习打下基础。
4	土地面积	1. 理解原有面积单位在实际测量中的局限,引发学习新面积单位的需求。 2. 通过实际活动、具体推算,了解 1 平方千米有多大,引导学生推算土地面积单位之间的换算关系。
5	组合图形面积	1. 继续运用转化的方法,将组合图形分割成各个简单图形,并分别计算。 2. 理解割补问题中不同方法的运用,以及根据数据合理割补的必要性。

(二) 找准教学基点

1. 分析学生状况

为了使每个学生在原有的基础上得到发展、体会到成长的喜悦,需要从“抽象目标”向“具体目标”转换。[①] 具体地说,在制订教学目标时要以教材文本和学生状况分析为主要依据,对教学目标进行整体的规划和设计。学生状况分析中对学生差异的重视有赖于教师对个体重要性的认同,因此通过了解学生已有的水平来确定教学的起点是一切课堂教学设计必须重视的一项重要内容。

① 吴亚萍,王芳.备课的变革[M].北京:教育科学出版社,2007.

(1) 了解学生的知识背景。

数学具有累积性及连续性的特点,学生必须学会简单的知识、技能,才能学习高深的知识、技能。比如学习“万以内数的读法”时,我就要了解学生是否已经掌握了“百以内数的读法”,是否已经知道读数要“高位起,往下读;看数字,想数位;末尾零,都不读”。如果学生已经掌握了这些知识,我就知道该从哪里开始教学了。

(2) 了解学生的生活背景。

我借助谈话、调查等手段,了解到学生在学习“万以内数的读法”之前,已经会读了一些生活中的万以内的数。因此在教学设计时就会根据学生生活经验确立难度梯度。

2. 把握教学立足点

我们认为,课堂教学要立足于使师生积极、有效、高质量地互动。

(1) 强调积极。

我们要结合教学内容,根据学生实际和学习状态精心策划积极的活动,强调积极即是强调师生互动的“共时性”和“双边性”。

(2) 关注有效。

我们在设计教学活动时关注有效,关注让每一位学生都有可能参与到学习中来,关注让每一位学生的活动都真实进行,但不是活动越多越好,学生动起来了,还要避免形式化的乱动,要关注活动的实效性,确保活动中的学生都能有收获。

(3) 追求高质量。

设计学生活动,就要预想活动的质量。设计的活动,要能动出新东西来,在“动”的过程中出思想,出创意,出新的观念,出新的问题,这样的“动”就是高质量的“动”,“动”出来的东西会变成课堂动态生成的资源。

(三) 落实教学目标

设计具体的学生学习活动,是落实学习目标的关键。我们认为,备课中策划的学习活动应有如下三个内涵:(1) 能有目的地学习,即学生能对自己所要达到的学习目标有所认识,并能主动地规划自己实现所要达到学习目标的要求、步骤、方法。(2) 能独立创新地学习,即对所学习的内容能独立思考、多向思考,能创新地运用所学到的内容去适应新情况,探索新问题。(3) 具有人际交往的意愿和能力,即能和同学相互协作,互相尊重,能在参与集体活动中主动学习。

例如,我们在“梯形面积的计算”中设计了5个学习活动。

活动1:温故知新,引入新课(详细内容略)。

活动2:自由参与,推导公式(如表3-2)。

表 3－2 “梯形面积的计算”部分活动

主要问题与活动	说明	评价重点
小组学习，推导公式。 （1）启发设问： 根据刚才复习的知识，想想梯形面积的计算方法可以怎样推导？ （2）小组活动： ① 拼——拿出两个相等的梯形，拼一拼，可拼成以前学过面积公式的什么图形？怎样拼又快又对？ ② 想——这个平行四边形（或长方形）与原来的梯形有什么关系？ （3）集体讲评、归纳公式。 （4）抽象字母公式。	推导梯形面积公式前复习了平行四边形、三角形的面积公式的推导。	能说出推导梯形面积公式的方式与前两个图形的推导方式相似。
	这两个梯形必须大小、形状完全相同，可以重叠。	1. 能独立拼出图形。 2. 能认识拼出的图形是平行四边形或长方形。 3. 既对又快。
	先观察思考，再以小组的形式讨论交流。 $S=(a+b)\times h\div 2$	1. 能明确平行四边形的底或长方形的长即为梯形的上底和下底的和。 2. 得出梯形面积计算公式。

活动 3：尝试练习，运用公式（详细内容略）。

活动 4：分层练习，巩固新知（详细内容略）。

活动 5：提炼学法，发散思维（详细内容略）。

在目标设计中，我们认为教师应始终秉持“以每个学生健康、主动发展为本”的价值追求，实现将教学目标从“抽象”向“具体”的转化。只有实现这种转化，才有可能体现学校教学的教育立场，才有可能使教师的发展迈出切切实实的一步，也才有可能使学生在课堂教学中获得真实的发展。①

第二节　研创练习设计

在传统的数学教学中，绝大多数的题目都是封闭题，即数学题只有唯一的答案，题中包含的信息总是不多不少，一定有用。这样的题目做多了，学生就会认为题中所有条件必须都用上，而且一定够用，自己进行独立思考、处理信息的能力就得不到发展，更谈不上创新。这样的练习设计也会给教学带来一些负面的影响：

1. 容易让教师形成生硬刻板的教学模式。在教学中教师受传统练习设计的束缚，常常搬教材、搬教参，揣摩编者的意图，沿袭习惯的教学程序。教师没有从整体入手把握教材、有机处理教材，缺乏对问题之间内部联系的沟通，人为地造成了学生的困惑和

① 吴亚萍，王芳. 备课的变革[M]. 北京：教育科学出版社，2007.

解题时的机械呆板，造成只关注局部而忽视整体、只关注题目而忽视教学中的“人”等问题，渐渐地教师自己也失去了主体意识和研究意识。

2. 容易让学生走进机械模仿的学习误区。封闭的练习会导致一定的思维惯性，使一些学生没有真正理解题目的数量关系，用一种模仿或尝试的心理去解答问题，简单地强化思路，走进机械模仿的学习误区。尤其是低年级学生，缺乏自主分析判断的意识和能力，在解决问题的过程中，无法构建清晰的数量关系的知识框架，因而当不同类型的实际问题综合在一起时就容易手足无措。就题论题、机械地掌握解决问题的步骤和方法，这种被动学习的方式无法让学生的数学能力得到真正提高。

一、研创练习设计的总体思路

在新课程改革的背景下，我们在数学教学中设计了大量的研创题，使学生学会创造性地运用知识，帮助学生形成数学的思维方式，体会到所学知识背后蕴含的思想，形成真正意义上的数学学习。设计研创题我们主要从以下五个方面着手：

1. 题目内容的研创——题目有可能是书上的数学题，更可能是生活中碰到的实际问题。

2. 题目形式的研创——可能是传统的书面式，学生书面回答；也可能是实验式，要求进行模拟操作；还可能是活动式，进入生活现场，实地完成。

3. 答题方式的研创——学生可以独立思考，单独完成；也可以互相探讨，合作完成。

4. 问题结果的研创——问题的答案可能因各人思考角度、思考方式不同呈现多样性，并不唯一。

5. 学科界限的研创——问题所涉及的领域、所须用到的知识，可能会涉及两门甚至更多的科目。

在现行教材中，作为传统小学数学重要内容之一的封闭题不见了，取而代之的是现实性的实际问题。“解决实际问题”成为苏教版教材的一道亮丽风景。它一改传统教材问题以文字叙述为主的呈现模式，由呆板、枯燥、沉闷的，变为生动、有趣、充满生命活力的。第一学段中几乎所有的问题都有情境：有实物照片或图片，有卡通漫画或对话，问题的呈现方式变得丰富多彩了。这种置于特定情境中的数学问题，融入了新课程标准中人性化、生活化的理念。这些新颖、新奇的内容也深深地吸引了学生的眼球。

与此同时，我们也通过研创题的设计，把数量关系的运用渗透到平时的日常教学之中，同时把“变戏法”的本领教给学生，培养学生发现信息、收集信息、选择信息、运用信息和处理信息的能力。

二、设计信息隐蔽的题，让学生在发现信息中培养数学的“眼光”

一般的数学题，特别是应用题，什么是条件，什么是问题，已知什么，要求什么，用数学语言表达得清楚明白。而实际生活中，许多的信息都隐藏在平常的生活场景中，不可能有人会把这些信息一条条译成数学语言，一条条整理清楚写在纸上，再让你去解决问题。发现隐藏的信息——这个解决问题的前期工作，必须自己来做。所以，培养学生发现信息的能力是我们首要的任务。

我们设计了类似语文课看图说话的“一图多说”研创题。如：李红不小心把一盒象棋打翻了，看图后发现，盒子里有 3 颗棋子，盒子里的棋子比凳子上少 2 颗，桌子前面的棋子有 7 颗，除了这些，你还能发现什么？我们鼓励学生也说几句话。这样学生还有很多的发现：不在桌上的棋子有 22 颗；地上的棋子比凳子上的多 12 颗；翻出来但没有落在地上的棋子共有 15 颗；等等。

此类研创题，利用一个生活场景引导学生去观察思考，既培养了学生多角度、多视点、研创地发现信息的能力，又可以训练学生用数学的眼光去观察生活，认识世界。

三、设计信息不全的题，让学生在收集信息中提高“问题解决”能力

在现实生活中，要解决一个实际的问题，很少会遇到所需要的条件全都具备的情况，常常是信息、数据不全，需要进一步收集或创造。因此，我们设计了一些缺少必要信息的研创题，培养学生收集信息的能力。

根据收集方式的不同，信息不全的题又可以分为三类：

1. 通过调查的方式收集信息。如：妈妈带了 40 元钱去买西瓜，最多可以买几千克？为完成这道题，学生到市场调查了各种西瓜的单价，并进行比较，找出最便宜的一种，然后通过计算得到答案。

2. 通过实地测量的方式收集信息。如：市政绿化队在从书店到学校的道路两旁每隔 5 米种一棵树，大约需要准备多少棵树？完成这道题，首先要知道从书店到学校的距离。学生用了很多种方法：比如量出每一步的长度，数一数所需步数再进行计算；比如测出骑车的速度和所需时间，再计算出路程；再比如用测绳直接测量；等等。然后，学生再结合已知信息通过计算得到了结果。

3. 通过多种途径，运用多种手段收集信息。如：学校准备把我们班教室用白漆重新粉刷一遍，大约需要用多少钱(包括工匠的工钱)？学生在完成这道题的过程中要这么做：先通过测量得到教室的长、宽、高；再通过调查得到每桶白漆的价钱、工匠的人工费等各种信息；最后通过计算，算出总的费用。

这些研创题都是具有现实背景的，不但培养了学生创造性地收集信息的能力，而且也让学生觉得这是个在现实生活中可能碰到的问题，从而自觉地把数学知识应用于实际生活。这次练习之后，就有学生回去按这种方法计算了家中安装窗帘的费用、铺设地板的费用等。问题从生活中来，知识再回到生活中去，创新的火花在其中闪烁。

四、设计信息多余的题，让学生在选择信息中提升“比较判断”能力

生活中，常见的一个现象是与问题有关的各种因素、各种数据、各种信息过多，要解决问题，首先要选择其中对事情有影响的、有用的信息。为此，我们设计了这样一类研创题（以下为示例）：

在二年级教学“被减数中间有零”的退位减法时，教师根据学生课前收集的数据，设计了这样一张表格（如表 3－3），并要求学生比较同一种商品在两个不同商场的价格。

表 3－3　商品价格调查表　　（单位：元）

商场	新科 VCD（三碟）	长虹彩电（25 寸）
常州商厦	803	1906
百货大楼	782	1796
家电城	774	1808

在此例中，题目答案并不唯一，不同学生会有不同的解决方法，有较大的自由选择空间。但同时，比较的商品不同、商场不同，所需信息就不同，总是只有一部分是有用信息，另一部分是无关的多余信息。如比较长虹彩电在百货大楼和家电城的价格，就只需 1796 元和 1808 元这两个信息，其余都是无关的信息。如果没有认真审题，受多余信息的干扰，就可能会出现用百货大楼彩电的价格去减家电城的 VCD 价格的情况。此类训练，能培养学生在纷繁复杂的情况中比较、判断、选取有用信息的能力。

五、设计信息陈列的题，让学生在运用信息中养成“发现问题”能力

在解决实际问题的过程中，除了需要有根据问题选择信息的能力之外，还必须具备从已有信息出发发现问题的能力，也就是说要清楚已有条件可以解决哪些问题，从而充分发挥这些信息的效用，去解决可以解决的问题。如果说依据问题选择条件是分析法，那么依据条件思考问题便是综合法。

为了提高学生运用信息的能力，我们设计了只提供信息不设问题的研创题，让学生利用信息提出问题并解决问题，培养创新能力。以下列出部分题目的示例。

（一）提供两个有关联的信息，从多方面进行提问

如：已知参加学校书法社团的有 20 名同学，参加美术社团的人数是书法社团的 2 倍。通过这两个条件，你能设计哪些问题？

对于这道题：可以提出“求美术社团有多少人”这种最简单也最容易想到的一步计算的问题；也可以提出“两个社团一共有多少人”“美术社团比书法社团多多少人”等求总数或求相差数的两步计算的问题；高年级学生还可以提出“书法社团人数占两个社团人数总数的几分之几”等有关分数的问题。

(二) 提供多项信息,多角度、多方位地进行提问

如:校运动会后,我们在数学活动课上出示了一张全校各班得分统计表,让学生观察后说说自己想到了哪些数学问题。

结果学生提出了下列问题。

(1) 求总数的问题。如:三年级一共得分多少?全校总分是多少?

(2) 求相差数的问题。如:五(2)班比五(1)班多得了多少分?二年级比三年级少得了多少分?

(3) 求倍数的问题。如:六年级得分是一年级的几倍?五(4)班得分的一半是二(3)班得分的几倍?

另外,学生还排出了全校各班的得分名次,甚至还仿照平日电视中的样子画出了条形统计图,从中体现出他们对信息的理解程度,以及运用、处理信息的能力。同时,他们敢问、善问的能力也得到了发展。

六、设计实践操作的题,让学生在处理信息中实现"主动发展"

事实上,发现信息、收集信息、选择信息、运用信息的能力总是贯穿于解决问题的全过程,因此这些能力缺一不可。把数学知识应用于生活实际中需要综合处理信息的能力,所以我们除了以上几类专项训练外,更多的是设计现实性与研创性皆备的研创式综合活动,给学生提供自由发展的机会,并使他们具有独立运用数学知识解决生活问题的意识和能力,促进学生更好地理解问题的结构,提高学生灵活应用数量关系的能力,提升学生从本质上驾驭知识变化的能力,从而提高解决实际问题教学的有效性,为学生解决复杂的实际问题奠定坚实的基础。

反思从传统应用题到我们设计的研创问题,不仅仅是名称和呈现方式的变化,更是不同的教学价值观的体现。在关注情境、关注用经验解决实际问题的今天,教师在教学中要特别关注数学知识的结构化:首先要理解知识点的结构,如解决实际问题的基本结构;其次要组成知识链结构,将一步计算到两步计算甚至再到三步计算,串联成一条长长的知识链;再次要形成知识面结构,加强对相同、相近、相似知识之间共通因素的处理。

第三节　研创教学资源

课堂中教师如果用研创的心态去进行教学的话,会生出很多问题,对这些问题可能没有办法做完全的预设。创造能不能教?不可能有一套操作模式来实现创造,试图用习惯了的、掌握现成知识的认识方式来揭示创造性活动的本质,这是不可能的。面对几十个小脑袋,你可能会预设他们说出常理性的可能,但不可能预判他们所有的行为表现。创造也并不都是好的,有的创造甚至是错误的,但是如果学生的错误具有普遍性,

或者它的背后有一套儿童逻辑支撑的话，那么这些错误也是教学资源。我们可以通过这个错误了解学生的知识障碍在哪里，再去排除障碍。动态生成是一个词组，动态的目的是要生成资源，教师再通过捕捉、判断资源，来进一步达成过程生成。我们往往不知道生成的价值，没有目标地浪费时间，这是转型期必然出现的一个现象，但不是一个让人恐慌的现象。只要反思，弄清楚了问题所在，就可把过程变成生产性的、创生性的。师生互动不是指谁是主导，谁是主体，而是指通过一种交互的作用，一起来创造我们教育教学的过程，创造每一天的教学生活。

新基础教育就是要研究新的教学互动，只有在充满挑战的教学过程中，师生主动发展的欲望才会被激发出来，这对教师提出了全新的挑战。只要有教学存在，那么教与学就永远都存在。问题是我们过去割裂了它们的关系，我们强调它们的对立性，而不是交互作用、生成性。新基础教育对教育教学活动过程的认识变化正体现了核心理念的变化。为实现动态生成，新基础教育强调资源意识，强调交互作用意识，强调动态意识，强调生成意识，强调挑战意识。活力就是在这样的过程中生发出来的。

新课程背景下的课堂教学，必须去掉表面的“繁华”，回归到质朴而真实的状态中来。返璞归真的课堂就是为学生发展而设计的，应是反映师生真实水平的“日常课”。

一、研创教学资源的策略列举

（一）点石成金——让美丽的错误展现真实

例如，我在教学“统计”（苏教版数学教材第二册）时，在学生初步学会先分类再用简单的符号来记录数据的统计方法后，带领学生集体练习，统计 5 月 1 日到 5 月 12 日的天气情况。

学生边看屏幕边用自己喜欢的符号统计。统计完毕，教师请学生展示（如图3－1）。

晴天	√√√√√√
阴天	√
雨天	√√√√√

天气	晴天	阴天	雨天
天数	6	1	5

图 3－1 部分学生统计结果

师：没有统计成功的同学请举手。

（教师环顾四周，一会儿，教室里举起了一只颤悠悠的小手，教师展示了生 3 的统计表，见图 3－2。）

晴天	1 5 6 9 10 12
阴天	2
雨天	3 4 7 8

天气	晴天	阴天	雨天
天数	6	1	4

图 3－2 生 3 的统计结果

师(边展示边说):你真诚实勇敢,敢于把自己的错误展示给大家看,我很佩服你!大家再看他的统计表,为什么错了?

生 1:他没有用简单的符号来记录。

生 2:他写的是日期,所以慢了。

师:虽然他没有用简单的符号来记录,导致统计出错,但是我却很欣赏他的做法,因为像他那样把日期记录下来,能让人很清楚地知道哪几天是晴天,哪几天是雨天,哪几天是阴天。

(只见那位学生挺了挺腰,脸上露出了自信的笑容。)

……

返璞归真的教学过程体现在学生从不懂到懂、从不会到会、从模糊到清晰、从失败到成功的变化之中。上述案例中的教师,面对学生的错误,没有回避,没有置之不理,而是凭借自己的智慧与应变能力,把错误呈现给每一位学生看,原本看上去平常的错误答案被教师点化成了闪闪发光的金子,真实的错误也展现出独有的精彩。学生在课堂上出现"错误"是可遇而不可求的教学资源,有必要"小题大做"。课堂教学中对学生错误的正视,恰恰体现了对学生主动发展的关注,使课堂真正面对全体学生。只有这样,学生才真正成为课堂教学的主人。

(二) 顺水推舟——让异样的声音直面真实

例如,有位教师在教学"长方形和正方形面积的练习"(苏教版数学教材第六册)时,有这样一道习题:用纸剪一个长 5 分米、宽 3 分米的长方形,这个长方形的周长和面积各是多少? 如果从这个长方形中剪出一个最大的正方形,剩下那部分的面积是多少?

教师请学生自己动手操作、寻找答案、说说发现。学生们有的画,有的折,有的剪,有的量,不一会儿便有了答案。

生 1:我发现剪出的最大的正方形的边长,就是原来长方形的宽。

生 2:用原来长方形的长减宽,就能知道剩下小长方形的宽是多少,而且小长方形的长就是原来长方形的宽。

(学生们都表示赞同。)

生 3:我认为生 2 说得不完全正确。

(一石激起千层浪,所有人的目光都投向这位同学。)

师：事实胜于雄辩，大家不妨动手举举例，然后在小组里讨论一下，最后我们来个现场演说。

（教室里顿时热闹起来了，不一会儿，大家有了新的发现。）

生 4：我们发现当长是宽的 2 倍时，可以剪下两个完全相同的正方形。

生 5：我们还发现当长是宽的 2 倍多时，剪去一个最大的正方形后，剩下的长方形的宽还是原来长方形的宽。

……

返璞归真的教学过程体现在学生有关不同方法、不同过程的交流，以及不同思想、不同观点的碰撞中。以上案例中的教师面对学生“异样”的声音，没有敷衍搪塞，没有急于表态，而是顺水推舟，把球又踢给学生，是非曲直等学生动手操作、验证以后再说。其实，这时谁对谁错已经不重要，重要的是学生求证的过程。学生通过摆事实讲道理，分析了从长方形中剪出一个最大正方形的多种情况，从而使概念逐渐清晰完善起来。我们要努力从学生的角度，去解读学生，解读“异样”声音背后的逻辑，做出正确的判断，选择合适的处理方式，这样才能真实而有针对性地进行教学。

（三）以点带面——让个人的精彩真实悦耳

例如，有位教师在教学“列综合算式解答文字题”时，直接出示了两道文字题：① 20 乘 4，积是多少？② 9 加 11 的和乘 4，积是多少？然后引导学生读题，说说发现。

生：我发现第二道文字题是第一道文字题变来的。

……

师：第一道题还能怎样变，也能变成两步计算的文字题？

生：把 20 看成 10 与 10 的和。

……

师：还能转换成其他的算式吗？

生：可以把 20 看成 5 与 4 的积。

……

师：真不错，可以把 20 看成两个数的和、差、积、商。

生 1（迫不及待地说）：我发现把 20 看作两个数的和、差、积、商，可以按顺序写出很多，而且我还知道把 20 看成两个数的差是写不完的。

生 2：是的，我还发现除法也是写不完的。

师：他们两个的发现有道理吗？我们来验证一下。20 不变，变 4，可以变成哪些两步计算的文字题？请小组合作，在纸上按顺序写下来。

（教室里顿时活跃起来，大家纷纷动手，不一会儿，便有了以下结果。）

20×4	20×4	20×4	20×4
20×(3＋1)	20×(5－1)	20×(4×1)	20×(4÷1)
20×(2＋2)	20×(6－2)	20×(2×2)	20×(8÷2)

20×(1+3)　　20×(7−3)　　20×(1×4)　　20×(12÷3)

……　　……

返璞归真的教学过程体现在学生充分的独立思考、有个性的语言表达和睿智的发现之中。在上例中，师生之间、生生之间达成了比较有效的互动。一开始，学生想得多，想得快，初步了解了一步计算文字题向两步计算文字题的转化过程，但所表现出的思维特点基本上属于点状的、零散的。但从稍后两位学生的发言中不难看出，他们的数学敏感性很强，思维很有序，对变化问题的认识已经达到了结构化，已经能创造性地理解和运用知识，并能产生独特感受、体验。将个人的精彩与大家共同分享，星星之火必将燎原！

二、巧用学生的认识偏差

(一) 开发学生的认识偏差①

学生的错误往往展示了学生的思维过程。所谓"开发"认识偏差，即是教师提供机会让学生充分地表达，并组织学生参与辨错、纠正和提升的过程。开发认识偏差可从两方面入手。

1. 开发基础性资源中出现的"认识偏差"

学生原有的知识基础、不同经验以及思维能力，是教学得以开展的基础性资源。在这些基础性资源中，不乏有一些认识偏差。教师可以组织一些活动，使学生的错误资源得以展示，进而使学生看到自己的错误所在，真正达到纠误匡谬的目的。

例如，在教学"小数乘法"前，我们分析学生已经会熟练笔算整数乘法和小数加减法，在平时生活中经常碰到小数乘法的情况，而且会用独创的方法来进行运算。我们就让学生尝试练习"1.6×3"，借此发现学生的基础性资源。结果学生出现了四种典型的做法：(1) 1.6+1.6+1.6=4.8，把没学过的小数乘法转化为小数加法来做；(2) 1.6×10=16，16×3=48，48÷10=4.8，利用积不变的性质，把小数转化为整数来进行运算；(3) 由于受笔算小数加法计算法则(相同数位要对齐)的影响，出现了自己所理解的笔算小数乘法的法则，出现因数的整数部分对齐；(4) 对于小数乘法的运算法则已理解并会运用。因为出现了第三种做法，而它正是一种错误资源，所以在接下来的学习中，学生兴趣盎然，"讨论、辩论、明了"的动态课堂场景就此开演。学生原有的基础性资源中的错误资源有效地诱发了学生学习的动力，使已形成的学习需要由潜在状态转入活动状态。

2. 开发差异性资源中的"混沌思维"

在课堂教学中，尽管全体学生都参与了教学过程，但学生原有能力、水平、思维品质不同，所以对新知识的理解也有差异，这些差异也是教学资源。这时教师可以在学生运

---

① 蒋玉琴. 让学生认识的"偏差"在多元互动中走向"清晰"[J]. 小学数学教师，2011(7)：99－110.

用知识的过程中，注意发现学生的理解差异，把握学生学习的困难和障碍所在，进而促进全体学生的发展。

以四年级数学“应用乘法运算定律进行简便计算”为例，在新授课结束后，教师要求学生运用运算定律进行简便计算，并列出两题：“(4×7)×25”与“(4+7)×25”。许多同学都急不可待地高举小手，努力想将自己的做法表达出来。教师邀请了一位男生，他站起来说：“(4×7)×25 这样算，先将 4 与 25 相乘得 100，然后 100 乘 7，得 700。(4+7)×25 这样算，先用 4 与 25 相乘，再用相乘的积 100 加上 7，最后得 107。”教师面带微笑地对他说：“你说得很好，只是第二题有一个地方没有处理好，有些可惜。”然后教师又对大家说：“刚才他第二题做错了，为什么老师还说他做得好呢?”学生 A 说：“因为他善于观察，知道要把 4 与 25 相乘，可得到整数。”学生 B 说：“因为他很勇敢，敢大胆举手发言，进步真不小。”学生 C 说：“我帮他纠正第二题，4 乘 25 的积加上 7 乘 25 的积，结果是 275。”学生 D 说：“我想提醒他注意，连乘时应该用乘法结合律，加数的和乘一个数时应该用乘法分配律。”然后教师又领着全班学生对乘法结合律与乘法分配律的字母公式中的符号与变化情况进行了对比分析，并列举了“(125×32)×8”和“(125+32)×8”两道实例，使得学生的积极性都得到了调动。

(二) 捕捉学生的认识偏差

学生在数学学习活动中，必然会遇到这样那样的困难和障碍，进而产生一些错误甚至荒谬的信息。如果我们将错就错捕捉这些认识偏差，清晰地把这些错误信息汇聚起来，再去集波成浪，便能推动课堂教学动态生成。

1. 倾听中发现

当前的课堂，学生质疑、反驳、争论的机会大大增多，这一切都需要教师学会倾听，成为学生的忠实听众。教师首先要学会倾听孩子们的每个问题，每一句话语；其次在听的过程中要善于辨析出哪些是错误资源，通过错误资源判断出学生困惑的焦点，读懂错误信息背后蕴藏的思想；最后还要培养学生良好的倾听习惯，分辨同学发言的正误。

还以前文我教学的“长方形和正方形面积的练习”为例，当教师面对学生不同的声音时，没有敷衍搪塞，没有急于表态，而是鼓励学生自己动手去验证猜想、在实践中发现，这才使学生的分组讨论得到了多种正确结果，并能彼此分享。在这个过程中，不仅有教师的倾听，也有学生的倾听，最重要的是全班学生因为他人不一样的声音，而经历了摆事实、讲道理的求证过程。

2. 比较中选择

在课堂上，信息的类型是多样的，信息的容量是丰富的。而错误信息本身也存在着重要与次要、有用与无用之分。这就需要我们在众多错误信息中通过比较、判断、鉴别，选择出有价值的信息作为教学资源。在选择课堂信息的过程中，我们特别关注学生的发散思维。在大家想法趋同时，我们让提供错误信息的学生发言，因为这时学生的认识偏差属于求异信息，它能把其他人的注意力引向问题的另一面，并能在课堂上展现学生的独到创意，成为课堂教学资源，让学生认识的“偏差”在多元互动中走向“清晰”。这对于实现以学生为主体、突出学生获取知识的思维过程是极为有利的。

3. 冲突中生成

在教“小数乘法”时，我让学生尝试解决问题“3.5×17 的积是多少”，了解学生学习上的障碍。学生计算后，按大组汇报，得到以下三种解法。

组 1：	组 2：	组 3：
3.5×17	3.5×17	3.5×17
=24.5+3.5	=24.5+35	=24.5+35.0
=28.0	=59.5	=59.5

在学生判断正误后，我引导学生分析错误原因。

生 A：组 1 是计算方法错，十位上 10×3.5 结果的末尾没有和个位对齐。我还可以通过估算知道 3.5×17 的结果肯定大于 28，以此来发现组 1 的计算肯定是错误的。

（这个错误分析得很彻底，可是，在分析组 2、组 3 的错误时，却出现了“意外”。）

生 B：组 2、组 3 的做法，答案是正确的，只是过程中多加了小数点。

（大部分同学同意，教师也准备进入下一环节，这时，有一位学生站起来发言了。）

生 C：我觉得组 2、组 3 出错，原因不是像前面一位同学所说的那么简单。我觉得是因为受了小数加减法（小数点对齐）计算方法迁移的影响而出错的。我认为计算 3.5×1.7，可看作整数乘法，先算出积，再根据因数扩大多少倍积要缩小相同的倍数来确定积的位数（积的变化规律），最后通过观察积与因数之间的关系，确定积的位数。

学生的想法令人眼睛一亮！多么精彩的发言！学生在互相辩驳中得到的感悟，比教师的耳提面命更让大家印象深刻。在学生不同想法的“冲突”中，不仅生成了教学的资源，而且澄清了原先部分学生似是而非的想法。

（三）利用学生的认识偏差

如果直接矫正学生的错误信息，由于没有学生的主动参与，效果往往不佳。而抓住这些错误信息，巧妙地引导和利用它们，就能进一步促使学生深入理解所学的知识，突出学生获取知识的思维过程，同时还能营造和谐、宽松的课堂氛围。

1. 从“个别替代”到“多元互动”

如果课堂上的错误资源由学生而来，讨论由错误而起，那么课堂就会成为学生自觉、主动参与学习的场所。

例如，教学“不连续进位加”时，教师创设超市购物的问题情境，出示商品及其标价，让同桌根据自己的爱好选购两样商品，并尝试笔算需要多少钱。其中学生 A 选择上衣（807 元）和洗衣机（934 元），并列式笔算。教师让笔算的同学（生 A）上黑板展示计算结果并接受同学们的提问。

```
      8 0 7
+       9 3 4
─────────────
   1 7 3 1 1
```

生 1:为什么在个位上写 11?

生 A:因为 7+4=11,要写在个位上。

生 2:把 11 写在个位变成多一位数了,应该进到十位上。

生 3:我来提个建议,个位进上来的 1 可以标在 0 的上面。

师:你为什么这样标?

生 3:我们学习退位减法时也做过类似的记号。

生 4:我觉得进上来的 1 写在横线上比较好。因为假如标在 0 的上面,容易与退位混淆。

师:我也同意标在横线上。看来,编书的叔叔阿姨还是经过周密的考虑才规定这样的格式。

当学生理解出现偏差时,教师不是自己代替他说,也不是让个别优秀的学生代替他说,而是让同学们各抒己见,引导大家在对话中比较、分析,最终得出大家都认可的方法。这个过程使学生的潜能聚集在一起发挥,智慧汇拢到一处碰撞。

2. 从"教师控制"到"重心下移"

为了追求教学过程的真正研创和学生思维的清晰化,我们强调教学要"重心下移"。具体地说有两层意思:一是教师的教学预设要根据学生的学习需要适时调整,要以学生的学习需要为重心;二是要把数学问题"放下去",使每个学生都能够独立面对问题,并参与到解决问题的过程中。

例如,教学"笔算万以内数的退位减法"第一课时,在学生交流归纳退位减法的法则后,教师安排学生自己出题并试算,在进行独立思考、同桌交流、小组批改三个层次活动以后,教师再次组织学生质疑。其中有一个小组提出这样一个问题:"对于'2031－1641'这道算式,我的算式十位上的 3 减 4 不够减,就从百位退 1,可是百位上是 0,我就直接从千位上退 1,结果是 469,对吗?"这个问题在讲"笔算万以内数的退位减法"第一课时提出,确实让教师意外。当然,教师可以告诉学生今后再学习这个问题,但后面紧接着就要学习"笔算被减数中间有 0 的退位减法",这个问题是不可回避的。既然学生产生了学习需要,那么教师就及时调整了教学思路,当即表扬了这一小组。由于问题来自学生,因此学生都十分关注,表现得跃跃欲试。于是,教师马上将教学的重心下移,组织学生小组讨论,不仅促使学生进一步理解了所学的知识,而且为下一步的学习埋下了伏笔。

3. 从"机械预设"到"动态生成"

我教"万以内数的读法"时,首先让学生收集了生活中的万以内的数,并选取了十条信息，得到了十个数，即：452、6000、3002、6453、980、1050、101、8002、9070、1864，课堂上我让学生把这些数进行分类。

师：请小朋友把桌上的数字卡片分一分，再说一说为什么这样分我就能读得既对又快？

（同桌两人边分、边读、边议，随后汇报。）

生1：我们把这些数分成了四类，中间有0的、末尾有0的、中间末尾都有0的、一个0也没有的。

师（很得意，是意料之中的分法！电脑演示分的结果）：请你读一读！

师：还有别的分法吗？

生2：我们分两类，一类是三位数，一类是四位数，这样就不会把四位数读成几百多，三位数读成几千多。

（学生读数。）

师（意料之中，很从容地点鼠标）：请你读一读！

生3：我们是把末尾是0的分一类，末尾是2的分一类，其余的分一类，我觉得很简单。

（学生读数。教师犹豫，意料之外。）

生4：我们是从小到大排列，读得也很快！

（师茫然，太出乎意料了。）

这真是一次令我稍觉尴尬的教学！学生对数的分类，前两种情况是我意料之中的，而后两种情况则是意料之外的动态生成。如果学生都能按0的位置进行分类，说明学生已经掌握了万以内数的读法。正是课堂中出现的这些“生成”，才使我了解到学生还不熟悉读法。接下来的教学中，我进一步引导学生去寻求数之间的相同点和不同点，引导学生去思考各种不同分法的理由，去体会不同分法而产生的读的效果。学生动态生成的两种分类，不仅激发了学生学习的动力，而且为正确的分类提供了对比的资源，让学生有机会经历了“面对材料—比较辨析—明确读法”的思维优化过程。不仅如此，对动态生成的处理，也大大训练了教师自身的课堂应对能力。

第四节　研创组织形式

随着课改的不断深入，“培养学生的数学学习能力和让学生主动积极地发展”这一教育观念已普遍得到教师的认同，课堂教学正悄然发生着变化，研创的教学已日益受到教师们的关注和追求。课堂教学中需要怎样的研创已成为我们必须面对和思考的问题。

一、清思——这样的教学研创了吗

为了形成师生积极有效高质量的互动，促进课堂教学的动态生成，教师需要从原来封闭的控制式的教学向开放的研创的教学转换，不断提出研创性问题，激活学生的相关资源，为全体学生参与到课堂教学活动中创造机会。研创教学的核心是对教学中“人”的极大关注。但在教学实施过程中，教师可能会在认识上产生异化，出现以下几种典型的状态。

(一)“含苞不开”，教学目标狭窄化

具体案例如下。

1. 复习铺垫。

口算下面每个三角形上的三个数的和。

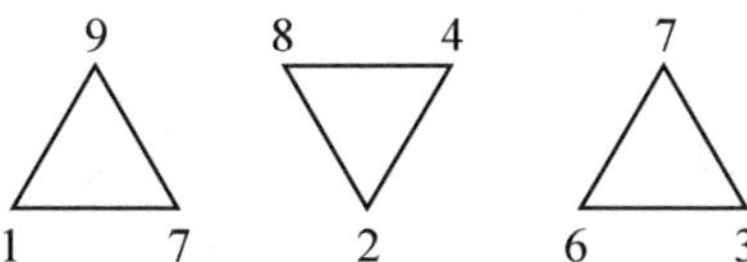

小结：在计算三个数连加时，我们可以采用凑十的方法进行简便计算。

2. 学习新课。

(1) 出示例 7：338＋168＋307＝(　　)。

(2) 独立试算。

(3) 方法交流。

(4) 比较每种笔算的优缺点。

例 7 的笔算方法有以下三种：

① $\begin{array}{r} 338 \\ +\ 168 \\ \hline 506 \end{array}$　$\begin{array}{r} 506 \\ +\ 307 \\ \hline 813 \end{array}$

② $\begin{array}{r} 338 \\ +\ 168 \\ \hline 506 \\ +\ 307 \\ \hline 813 \end{array}$

③ $\begin{array}{r} 338 \\ 168 \\ +\ 307 \\ \hline 813 \end{array}$

方法交流完以后，同学们便谈了自己对三种方法的想法：第一种列算式比较麻烦，但算得对；第二种方法列式要比第一种简单，也很容易算对；第三种算法的格式更加简单。同学们大都喜欢第三种方法。

3. 练习(用第三种方法)。

(1) 强化练习。

(2) 改错练习。

(3) 比赛练习。

分析:

这堂课上,学生掌握了连加的笔算方法和第三种连加笔算的竖式格式,知道了在计算中要注意的问题。但我们透过“研创”的背后看到了“封闭”的存在。首先,复习铺垫的设计就预示着封闭的开始,“凑十”的方法暗示,限制了学生的思维。其次,从教师制订的统领整堂课的教学目标上,我们可以看到,由于目标是围绕知识点制订的,课堂的教学就拘泥于连加计算方法的掌握、拘泥于连加第三种书写格式的掌握、拘泥于通过多练来防止学生出错。

教师的主观愿望是想研创,让学生试做,进行方法交流。但在教学的过程中,长期习惯的行为方式,使教师不自觉表现出一种强烈的控制意识,欲把学生拉到教师预设的轨道中。这个案例引发我们思考:课堂教学的研创和扎实的基础是不是一对矛盾体?

(二)“研创无度”,教学过程无序化

具体案例如下。

(课前请学生收集分数的起源和分数的故事,制成资料卡。)

1. 用十分钟左右时间交流资料卡。

学生讲到分数产生于不能整分,分数线的产生,中国最早的分数形式,古人分马的故事等。

2. 探究分数的意义。

师:同学们对分数有了一些了解,那么这堂课同学们想研究什么问题?

学生开始热烈的讨论,与其说是讨论,不如说是激动地告诉同学。

生1:我想了解分什么。

生2:随便什么都能分,比方说一块蛋糕,一桶水,一个数,一条线段……

生3:那用什么工具分呢?

生4:用刀分。

生5:那怎样分的呢?

生6:随便怎样分都可以。

生7:分完了就有分数了吗?

生8:不。只有拿其中的几份或标出其中的几份,才产生了分数。

生9:我还想进一步了解古人分马的故事。

……

分析:

分数的意义相对于五年级的学生来讲,还较抽象,对分数的认识也是零零碎碎的,教师的首要任务是挖掘学生的基础性资源,从知识的本质特征入手引发学生的探索和认识。但在这样的“研创”教学中,学生的兴奋点较多,有点不着边际。由于教师没有及时地点拨和帮助,失去了最佳的知识重组和提升的机会,使得课堂教学的效率较低。

教师在教学中完全放开，因为原有的平衡被打破，新的秩序尚未建立，于是教学呈现出一种无序的状态，教师往往“坐山观虎斗”“脚踩西瓜皮——滑到哪是哪”，学生则一马放到天边。这个案例引发我们思考：研创的教学和扎实的基础之间的矛盾，是否是因认识的误区造成的？

（三）“花开花落”，教学结果短期化

具体案例如下。

有一些教师存在以下想法：

1. 平时上课没必要研创，只有公开课时才要研创。因为公开课要营造宽松、平等、和谐的学习氛围，要关注学生。而平时的课要扎实一些，要提高学生的学习成绩。

2. 新授课可以研创，但练习课、复习课必须练实，不能研创。

3. 课堂教学研创了一段时间后，就要回到封闭的状态，不然学生的成绩会下降。

分析：

以上教师的三种状态说明教师更追求短期的教学结果，对教学的研创在认识上存在一些偏差。教师只把目光放在一堂课的教学效果上，在潜意识中认为封闭教学的结果是基础的扎实，研创教学的结果是学生虽然思维活跃但是成绩会下降。从当堂课的教学效果看，通过反复的强化练习，知识点确实是落实的，但这种效果往往是短期的、表面的。从课堂教学的深层次看，封闭的教学会因为问题的设计缺乏挑战性，导致学生不需要深层次地思考——因为学生面对层层的练习设计无须用脑，只须反复地机械操练一遍遍强化。教学目标的狭窄、教学设计的限制带来的结果是学生思维的呆板和僵化。这种反复操练强化记忆的学习不是真正的数学学习，学生需要在“研创的教学”中进行真实的数学学习。

研创的教学不是放开的教学，不是由着学生任意地动、任意地说。研创的教学依旧是教师有计划、有目的的教学。这个目的、计划是为了实现数学学科的教育价值和知识目标而实施的研创。案例中的这些想法也引发我们思考，有没有可能在研创的教学中保证基础的扎实？

二、反思——研创给我们带来什么

数学离不开解题与练习，但我们不能为解题而解题，为研创而研创，而是要把题目作为教学的载体，把研创作为教学中师生互动的契机，把关注的焦点放在问题解决过程中如何激发和引导学生的高层次思考上。研创的教学到底给学生发展带来些什么呢？

（一）教学的研创可促使学生“思维深刻化”

研创的教学可以发展学生的思维水平，逐步引导学生在解决问题时想得多、想得快、想得全，使学生的思维条理化和深刻化，从而形成良好的思维品质。

例如：在教学商不变规律时，教师请同学互相合作，写一组相关联的除法式子，观察比较，并试着把同学自己发现的规律用语言说完整。

第一位学生写了一组算式:(1) 90÷30=3;(2) 900÷30=30;(3) 9000÷30=300;(4) 90÷3=30;(5) 90÷1=90。通过(2)、(3)与(1)的比较,发现除数不变,被除数扩大或缩小若干倍,商也随着扩大或缩小相同的倍数。通过(4)、(5)与(1)的比较,我们发现被除数不变,除数扩大或缩小若干倍,商缩小或扩大相同的倍数。

第二位学生写出了这样一组算式:(1) 10÷2=5;(2) 100÷20=5;(3) 1000÷200=5。通过观察比较发现,被除数扩大或缩小若干倍,除数也扩大或缩小相同的倍数,商不变。

第三位学生写出一组算式:(1) 6÷2=3;(2) 600÷20=30;(3) 6000÷20=300。通过观察比较发现,被除数扩大100倍,除数扩大10倍,商扩大10倍(100÷10=10),被除数扩大1000倍,除数扩大100倍,商扩大10倍(1000÷100=10)。

这时,教师要求学生不重复、不遗漏、有规律地总结所发现的除法中的变化规律。从而引导学生有序地思考问题,帮助学生"想得多""想得快""想得全"。

(二) 教学的研创可促使学生"认识结构化"

教学的研创可促使学生"认识结构化"。"结构化"就是把数学研究对象按其特征分门别类地进行归纳,概括出每一类别独有的特点,揭示出各类别之间共有的特征,使学生对数学的认识由点状向网状提升。

例如:在学习"乘数末尾有零的乘法"时,教师出示了这样一道题。

翠竹新村南区有143幢楼房,每幢楼房住48户居民,翠竹新村南区一共住了多少户居民?请学生列出算式并估计一下,翠竹新村南区大约住了多少户居民?

教师根据学生的发言,有选择地板书如下:143×50　140×48　140×50。

请学生观察三个算式,学生得出了三种情况:(1) 只有两位数末尾有零的;(2) 只有三位数末尾有零的;(3) 两个乘数末尾都有零的。小组讨论交流三个问题:(1) 竖式怎么写?(2) 怎么乘?(3) 积的末尾怎么添零?最后引导学生比较几种估算的结果,看哪一种的误差最小,指出不同的情况可采用不同的估算方法,尽量减少误差。

在这节课的学习中,学生不仅学会了计算"乘数末尾有零的乘法",同时对末尾有零的乘法的认识从点状向纵深发展,促进思维的条理化,并对乘数末尾有零的乘法变化问题的认识达到结构化。

(三) 教学的研创可促使学生"体验数学化"

研创的教学可让学生体验"数学化"的过程。"数学化"就是把数学研究对象的某些特征进行抽象,用数学语言、图形或模式表达出来,建立数学模型。

例如:在学习"减法各部分之间的关系"时,要求根据"加法各部分之间的关系"来学习新知识,学生通过观察特征、找出规律、举例说明、字母表示等方式概括出字母公式"A-B=C""C+B=A""A-C=B"。这样的学习程序就使得学生完成了"数学化"的过程。

该节课上,学生对"减法各部分之间的关系"的形式认识达到结构化,用字母表示是

“再创造”的过程，学生领悟到数字的抽象性，体验到数学化的过程。

三、再思——教学需要怎样的研创

了解了教学的研创带给我们什么后，我们还需要对课堂教学中需要怎样的研创进行重新思考和认识。在研创的教学过程中，我们从追求“资源生成”到“过程生成”再到“拓展生成”，实现了教学中的“集聚生成”。这种研创的“集聚生成”的教学过程表现在研创式导入、研创式过程和研创式总结，研创式导入是研创式过程和研创式总结的前提。

（一）研创式导入

研创式导入与复习铺垫不同。复习铺垫内容往往和新授知识联系紧密，学生不需要太多的思考，新授的问题就迎刃而解，这就大大压缩了学生的思维空间。学生离开教师就不能独立解决问题了。研创式导入让学生的学习材料变得真实、有趣，使教学的过程富有挑战性。所以，研创式教学必须从导入开始。

例如，在学习“乘数是一位数乘法估算”时，教师开场白：“同学们，星期五我们要春游去了，高兴吗？”学生欢呼，群情激奋，教师接着说：“在春游前，我们先解决一些数学问题。”出示问题：三年级学生去春游，3 个班需要饮料 312 瓶，平均每班大约需要多少瓶饮料？学生列出了以下几种情况：第一种，估算 312÷3≈100；第二种，精确计算 312÷3＝104；第三种，先精确计算 312÷3＝104，再把计算结果 104 估计成 100；第四种，精确计算 312÷3＝14（中间的“0”漏掉了）。

（二）研创式过程

尽管教师从学生的可能出发进行了研创地设计，但在课堂教学过程中，仍要有对“人”的深层次关注和对目标的调控。在学习讨论的过程中要尽可能把握学生的活动情况，努力搜集和捕捉学生中生成的资源，并调整和形成进一步活动的方案，不断引导学生去发现，激发学生的高层次思考，形成师生、生生之间的有效互动。

例如，在学习苏教版数学教材第四册“笔算万以内数的不进位加法”时，有两大学习目标：一是理解和初步学会万以内不进位加的笔算方法，能正确地进行计算。二是初步认识“交换加数的位置和不变”，并学会利用这一规律验算加法。按照常规的教法，一般是在学生学会笔算方法后再学习验算方法。但在课堂上，因为一位学生“偶然”的发言而改变了这一常规。

上课时，教师用一位同学课前收集的数据（跳棋每盒 13 元，中国象棋每盒 54 元）作为复习导入题，让学生用学过的竖式来计算买两盒共几元。另一位同学上台板演：54＋13＝67（元）。

$$\begin{array}{r} 54 \\ +\ 13 \\ \hline 67 \end{array}$$

其余同学均为：13＋54＝67(元)。

$$\begin{array}{r} 1\ 3 \\ +\ 5\ 4 \\ \hline 6\ 7 \end{array}$$

看了学生的板演，教师抓住这一“偶然”信息，启发学生观察，你发现了什么？学生惊喜地发现：两个加数调换了位置，它们的和不变。还有学生说：两种方法都是正确的，都能算出买两盒共几元。更有学生想到：我觉得可以用这种方法来检验竖式计算是否正确。听了这位学生的回答，教师马上组织其他学生理解这位学生的发现。这样，原来安排在下半堂课突破的教学重点，在复习导入时就得以于“偶然”中顺利地被突破了。

（三）研创式总结

具有较高水平的研创式总结，是研创式教学的延续。

例如，在学习“被减数中间有零的退位减法”后，学生理解了被减数中间有零的退位减法的算理，初步掌握这种退位减法的方法，并能正确进行计算。教师对此进行了研创式总结：如果妈妈星期天要去买 VCD，你会建议她到哪个商场去买？为什么？妈妈可能会怎样付款？如果妈妈付给营业员 800 元，应该找回多少钱？算一算 800－774＝________。教师正是通过这种指导购物的方式，布置实践作业，引出下节课的内容。

我们认为，在具体的教育教学情境中存在许多的可能，当我们把这些可能转变为现实时，就有更多的可能出现。在这一过程中，我们认识和思考问题的思维方式也逐渐发生变化，于是研创的教学与基础的落实这两个原先对立的问题，就有可能在变化的过程中得到互补。

研创案例：“2、5 和 3 的倍数特征”教学整体设计

小学阶段的规律探究由数内部规律和数运算内部规律两大部分组成。相比较而言，学生对于数运算内部规律的探究比数内部规律的探究要容易些，所以一般教材都是先安排学生进行数运算规律探索的学习，然后再进行数内部规律探索的学习。

有关数运算规律的教学内容，在苏教版数学教材运算律这一部分，包括加法交换律、加法结合律、乘法交换律、乘法结合律、乘法分配律的发现、总结以及字母表示，学生还要初步体验运算律可以帮助简便计算。减法、除法的性质在教材中没有独立的新知教学环节，只是在练习中有所涉及。

有关数内部规律的教学内容，在苏教版数学教材中安排了“倍数和因数”“2、5 和 3 的倍数特征”“素数和合数”“公因数”“公倍数”等内容。“2、5 和 3 的倍数特征”“素数和合数”是对“一个数内部特征的研究”，“公因数”和“公倍数”是对“两个数内部关系的研

究”,是规律探究课型与概念形成课型的有机融合。此处主要以“2、5和3的倍数特征”单元教学为例,对规律探究课型的整体教学设计进行具体阐述。

1. 价值追求

规律探究的育人价值是培养学生研究意识和能力,促进学生主动成长和发展。要帮助学生了解知识创生和发展的过程,了解从偶然现象中去发现必然规律的一般方法,学生一旦掌握了发现的一般方法,也就有了不断发现乃至创新的需要和可能;要帮助学生形成科学的研究态度,使学生了解和掌握研究的方法,体验探索的艰辛和发现的欢乐,感受前人的智慧以及渗透其中的数学思想和方法。规律探究更深层次的意义在于:作为培养学生研究意识的载体,它不但提供给了学生更多实践和反思的机会,而且有利于学生整体地认识和结构化地掌握这些规律;不但为学生的类比猜想和结构思考提供可能,而且有利于学生形成主动探究和主动学习的心态;不但能使学生完成认知的结构化,而且有利于学生形成结构化的思维方式。

2. 过程结构

结合对数运算的育人价值和内容结构的分析,以“2、5和3的倍数特征”为例,初步阐述规律探究课型的教学过程结构。

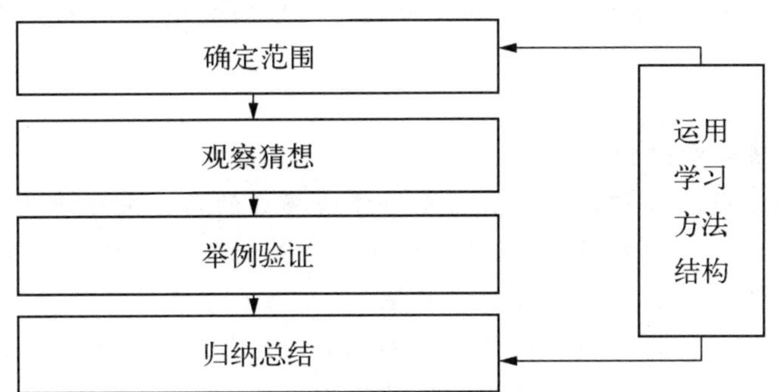

图3-3 2、5和3的倍数特征教学过程结构图

3. 教学建议

(1) 对知识结构的整体把握。

我们试图从学生现实的思维路径来设计适合于全体学生思维提升的活动,每一个活动有目的性,每个活动之间又有一定的层次性。这就要求我们教师不能仅站在知识点本身来设计教学,而要将知识背后的思维能力、知识之间的逻辑关系都设计在具体的活动之中。在“2、5和3的倍数特征”这部分知识的教学设计中,我们就采取了“大问题”设计:“观察这些2的倍数,2的倍数的特征是什么呢?”“观察3的倍数,3的倍数有哪些规律? 3的倍数的特征是什么?”“观察百数图中3的倍数,你又发现了什么?”这些“大问题”的设计能促进学生从整体来把握学习内容,教师的教学设计是根据学生的潜在状态和前在状态进行的弹性化设计,要相信每个学生具有解决问题的潜能,留给学生思考和解决问题的时间和空间。

(2) 对方法结构的灵活运用。

本单元教材采用结构教学,第一节课教“2、5 的倍数特征”,采用“教结构”,通过观察、猜想、举例、归纳的探究方法,探究出 2、5 的倍数特征;第二节课教“3 的倍数特征”时采用“用结构”的方法,用前面所学的探究方法探究 3 的倍数的特征,通过结构的学习,学生有了充分的时间、空间学习这类知识的方法结构,而学生掌握了 2、5 的倍数特征的探究方法后,又为后面顺利探究 3 的倍数特征甚至是其他数的倍数特征创造了可能。同时,“用结构”并不局限在“结构的运用”,学生学习 3 的倍数特征的时候,当发现只看个位不能判断任意一个数是否是 3 的倍数时,教师出示了百数图,帮助学生另辟途径,重新寻找,学生发现应该把个位、十位连起来看,进一步在百位数中进行猜想,最终发现应该看各个数位数字的和。

因此,3 的倍数特征的学习,不仅是这类知识结构的学习,更是方法结构的不断认识、不断反思、不断提升、不断建构的过程,是获得这类知识探究方法的更为丰富的体验过程。从这一点来说,结构教学拓展了学科育人价值,为学生提供了数学学科中这类知识的发现方法和思维策略。探究的方式,一方面促使学生了解了知识的来龙去脉,学习有意义的数学,另一方面激发学生主动探索数学问题的欲望,增强学生学习数学的内驱力,使学生养成主动思考的习惯和主动学习的心态,让学生获得成功的体验、发展自我的意识和能力。

(3) 对学生研究意识的培养。

单元结构教学是从知识结构形成与思维能力提升的角度来分析并设计的。学生在今后的学习中遇到类似问题时,能够自主地运用相关的探究结构进行探究学习,提高自主学习的能力。本单元教学应达成三重效果:一是培养学生的范围意识,范围的确定将有利于学生从一些偶然的问题或现象中得到启示,让学生经历从偶然到必然的研究过程;二是培养学生的猜想意识,引导他们通过直觉猜想、归纳推理猜想、类比猜想三种方式来进行猜想,如学生学习了 2、5 的倍数特征,就可猜想 3 的倍数特征,再通过不同数范围内猜想的沟通和比较,通过归纳推理并验证,得出 3 的倍数特征;三是培养学生的举证意识,举证是对猜想的正确与否进行事实验证,除了引导学生从正面举证外,还可以从反面举证,从而真正达到举证的目的。

4. 实践构想

(1) 构想一:“2、5 的倍数特征”教学片段(教结构)。

师:观察这些 2 的倍数,它们的特征是什么呢?

生:我发现 2 的倍数一个比一个多 2。

师:一个比一个多 2 的数一定是 2 的倍数吗?

生:不是,比如 1、3、5、7、9。

师:非常好,我们通过举例发现一个比一个多 2 的规律,不能用来判断任意一个数是不是2的倍数。

生：我发现2的倍数都是双数。

生：我不同意，2的倍数十位上是单数。

生：双数只要看个位。个位上的数是双数就是双数。

师：怎样的数是双数呢？

生：个位上的数是2、4、6、8、0的数是双数。

师：任意一个个位上的数是2、4、6、8、0的数，能否判断它是不是2的倍数呢？

生：能。比如58，个位上的数是8，它就是2的倍数。

生：我找的是57，个位上的数是7，不是双数，就不是2的倍数。说明单数就不是2的倍数。

师：我们刚才找的是1—100的自然数范围，更大的自然数范围中的2的倍数是否有这样的特征呢？能否举例来证明呢？

生：我找的是102。

生：我找的是10006。

生：我找的是1亿。

师：现在你能说说2的倍数的特征是什么吗？

生：个位上的数是2、4、6、8、0的数。

师：回想一下，我们是怎样找2的倍数的？

生：我们先确定自然数的范围，在自然数的范围内找2的倍数，猜想，举例，最后再得出2的倍数的特征。

师：我们是在自然数范围内找2的倍数，先观察、猜想、举例验证，再归纳总结（板书：观察、猜想、举例、归纳）。

师：你能用这样的方法来探究5的倍数的特征吗？

……

组织交流。

师：同学们写了很多5的倍数的特征，这些猜想是否正确呢？请小组讨论，举例验证，再归纳总结。

（教师板书列出三种猜想。）

① 5的倍数一个比一个多5。

② 5的倍数一半是奇数、一半是偶数。

③ 5的倍数的个位上的数是0或5。

生：我们组发现，一个比一个多5，是连续的5的倍数特征，有一些数2、7、12、17，也是一个比一个多5，这些数就不是5的倍数。

生：我们组发现，5的倍数中如5、10、15有2个奇数、1个偶数。不是一半是奇数、一半是偶数，应该说是奇、偶排列。但有一组数也是奇、偶排列，如3、6、9、12就不是5

的倍数。

生：我们组认为第3条可以用来判断任意一个数是不是5的倍数。我们找的更大的数是350、8760、98765等，个位上的数是0、5的话，就是5的倍数。

(2) 构想二："3的倍数特征"教学片段(用结构)。

师：回想一下，我们是怎样找2、5的倍数的？

生：我们先确定自然数的范围，在自然数的范围内找2、5的倍数，猜想，举例，最后再得出2、5的倍数特征。

师：你能用这样的方法来探究3的倍数特征吗？

我们可以任意选择给定的自然数范围：1—25,26—50,51—75,76—100，写出3的倍数。

……

师：观察3的倍数特征是什么？

生：3的倍数的个位是0、1、2、3、4、5、6、7、8、9。

生：3的倍数的个位都是一个单数、一个双数依次接下去。

生：3的倍数的个位数是1、4、7、0、3、6、9、2、5、8依次出现。

师：能否根据这些规律来判断任意一个数是不是3的倍数呢？可以在小组中讨论完成。

生：第一条我们举的是100、335、22，都不是3的倍数。

生：第二条我们举的是43、46、49、52，也是奇、偶排列的，也不是3的倍数。

师：奇、偶排列的是一些数，也不能判断任意一个数是不是3的倍数。

生：第三条我们举的是41、44、47、50，按照1、4、7、0排列，也不是3的倍数。

师：看来我们不能根据个位来判断任意一个数是不是3的倍数，能否把十位和个位连起来看呢(出示百数图)？

		3			6			9	
	12			15			18		
21			24			27			30
		33			36			39	
	42			45			48		
51			54			57			60
		63			66			69	
	72			75			78		
81			84			87			90
		93			96			99	

图 3-4　百数图(部分)

师：观察百数图，你发现了什么？

生：我发现第一斜排的数，其十位和个位上的数加起来是3。

生：我发现第二斜排的数，其个位上的数一个比一个少1，十位上的数一个比一个多1。

师：十位上一个比一个多1，个位上一个比一个少1，也就是什么不变？

生：也就是和不变。

生：我发现第二斜排的数，其十位和个位加起来是6。

生：我发现第三斜排的数，其十位和个位加起来是9。

……

师：这些个位和十位加起来的数有什么特点？

生：都是3的倍数。

师：你在百数图中还能找到哪些3的倍数？

师：那么判断一个数是否是3的倍数，我们应该怎么做？

生：十位和个位上数字的和是3的倍数，这个数就是3的倍数。

师：刚才我们在两位数中发现了这一规律，在三位数中有这样的规律吗？我们再试试猜想、举例并归纳。

生：我发现应把三位数的百位、十位、个位上的数字相加起来，我举的例子是360、581。

师：四位数呢？五位数呢？3的倍数的特征是什么呢？

……

生：不行，这样两个自然数范围中找3的倍数有重复，我们可以先找1—50，再找51—100，这两个自然数范围就不会有重复。

……

在学习“2、5、3的倍数”时，学生们已有的经验差异，不同的解决问题的思路、不同的方法、不同的答案（包括错误答案），都能成为课堂教学中的资源。学生在探究2、5、3的倍数特征时，一开始发现的都是一些数之间的规律，如一个比一个多2，一个比一个多5，一个比一个多3……对于这些规律的发现，教师充分运用，并引导学生通过举例验证，说明这些规律不能用来判断任意一个数是不是2、5、3的倍数，学生的举例验证的过程恰好是学生探究中必不可少的过程之一。同时学生也能清楚地感受到一些数和一个数的差别，判断特征是看一个数的特点，而不是在一些数中进行寻找。再如，学生在学习“3的倍数的特征”时，当只看个位这个路径行不通时，教师出示了百数图，而学生观察百数图的发现是很多的。可见，若想通过师生之间、生生之间的共同对话推进教学，教师要对学生的基础性资源、生成性资源投入更多的关注，当学生提出斜着看，并发现“十位一个比一个多1，个位一个比一个少1”时，教师及时地追问“也就是什么不变呢”，引导学生说出“和不变”的结论。在这两节课结束时，学生说出的感受是：“在这节课中，我不仅知道了2、5的倍数的特征，我还学会了探究的方法。”“我还想用这种探究的方法去探究9、4的倍数的特征。”“我在今天的课堂中发现了很多规律，我找到了自信。”

第四章　研创课堂的环境建设

第一节　研创课堂与数学工坊建设

常州市花园小学在2018年申报了江苏省基础教育前瞻性教学改革实验项目——“指向学生关键能力的‘数学工坊’教学实践研究”。项目以杜威的“做中学”理论为指导，对国家课程、地方课程进行校本化改造，通过选择、改变、整合、补充、拓展等方式，使之更符合学生、学校的需要。“数学工坊”的教学实践研究，重点进行教学方式、学习方式及评价方式的转变和优化，形成以学生关键能力发展为中心的数学教学关系。把研究、探索、永不言败的意识和适用于终身学习的能力渗透贯穿于教和学的全过程，培养主动、健康发展的新人。

十多年来，学校坚持以课堂转型为研究核心，依托课题，不断探索指向学生数学素养的课程开发与实施策略，将提升学生素养贯穿在教育教学活动之中。研究前期学校将一系列“生活”的元素加入到数学课堂里，从最初的数学活动课，到综合实践活动课，再到数学综合实践活动，成效显著。在此基础上，学校提出“指向学生关键能力的‘数学工坊’教学实践研究”，以“满足儿童生命成长需求，培育主动、健康发展的新人”为目标，拓展数学教学的育人价值，在动手实践创生中“追寻无限的生长可能”。

学校借助“数学工坊”教学实践研究落实关键能力。“工坊”原指从事手工业生产的场所。“数学工坊”就是孩子们运用数学思想、数学方法开展游戏、思考、探索、操作、实践、创新等数学活动的实验作坊。“数学工坊”教学实践就是从“工坊”的视角入手，基于儿童心理，依托数学实践活动，渗透数学思想方法，凸显儿童个性创造，让孩子在充满数学味的学习实践中，获得数学知识和经验、掌握学习方法、增强学习兴趣，提升学习力和创造力。学校从以下四个方面进行了实践研究。

一、形成指向数学关键能力的“数学工坊”教学结构模型

根据前期研究及对未来研究的思考，学校提出“数学工坊”教学的“开放、灵活、生长”特质，确立“实践理念”“全员视域”等五个方面的原则，提出“情境引入、自主探究、应用深化”等教学结构模型，在探究中突出动手和拓展过程，以此来发展学生关键能力。此外，学校还将根据具体研究内容，不断完善结构变式，以创造更多实践形态。

具体关系如下图所示：

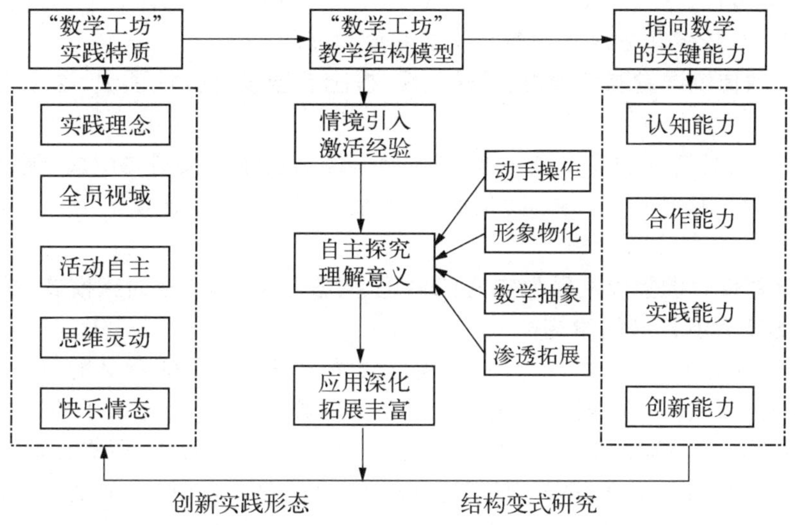

图 4－1 "数学工坊"教学结构模型

二、开展着眼于学生关键能力培养的课型研究

学校基于数学学科知识之间严谨的内容逻辑，借助数学学科内在的知识结构，针对数学知识内容的特点，开发和体现其对培养学生数学关键能力的教育价值，从而形成相对稳定的开放课堂数学教学类结构课型，并按照学生的年龄特点，将培养学生数学关键能力的长远目标划分为各年级的具体目标加以落实。

开放互动式数学课型包括两类。第一类是新知建模类：① 计算与演练课型。② 概念与掌握课型。③ 规律与发现课型。④ 图形与体悟课型。⑤ 问题与解决课型。⑥ 概率与统计课型。第二类是复习整理类：① 单元复习与整理课型。② 综合复习与提升课型。数学关键能力的培养在这八个课型研究中的侧重各有不同，具体分类如下表：

表 4－1 各数学课型关键能力表

开放互动式数学课型	认知能力	合作能力	实践能力	创新能力
计算与演练课型	数感、符号感	倾听、交流、评价	形成技能	方法迁移
概念与掌握课型	抽象、概括	倾听、交流、评价	动手操作	主动构建
规律与发现课型	比较、分析、归纳	倾听、交流、评价	动手操作	自主创造
图形与体悟课型	空间观念	倾听、交流、评价	动手操作	转化推理
问题与解决课型	分析、理解	倾听、交流、评价	解决问题	方法多样
概率与统计课型	统计观念	倾听、交流、评价	调查统计	推理分析
单元复习与整理课型	归纳、概括	倾听、交流、评价	动手操作	主动构建
综合复习与提升课型	抽象、概括	倾听、交流、评价	解决问题	灵活运用

这些研究专题将结合教学内容分阶段逐步深入开展研究，当然在研究过程中可能还会生成新的专题，学校将秉持“动态生成”理念，不断调整和完善研究的过程。开放课堂课型研究将从以下几方面实现教与学的开放和互动。

（一）针对传统课堂刚性预设、机械兑现，提出教学设计弹性预设、动态生成的解决办法

预设与生成是辩证的对立统一体，课堂教学既需要预设又需要生成，预设与生成是课堂教学的两翼，缺一不可。弹性“预设”是生成教学的基础，动态“生成”是预设教学的精彩之处。

（二）针对传统课堂以例题为中心的讲题、套题等封闭机械训练模式，提出面向生活、面向思维空间的开放教学结构

数学的学习不是简单的解决数学问题。数学学习是有生活意义的，通过数学学习能帮助孩子提高解决问题的能力，也能提升孩子的数学素养，拓宽孩子的思维空间。我们调整了教学目标，根据不同孩子的需求设定了弹性的教学要求：既有面向全体孩子的基本教学要求，也有针对学有余力的孩子的弹性教学要求，这样开放的教学结构，让每一个孩子都能在课堂上获得应有的发展。

（三）针对传统课堂师问生答单向传输的互动模式，提出多维多向多层互动模式

传统课堂上的学习，更多的是点对点的教学模式，基本以教师问学生答、教师说学生听、教师写学生看的方式展开，有时候很难做到面向全体，更难让更多的学生参与到课堂中心来，不利于提高课堂活动的参与率。在研究中，我们提出：改变课堂师生问答的单向传输模式，代之以多维多向的互动模式，做到师生互动、生生互动、小组互动，以此来丰富学生的学习方式。整个课堂研究经历了从扶到放的过程，逐步实现从教师本位到学生本位的转换，要力求在解读学生和教材的前提下，搞清楚学生需要怎样的发展，学生的困难究竟在哪里，学生所处的状态究竟是怎样的……这样的课堂才能做到收放自如。

（四）搭建“数学工坊”教学资源平台——“一一二三”工坊资源平台

“一套”指数学工坊手册。配合数学工坊教学，提供丰富的数学工坊材料，创造开展数学操作活动的机会，让学生有足够的时间和空间经历观察、实验、猜测、计算、推理、验证等活动过程，改进学生数学学习的方式，使学生在活动中学习数学，积累数学活动经验，感悟数学思想方法。

“一馆”指数学工坊室。依据不同年龄层次学生之间心理发展、知识经验、学习需求的差异，在数学馆内设置了三个板块内容。低年级段：游戏板块。中年级段：实验板块。高年级段：设计板块。三大板块让孩子们在数学工坊室“玩数学，转思维”，玩出情趣，玩出思想。

“二区”指数学体验区和实践区。巧妙利用学校近百平方米的风雨操场和校园围墙、道路、柱子、楼道等设施设备，将其作为数学体验区和实践区，在每一处精心设计相关的数学问题。学生漫步校园仿佛置身于闯关游戏之中，可以围绕操作专题体验和探究，寻找解决方案，在潜移默化中养成主动探索的意识和能力。

"三平台"指三大互动平台。一是网络互动平台：建设"数学工坊专题资源库网站"，实现"时时、处处"互动学习的可能。二是环境互动平台：围绕"数学好玩"主题，在每个教学班内设置专门的数学工坊活动区，激发学生对数学的热情和兴趣。三是活动互动平台：在学校整体策划校园数学节系列活动；在社区与大润发超市、花园社区等单位签订合作协议，定期开展数学教育活动，提升学生数学素养。

"数学工坊"教学资源平台，利用师生智慧搭建形成，并在使用过程中不断更新和完善，从而促使师生互动共长，不仅是物化的资源，更是师生智慧的结晶。

（五）创设"数学工坊"教学实践评价体系

随着"数学工坊"教学实践研究的不断深入、数学教学课程内容的重构、教学方式的转变以及实施路径的拓展，学生学习数学的面貌将发生巨大的改变，传统的评价方式将无法全面、科学地评价学生的数学学习。因此，学校尝试从以下几个方面创新"数学工坊"教学评价体系。

数学学业评价标准：尝试利用新的学业质量标准来对学校一至六年级学生进行检测，从而逐步提升全校学生的数学素养。

"数学工坊"手册：真实记录学生学习、实践、创生过程，通过评价促进学生的发展。

电子研究手册：以学期、研究专题为单位建立，可个人建册，也可小组合作建册。内容包括平时学习情况记录、专题研究成果、学生反思、学生发展性评价等等，在过程中以客观的评价记录全面观察学生、有效激励学生、赏识学生，促进学生可持续发展。

"数学工坊"的教学实践研究，为形成以学生关键能力发展为中心的数学教学关系提供了更多的可能。学校将以此为契机，加大学科队伍和"数学工坊"导师队伍建设，对整个项目实施过程的成果、路径、方式等进行系统梳理，将学校教学改革与学校整体转型变革相结合，提升办学品质。

第二节　研创课堂与创学园打造

常州市邹区实验小学（以下简称"邹实小"）是一所有着 111 年悠久历史的老校，在学校转型性变革中，不断探寻新时代乡镇学校发展的突围之路。自 2020 年被江苏省教育厅批准建立"研创课堂"课程基地以来，抓住城乡带动、师资流动和项目互动等发展契机，实现学校的转型发展，形成了特有的"研创课堂"品牌和特色，在当地被誉为一所"蓬勃生长的创学园"。

一、基于学校特定的课程背景思考

2005 年至今，在实践性课程理论的指引下，邹实小立足学生发展需求，不断开发和实施各类课程，丰富学校课程体系。围绕学校办学理念，从百年老校的发展历史中找到文化因子，把国家课程与校本课程统整为“毓养课程”“毓秀课程”，构建相对完善的“毓菁”学校课程体系。“毓养课程”指向国家课程的校本化实施，“毓秀课程”指向学校拓展性课程，包括三项必修课程和多项选修课程。三项必修课程分别为“创·学·园”德育项目、“STEM +”①视野下“创意灯具”课程及基于“学·练·用”一体化的体育课程，选修课程则指向门类繁多的校本走班课程。学校通过基础性课程及拓展性课程的错位推进与实施，达到至真、至善、至美的课程目标，体现“蓬勃生长 美丽绽放”的办学理念。

（一）基于研创课堂的价值认同

多年来，学校围绕课堂教学，依托课题研究和校本教研，开展了广泛深入的学习和探究，初步形成了“激发兴趣—独立自研—深化认知—学习创新”的研创课堂教学模式。在不同学科的教学中，又不断探索和完善了各学科的课堂教学范式：开放性的语文课堂、指向思维发展的数学课堂、活动性的情境英语课堂、互动式的艺术课堂……灵动的课堂范式指向了学生关键能力的培养，提升了学生的学习能力。

（二）基于教育西进的发展机遇

随着常州市钟楼教育西进的深入推进，各校的名优教师牵手邹实小，传递先进教育理念和教育管理信息，实现资源共享和优势互补，校际之间结盟联动，抱团发展。学校承办了“成长在钟楼”邹区专场活动，开展了优秀教师的轮岗交流活动，学校五级梯队人数不断增加，随着省人民教育家、省特级教师、市学科带头人的不断加盟，师资力量更加强大。

基于以上分析，学校提出“创学园”视域下的小学生“研创课堂”实践建构，旨在对国家课程进行创造性实施。“研创课堂”的实践建构研究，将重点进行教学方式、学习方式及评价方式的转变和优化，培养主动、健康发展的时代新人。

二、创学园的实践路径

（一）建构“研创课堂”的教学结构体系

结合“研创”和高效课堂内涵，我们将课堂学习流程分为五个环节，即：自主研习，小组合作，交流展示，评价矫正，开放延伸。教师根据课程要求，布置学生自学内容，通常情况下会提供学案辅助。学生自主研习后，以小组合作的方式交流讨论疑点、难点，共同解决基础知识问题，寻找并确定共性难点问题，交流展示解决问题的方案。教师可以即时评价并发挥主导作用，进行及时反馈以印证课堂学习效果。教师根据学科特点和学习内容，适度调整学习流程和各环节时间变化，既基于模式又不拘泥于模式，这样的课堂显得更加灵动和高效。

---

① STEM是科学（Science）、技术（Technology）、工程（Engineering）、数学（Mathematics）这四个英文单词的首字母缩写。

我们根据前期研究及对未来研究的思考，确定了“研创课堂”教学的基本范式，并根据“研创课堂”教学实践的特质进行变式研究，形成指向学科关键能力的教学结构模型。具体关系如下图：

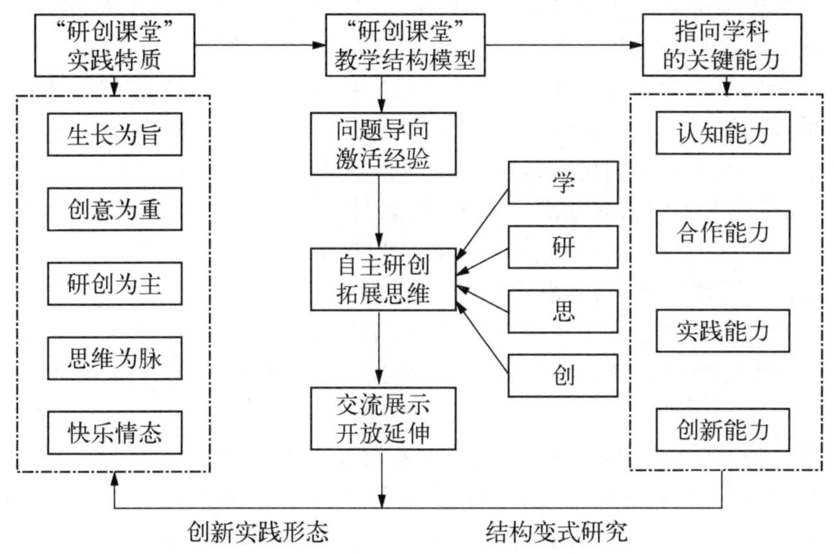

图 4－2 “研创课堂”教学结构模型

(二) 形成“研创课堂”教学机制

“创学园”的愿景是让学生在“研创课堂”实践中提升关键能力，促进主动、健康的发展，让教师探索并形成“学研创”一体的新型教学方式，优化素养结构，提升教学领导力，不断丰富“创学园”的文化内涵。在研究中，我们形成了研创课堂新常规和新基本功。

一是开放互动。教师在课堂教学中创设 3—4 个“微专题”内容，充分运用不同的教学策略，引导学生自主学习研究，积累解决问题的外显操作经验和内隐思维活动经验，从开放互动中亲身体验寻找解决问题的方法，从而实现知识有效内化和思维能力有效提升。

二是质疑答疑。学案以活动单的形式设计，内容以问题串的形式展开。问题贴近学生最近发展区，可以是对基础内容的深入理解，可以是与日常生活的联系，可以是最新科技成果的应用。教学中首先让学生围绕问题自主思考，然后在学习小组中进行讨论使问题得到初步解决，在学生展示中使问题得到完善。各个环节都允许甚至鼓励学生进行补充和追问，也可提出新问题再次讨论。

三是理解思辨。建立鼓励批判和质疑的评价机制，使学生在思辨中加深对知识的理解，通过表象看到问题的本质，在师生和生生质疑中催生高阶思维。学生在思辨中增加思维深度的同时还能拓宽思维的广度，在思维的发散过程中能实现新旧知识的关联及有机整合，从而实现知识的有意义建构。此外，在理解基础之上的思辨还能实现知识的迁移与应用，使实际问题的解决能力得到有效提升。

四是探究拓展。小组合作的探究学习能够让学生敞开心扉，像科研人员一样主动发现问题并积极地解决问题。课堂教学中学生沿着科学家探索的足迹，回到那个年代，模拟科学家的思维进行过程探究，不知不觉就走向了深度学习。

五是合作展示。合作学习能充分激发学生学习的主观能动性。在小组内学生处于平等的关系，能畅所欲言，充分表达自己的想法，在小组合作基础之上的展示能进一步激发深度学习。展示的问题可以是学生合作学习讨论的问题，也可以是未形成共识的问题，这些问题代表小组最高的思维水平，代表“创学园”学习的方向，如果得到其他小组的补充或在教师的引导下进一步探究，将能发挥更大的价值。

（三）建设“研创课堂”教学资源平台

课堂是开展研创课堂的主渠道。一方面，学校组织教师积极挖掘学科教学中的创学资源，深入开展研创教学；另一方面，学校创建具有本校特色的研创课堂教学资源平台。

除了前文提及的创学园活动平台，校内还设置了创学园活动区。学校新建的教学楼被作为“创学园”的活动区。一楼学行苑，意为“学问行于世”“学行天下”，内有400多平方米的图书阅览区，学生在此博览群书，这是创学的基础。二楼研心园，有乡村少年宫和科学美术专用室，让孩子专心、潜心于创学活动，研心园打造是创学的条件。三楼思远廊，取意“思绪高远、思接千载、视通万里”，这是行政策划中心，也是“大脑中心”，思远廊是创学的关键。四楼创获坊，“创获”一词是中国现代著名教育家孟宪承先生提出的，意思是指第一次的发现、过去未曾有的成果和心得，这是创学的目标。

创学园活动区的打造，突出“研创”作为一种学习方式，是撬动课堂转型、培育学生创新意识和实践能力、发展思维能力的重要“支点”。

“研创”课堂的实践切实提高了学生自主探索的能力。“研创”课堂的构建促进了学生的发展，增强了学生的自信，锻炼了学生的胆量，培养了学生的展示能力。

（四）建立“研创课堂”教学评价体系

教学实践评价体系包括四个方面：一是学业评价标准，尝试利用新的学业质量标准（如思来氏）来对我校一至六年级学生进行检测，从而逐步提升全校学生综合素养。二是“数学工坊”手册，学生人手一本研创本，记录学习、实践、创生过程，通过同学互评、教师点评促进学生的发展。三是电子研究手册，以学期、研究专题为单位建立，可个人建册，也可小组合作建册。四是项目实施调查问卷，自编问卷，开展项目实施效果的前测和后测。

创学园愿景下的“研创课堂”教学实践研究，进一步优化了国家课程体制下学科教学的模式，充分发挥了学科的育人功能，提升了学生的关键能力。为了更好地对教学实施进行全面、准确的评估，我们以基础研究项目的调研数据为前期参照，通过教学重点推进中的质性评价与分析，了解教学实施效能，根据学生积极性、关键能力评价表、课堂教学诊断、教师专业发展、家长认可度等数据进行效果分析。

三、创学园的建设成效与思考

项目实施推进了学校教育科研氛围变浓、研究能力变强。在前期研究项目中，常州市有 9 所学校形成研究共同体，其研究成果在共同体内辐射推广，使得影响进一步扩大。学校在江苏省内与多所名校形成研究联盟，分享成果。项目主持人蒋玉琴系正高级教师、江苏省人民教育家培养对象、江苏省特级教师；项目核心组成员王学进、周华、吴莲都是市学科带头人；项目实验人员曾在全国、省、市多地交流讲座……强大的研究队伍有助于成果推广。同时，学校参与了 2018 年的江苏省基础教育前瞻性教学改革项目研究，与省外多所学校形成研究共同体，研究成果通过互动研究、成果简介与推广等方式在全国辐射。

对于学校如何借助课程基地项目，建立以学生发展为本的新型教学关系，改进教学方式和学习方式，变革教学组织形式，创新教学手段，改革学生评价方式等，后期仍须进一步做好以下工作：

一是提升教师专业素养。教师素养是项目研究的决定因素。首先，借助名师工作室，不断提升“导师团队”素质。坚持“导师+小院士+项目”模式，围绕创学园项目打造具有战斗力的导师团队，改变以往单打独斗的局面，在导师负责制基础上，实行导师团队培养，积极推行“导师团队制”。其次，开发校本课程，提升教师课程意识和课程能力。校本课程（必修和选修）的开发以项目领衔的方式展开：由学校项目管理办公室发布项目，认领者对项目提出方案，学校项目办公室审批方案、公布方案，教师根据方案中的具体要求结合自身工作特长向项目负责人认领子项目，组成项目组。通过组员与项目负责人之间的互相协作、共同努力，在规定的时间内完成项目工作。最后，由学校项目管理办公室对项目做出评价。这样实行项目管理后，教师的工作动力将发生质的变化——变“要我做”为“我要做”。如此一来，借助校本课程的开发、实施、评价，全面提升教师课程开发意识和课程实施能力。

二是形成“学思结合，知行统一”的新型教学方式和新型学习方式。教师教学方式应从知识传授转向融合应用，实现新常态下教学思维方式的变化。学生学习方式应注重学思结合。倡导启发式、探究式、讨论式、参与式教学，帮助学生学会学习。要激发学生的好奇心，培养学生的兴趣爱好，营造独立思考、自由探索、勇于创新的良好环境。

三是形成一套着眼于学生思维发展与提升的评价方案。对学习的评价要从关注学生学习的结果，转变为不仅关注结果，更要关注学生的学习过程，关注学生学习过程中表现出来的情感与态度，帮助学生认识自我，建立信心。加大课堂教学中的激励评价力度，有利于增强学生主动发展的动力和能力。

第三节　项目研究与学校转型性变革

2018年8月，在江苏省常州市钟楼区推进“教育西进”策略、促进优质智力资源向乡镇薄弱学校“流动”的过程中，笔者从常州市花园小学（城区）来到邹实小——一所有着111年办学历史的乡镇学校担任校长。在三年的学校转型性变革中，我们不断探寻新时代乡镇学校发展的突围之路，积累了一些实践经验，也形成了一些思考。

一、建构组织管理新样态，引领学校变革的整体推进

初到邹实小时，我在学校管理方面遇到了一些现实问题。如城乡迥异的文化背景和对不同管理模式的适应性问题；学校原有制度价值导向存在关注做事多、关注成人少，制度内容重叠交叉、完整性与序列性不够，制度执行过程中注重情面多、指向发展少的问题；管理队伍经验不足，缺乏整体性思考问题的意识及主动策划能力的问题；学校管理“基于人，激活人，发展人”的思想尚未确立，未充分调动教师潜能，各部门自主策划工作和主动相互配合的意识与能力略有欠缺的问题；等等。我感觉到，要推进一所乡镇百年老校实现转型发展，首先要推进管理领域的全方位、深层次变革。

（一）全面建章立制，指向人的发展

针对学校制度中的问题，我们以“人的发展”为目标，采用“自上而下”和“自下而上”相结合的方法，通过两个学期的不断整理与修正，基本形成针对学校、教师发展现状的，指导性与指令性相结合的，从办学理念到各学科常规均有所涉的全面系统的工作细则——《邹区实验小学教工手册》。这本手册共分三章，包括学校基本性制度集、学校规范性制度集、学校奖励性制度集，它们都直接指向人的发展，旨在引领教师日常的教育教学行为，激发教师工作的积极性。

在整个制度修订过程中，我们有三点收获：其一，“确立新标准—形成新方案—尝试实践—反思重建”，这是制度生成的螺旋上升过程；其二，制度只有得到教师的充分认可，才能产生真正的效率；其三，制度只有指向人的发展，体现人的价值与地位，才能充分调动人的积极性和主观能动性。

（二）管理重心下移，指向日常变革

按照整体性变革的需要，首先，学校调整组织机构，实行“一校五部”的运行机制，重新梳理行政分工，实施了部门工作领衔制度。其次，逐步大胆授权，努力实现重心下移，强调部门“第一责任人”意识，实行“周汇报制度”，强化各部门的过程指导与评价。最后，强调要在日常工作中养成动态、系统的思维方式，形成良好的工作习惯。为此我们主要采取了如下一些举措。

一是强调每位行政人员每日工作要做到几个“一”。如每天一次巡视校园、听一节日常课、记一篇学习反思、找一位教师交流等。二是每学期一开学，要求各个部门都要制订本学期的目标与实施计划，并要求每一位行政人员都要记录日常的项目管理进度和思考，每周行政会议的周工作小结从“以布置工作为主”改为“以部门策划工作”为主。三是每月召开行政扩大会议，邀请年级组长参与学校管理，就学校一个月的管理工作从群众的角度提出反思、建议与批评，为行政人员及时调整和安排下一阶段的工作提供参考。

学校强调中层各部门工作质量对全局的影响，促使各部门更加关注工作各阶段、各环节的有机整合；同时注重各部门成员在各项活动及研究工作开展过程中的参与、体验与反思，强调通过捕捉生成性、差异性资源，及时进行动态调整与完善，在促进部门发展的同时，也使成员得到成长。通过四个学期的实践，学校基本构建了网络式管理体系，各部门在开展工作时整体意识明显增强，过程意识逐渐凸显，“第一责任人”的意识和部门独立策划能力稳步提升。

（三）持续学习更新，指向领导力提升

我们希望，正在进行中的变革实践能够唤醒学校中的每一个人，并积聚成促使学校焕然一新的巨大力量。与此同时，学校转型性变革的艰巨性和复杂性，让每个人的主动投入、多层面的有效互动显得更为重要，在这个过程中，如何通过持续地学习精进提升管理团队的核心领导力，就成为必须着手推进的一项重要工作。

首先，强化行政人员每周的学习分享会，并且有计划地开展读书活动。例如：向行政人员推荐管理类、人文类、专业类三类必读书目，要求他们在阅读时做好笔记，并且定期进行交流评议；要求行政人员外出学习回来都要及时进行“迁移式”交流，如“我们离新优质学校有多远”“我谈学校文化”等。其次，在每周召开的行政例会上，要求各位行政人员就本部门的工作提出反思，对其他部门的工作提出建议，并且列出后续工作中需要的支持与帮助，有意识地强化学校整体策划工作与各部门之间的及时沟通。最后，要求行政人员带头研究实践，努力成为项目研究的领头雁，如三位副校长率先在学校推出了公开研讨课。

这样的变革带来如下一些变化：一是“学习、研讨、反思、重建”逐步成为行政人员的工作习惯；二是通过项目领衔与优秀团队评比活动，逐步建立“责任人与合作者”新型人际关系；三是遵循在成事中成人的原则，关注领导层每一个成员的成长，让部分行政人员能够独当一面。

二、构筑课程育人新常态，促进学校变革的深度发展

百年老校的转型性变革不是一蹴而就的，这就要求实践者追求变革的“全、实、深”，即走向多领域、日常化的深度变革。从学校课程建设着力，是推进改革由“局部、点状、部分”走向“全面、连续、系统”覆盖的重要力量。

（一）目标引领：学校课程体系再规划

探索以高质量校本化实施国家课程为前提，以培养学生学科关键能力（如语文学科的“阅读理解能力”、数学学科的“运算能力”、英语学科的“语言理解能力和语言表达能力”等）为目标，对学校课程进行整体规划与设计，旨在通过基础性课程和拓展性课程的错位推进与实施，实现至真、至善、至美的课程目标，体现“以美育人”的教育理念。

从百年老校的发展历史中找到“毓菁”文化的因子，构建起包括“毓养课程”“毓秀课程”的“毓菁”学校课程体系。“毓养课程”指向国家课程的校本化实施，即围绕“语文+主题拓展课程”“数学+数学工坊群”“英语+英语小话剧”，开展国家课程的校本化落地范式研究；“毓秀课程”指向学校拓展性课程，包括三色“创·学·园”德育项目、“STEM +”视野下的“创意灯具”课程、基于“学·练·用”一体化的体育课程等三项必修课程和多项选修课程。

（二）重在创新：校本特色课程新架构

邹区镇地处经济繁荣的“中国灯城”，为此，学校将地方特色资源——灯具作为教学资源，打破常规的学科界限，结合科学、数学、美术、信息技术、综合实践活动等国家课程，融合 3D① 建模、3D 打印、物联网等技术，逐步建设包容性更强的跨学科综合课程，开发实施“STEM +”视野下的“创意灯具”课程，以此培养敢于创想、勤于思考、勇于实践、善于表达的“小创客”。

一方面，组织编写了《创意灯具》校本教材，并以此为依托打造特色课程群；另一方面，通过举办“创意灯具”主题活动节，丰富学生的学习体验。如：依托常州市钟楼区第三届小学生创客大赛和 2019 年常州市青少年仿生机器人比赛，结合我校“民族文化灯具节”，增强学生对民族文化的认同感及民族自豪感。在此基础上，学校还在选修课程和社团课程基础上选拔优秀学生参加各级各类相关比赛，激发学生的学习兴趣，促进学生创新能力的培养。

（三）着眼思维：构建研创课堂新范式

我们提出把学校建成“创学园”，通过“研创课堂”的构建，寻求创新人才培养的新模式。“研创课堂”着眼于课堂教学中的思维活动，旨在引导学生“学会思维”，提升学科关键能力，提高课堂教学质量，实现师生共生共长。

首先，学校组建了研究团队，通过学习培训、开研讨会、举行沙龙等方式探讨研创课堂的内涵表达及特质体现。其次，以学科组、教研组为单位，以培养学科关键能力为抓手，通过课堂观察再次讨论并确定研创课堂的共性特征和学科个性特质，设计出课堂评价量表。再次，通过教研组集体备课、研课，依托评价量表，围绕研究点积极开展教学实践研究，尝试寻找不同学科课堂的教学策略，形成不同学科研创课堂的实施途径。最后，研究团队进行梳理和总结，并请专家把脉，确定不同学科研创课堂的教学范式。例

---

① 3D 是“3 Dimensions”的简称，中文指三个维度或三个坐标。

如：数学学科研创课堂形成了“学—研—思—创”的范式，强调用活动“微专题”点燃思维火花，用层层递进的“问题串”凸显思维进阶，用质疑批判的互动机制助推意义建构，将迁移运用的成果转化为学力的提升。

三、营造教师发展新生态，激活学校变革的强大动能

我们以规划为航向，以问题为导引，以课题为抓手，着力打造教研团队，通过营造积极向上的学校文化，激发教师追逐教育理想的热情，真正激活学校中每一个人主动健康发展的动力，进而使其转化为推动学校变革的强大动能。

（一）以规划为航向，催生主动发展的个人标杆

为使更多的优秀教师脱颖而出，让处于各个发展阶段的教师都能明晰专业发展方向，学校启动了教师成长的“三年发展规划”行动，要求所有教师对照学校制订的教师成长梯队培养目标及要求，明确个人的三年发展目标。在此基础上，由学校领导团队、教研组长和备课组长组成的调研小组对教师的课堂教学进行全面调研，对教师的课堂做出诊断，肯定教师教学中的亮点和特色，引导他们发现其中真实存在的问题，并进一步确定自己的阶段性发展目标与研究专题，从而让每个教师都能站在现实的基础上明确成长的标杆。

与此同时，学校开展了“五个一”活动，以助力教师不断实现自己的发展目标，具体包括：每学期读一本专业书籍、着力解决一个问题、撰写一篇有质量的论文、上一节校级以上公开课、进行一次外出学习（含区级）。每学期结束，学校对照目标对教师进行考核，评选主动发展优秀个人，从而让教师的成长看得见。

（二）密织研究网，打造特色鲜明的教研团队

为了更好地引领教师专业成长，我们依托三项省级课题、四项市级备案课题、多项校级课题，构建纵横交错的研究网，在学校营造了浓郁的研究氛围。一方面，各教研组以学科关键能力为指引，勾连区域研究重点，确立具体的研究问题，以问题解决为导向策划教研活动，使课例研讨、备课研讨、业务学习等日常教研聚焦课堂教学中的核心问题；另一方面，每个教师都要围绕既定的专题开展研究，并且要及时总结经验、撰写论文，参加区级、省级征文大赛，以写促研，在工作中研究，在研究中工作，不断将专题研究向日常工作渗透。

在这个过程中，教研方式从原来的随意、无序，向有计划、序列式转变；教研内容从原来的零散、不延续、“研表不研根”，向科学规划、块面处理、系列研究转变。例如：针对“教师参加不参与”“专题散乱不聚焦”等问题，教研活动注重“前移后续”，即所有教师一方面要参与研讨课前的分组、合作教学设计，对研讨课进行先行研究，另一方面要通过教学案例的“头脑风暴式”分析，剖析教学行为背后的教学思想，形成“专题活动反思研究”机制。又如：为了使研究内容能够由点及面地深入展开，数学教研组通过制订三年发展规划，打通了十二册小学教材内容，将其分成“数与代数”“空间与图形”“实践与综

合应用”“统计与概率”等几大模块，每学期或一学年集中研究其中一个模块，并确立相应的研究专题，使研究更具可行性、针对性和实效性。

（三）实现价值引领，形成积极向上的教师文化

学校策划的“感动邹实小”教师和团队评选活动引领了学校新文化。该项评选扎根于教育教学阵地，每个教师都参与其中。首先，学校通过组织教师讨论制订详细的评选要求，并进行大力宣传，营造积极向上的评选氛围。其次，将评选工作落实到学校每一个部门，进行自下而上的推选。各年级组在认真讨论后撰写感动事迹，然后通过个体汇报、团队论坛、竞赛观摩等多种形式进行展示。再次，每月推选出来的名单和事迹会张贴在校园醒目处。年度人物和团队评选更是拉长过程，参评人需要制作 PPT 并在教师大会上宣讲。最后，由教师们投票，推选出本年度在教育、教学、管理工作方面有突出贡献的二十位个人与十大团队。

此外，学校还会精心策划颁奖仪式，让个性鲜明的教师个人或团队、催人奋进的教育教学故事接受荣誉与掌声，展示学校教育改革与发展的新思路、新举措，更引领教师群体形成积极的价值取向。“感动邹实小”活动如今已成为我校教师发展的一盏明灯。

第五章　研创课堂与新型教师培育

第一节　研创课堂呼唤教师新基本功

教师基本功是指教师从事教育教学工作所必须具备的基本技能。在实施新课程过程中，教师面临着许多无法回避的挑战，必须做出适应性调整，其中最首要的挑战就是如何进一步提升教学基本功。随着时代的发展和新课程改革的推进，传统意义上的课堂教学基本功被赋予了新的内涵，包括问题设计的研创度、资源捕捉的敏感度、资源处理的整合力、过程互动的调控力、注意分配的广泛度等。

一、缘起一节日常课："教师控制"遭遇"学生冲突"

以下以笔者曾经教学的"一个数和两位数乘的笔算乘法"课堂为例，突出体现教师新基本功缘何需要。

【课堂实录片段】

在教学"一个数和两位数乘的笔算乘法"前，学生已经会熟练笔算一个数和一位数相乘，会口算一个数与一位数、整十数相乘，在平时购物中他们碰到一个数和两位数乘的情况，会用独创的方法来进行运算。如，计算 14 本单价为 21 元的书的总价，他们有的会先算 10 本的价钱——21×10＝210(元)，再算 4 本的价钱——21×4＝84(元)，然后把两次乘得的积合起来——210＋84＝294(元)。也有的会先算 4 本的价钱，再算 10 本的价钱，然后再把两次乘得的积合起来。还有的把 21 元分成 20 元和 1 元，先算 14 个 20 元是 14×20＝280(元)，再算 14 个 1 元是 14×1＝14(元)，然后算总价——280＋14＝294(元)。方法很多，但是谁也没有尝试过用笔算的方法来计算。因此我充分运用学生以上这些基础性资源，在新课导入时设计了以下这张表格(表 5－1)：

表 5-1　一个数和两位数乘的笔算乘法新课导入表　　单位:元

数量	不同商品价格			
	儿童书	水粉颜料	成语词典	削笔器
1	21	23	32	43
4				
10				
14				

学生先分别口算出4份、10份的价格，再想办法口算出14份的价格，并说说口算的方法。大多数同学都采用上面的“三步曲”。这时教师指出口算的思路其实就是笔算的方法，从而激起学生学习笔算的需求、兴趣，产生强烈的学习意向。接着，教师顺水推舟，让学生尝试研究怎样把口算思路用笔算的形式表示，怎样正确笔算一个数和两位数相乘。在接下来的学习中，学生兴趣盎然，“讨论、辩论、选择”的帷幕就此徐徐拉开。教师选择了有代表性的三种算法在黑板上展示：

$$(1)\quad \begin{array}{r} 21 \\ \times\ \ 14 \\ \hline 84 \\ +\ 210 \\ \hline 294 \end{array} \qquad (2)\quad \begin{array}{r} 21 \\ \times\ \ 14 \\ \hline 14 \\ 28\ \ \\ \hline 294 \end{array} \qquad (3)\quad \begin{array}{r} 21 \\ \times\ \ 14 \\ \hline 294 \end{array}$$

这一下就引发了全班同学的讨论。第一种算法大家都能认同，也有同学补充，认为加号可以想在脑子里省略不写。但对于第二、第三种算法，有看不明白的，有认为错误的，于是教师请两位同学上台讲讲他们的想法。原来，写第二种算法的同学在笔算时是把21分成20和1，先算1×14=14，再算20×14=280，然后把14和280加起来，得294。虽然，这组同学的算法与前面大家都认同的第一种算法(书本上的“权威”做法)不完全相同，却也合情合理(其实他在竖式上算了14×21的顺序)。认为第三种算法正确的同学，觉得笔算时可以把一些步骤记在脑子里，直接写出最后结果。

面对学生们站在各自角度的算法，如果告诉他们“你的想法有道理，但不是书本上的方法，做题时还是要按书上的方法去做”的话，那么同学们刚冒出的思维火花将被熄灭。教师在上课时，决定还是尊重课的具体行进状态，不为完成预先设定的教学计划而过早地下结论，不为过早地达成划一整齐而不顾及学生的创新精神、创新意识的培养，而是鼓励同学根据实际情况，在比较中选择。随即学生又练习了“14份水粉颜料、成语词典、削笔器各需要多少钱”的问题。随着数据变大，计算也越来越复杂，淘汰第二、第三种算法，选择第一种算法的同学则越来越多。实践证明，学生在后续的学习中会自主不断调整，选择最佳方法。

二、引发深思：从“教师控制”走向“多元互动”

这一次课堂教学实践探究的经历，引起我们深层次的思考：我们曾经努力转变学生的学习方式，我们的课堂逐步有了多样方法，也产生了提问质疑、小组讨论等学生“主动”活动的形式，但是，透过这种“主动”形式看背后，学生思维的深处依然是“被动”的应付和服从。而“多元互动”的教学改变了学生思维的被动，当学生出现认知偏差时，教师不是自己代替他说，也不是让个别优秀的学生代替他说，而是让同学们各抒己见，在对话中比较、分析，得出大家都认可的方法。

课堂上关注学生的独到创意，把学生自己发散思维的过程和成果——生成性资源，作为课堂教学资源，让学生认识的“偏差”在多元互动中走向“清晰”，对于实现以学生为主体、突出学生获取知识的思维过程是极为有利的。

为了追求教学过程的真正研创和学生思维的清晰，我们强调教学要从“教师控制”走向“多元互动”。具体地说有两层意思：一是教师的教学预设要根据学生的学习需要适时调整，要以学生的学习需要为重心；二是要把数学问题“放下去”，使每个学生都能够独立面对问题，并参与到解决问题的过程中。

三、实践探索：“多元互动”的课堂呼唤教师新的教学基本功

在对“互动研创”课堂推进逻辑的剖析中，我们呼唤着新型教师的新基本功。在“结构研创、动态生成”的课堂教学中，教师必须提高问题设计的研创度、资源捕捉的敏感度、资源处理的整合力、过程互动的调控力和注意分配的广泛度。

（一）问题设计的研创度——结构开放　环节有机

在教学目标确定的前提下，以指向目标实现的研创性的问题来激活学生的相关资源，这就要求教师把握好问题设计的研创度。

笔者在上海洵阳路小学研讨活动现场，从张作敏老师执教的“乘法分配律”中得到启发。

【课堂实录片段】

当学生发现(25＋100)×4＝25×4＋100×4，张老师引导学生从这个特殊、偶然的问题出发“提出猜想”。

教师质疑：这个规律是否具有普遍性？如果换成另外3个数，这个规律还成立吗？

学生自觉提出：我们可以“举例验证”。

教师要求：每个同学举例验证，如果确定结论成立，想一想如何进行归纳概括。完成以后小组交流。

学生活动状态：

1. 所有学生都能按格式展开验证的过程。

2. 学生最少的举了四个例子，多的举了六七个例子。大部分学生举的例子类型不

重复。有的学生举了一位数的、两位数的和多位数的；有的学生举了小数和分数的例子，数的范围在不断扩大；有的同学举了可以巧算的特殊例子；还有的同学举了“0”和“1”这些特殊数据的例子。

3. 举了些例子以后，学生主动用符号和语言表达结论。

研创性的问题设计，使学生从偶然的现象或特殊的问题出发，经历猜想、验证、归纳和概括后，抽象出一般的数学结论。这有利于帮助学生了解知识创生和发展的过程，了解从偶然现象中去发现必然规律的一般方法。更深层次的意义在于，这样的研创性问题设计，不但提供给学生更多实践和反思的机会，而且更有利于学生整体地认识和结构化地把握数运算的规律，不但为学生的类比猜想和结构思考提供可能，而且有利于学生的主动探究，形成主动学习的心态。

（二）资源捕捉的敏感度——有效互动　过程流畅

准确把握全体学生的学习状态，对学生中产生的基础性资源做出敏锐的反应，为全体学生提供参与交流的平台，这就要求教师具有资源捕捉的敏感度。

【课堂实录片段】

在“三角形、四边形分类”中，学生选三根小棒搭三角形的时候，教师巡视发现有学生搭的都是同类型的，于是指导：“有的同学用相同颜色的小棒搭了一个又一个，看看它们是不是不同类型呢？换换其他颜色行不行？”这个行为将一些学生从关注颜色不同引向关注类型不同，让研创导入之后生成的基础性资源更有价值。在三角形类型研究结束后，教师又提出“比一比，看谁搭得全，搭得快”。在看学生的情况时，教师又生成引导语“老师看到有的同学非常聪明，他有一种很有序的搭法”，使部分学生从原来水平往前进了一步，跳出了“原地打转转”的状态，让紧接着的学习过程向着有效、高质的目标发展。

（三）资源处理的整合力——重心下移　节奏美感

根据现状捕捉针对性资源，在资源的处理过程中让学生经历知识、结构形成的过程，这就要求教师具有资源处理的整合力。尽管教师在设计时已经对学生可能有的答案做了充分的预设，但是在课堂中，面对活生生的学生，依旧有太多的不确定性，更有出乎意料之外的情况发生。面对如此状况，教师的回应反馈是收，是放，还是收放有度？回应什么内容？用什么方式回应？这些对教师而言都是考验。教师的倾听和捕捉、点拨和组织，能形成有效的回应反馈，能使师生互动向深入发展，在这个过程中又可能会动态生成许多新的资源，包括新的问题、新的认识、新的方案……这样就能使课堂教学不断地往前推进。

【课堂实录片段】

在两位数乘一位数（有进位）的教学中，学生尝试计算 49×2，有这样几种情况：

① $40\times2=80$

$9\times2=18$

80＋18＝98

②
$$\begin{array}{r} 49 \\ \times\ 12 \\ \hline 98 \end{array}$$
③
$$\begin{array}{r} 49 \\ \times\ \ 2 \\ \hline 98 \end{array}$$
④
$$\begin{array}{r} 49 \\ \times\ \ 2 \\ \hline 88 \end{array}$$

⑤
$$\begin{array}{r} 49 \\ \times\ 12 \\ \hline 58 \end{array}$$
⑥
$$\begin{array}{r} 49 \\ \times\ 12 \\ \hline 108 \end{array}$$

面对如此丰富的基础性资源，教师需要引导学生对比并沟通联系。对比是数学学习中常用的一种策略，在对比中可以明本质、利沟通。因此第一次回应是呈现资源，让学生都看一看，想一想每种方法是怎样算的。第二次回应是将记录形式分为两类（横式和竖式），先全体理解横式算理，再将几个竖式对比辨析，判断并说明理由。在解释②的时候，教师的回应要引导学生将横式、竖式沟通，发现算理相同，并发现③只是没有记录进位1，体会记录的优势。

但在这时有学生提出："为什么要先乘再加，为什么不是先加再乘呢？"这是教师没有预设的，是结论式地规定还是想办法让学生弄清？教师略加思考，选择了后者。教师借助小棒直观图，让学生理解了乘法中进位要"先乘再加"的原因。由于教师认识到了这个看似"扰乱"的生成资源与新知比较的重要性，于是采取合适的方法调整教学方案，不但解决了这部分学生的疑问，还让全体学生聚焦错误，在对错误的说明中强化了正确的算理，使教学过程得以深入推进。

（四）过程互动的调控力——层次递进　过程拓展

根据课堂中学生的现实状态，做出恰当的回应反馈与及时的过程拓展、归纳提炼，组织有效的互动，能将学生的思维引向深入，这就要求教师具有过程互动的调控力。

【课堂实录片段】

笔者在一年级的进位加法教学中，呈现了一种简算方法：如针对"36＋9"，学生会先算"36＋10＝46"，再算"46－1＝45"。由于是进位加，其中一个加数有接近整十数的特点，再加上部分学生有良好的学前教育或家庭教育基础，因此出现了这样的简算方法很正常。这样的局面正是培养学生数感的最佳时机。此时的评价应将其放大，让每个学生都说说，使创造者享受成功，也使每个学生的思维都有"进补"的机会。紧接着，教师拓展"43＋9、57＋9、34＋8"，引导学生对之前的凑整方法及时巩固，同时通过一些必要的练习反复加强学生的感知，巩固学生的知识结构，久而久之，以达到提升数感的目的。我们的目标也是通过渗透，让学生在学习中能根据具体情境进行判断，并选择恰当的方法进行灵活计算，同时使简算能力的形成"水到渠成"，最终到简算年段能够人人掌握，获得计算能力的提升。

(五)注意分配的广泛度——广度深度　多向兼顾

灵动有机的课堂是基于学生现实状态互动生成的课堂,不仅关注目标的深度,同时关注学生参与的广度,这就要求教师具有注意分配的广泛度。

如在教学“百以内数的加减运算”时,教师不仅要让学生理解数运算的意义和形成基本的运算技能,更为重要的是,要进一步开发其丰富的育人资源,实现其重要的育人价值。一般来讲,向学生提出的要求要体现以下几点:一是针对性,教师在解读和分析学生在课堂上的即时状态的基础上,适时地针对学生的表现提出相应的要求;二是递进性,即前一个要求是后一个要求的基础,后一个要求是在前一个要求基础上的发展;三是有弹性,即教师应注意根据不同类别学生的已有基础状态提出各自不同的要求,例如对已有一般方法的学生提出的要求是“还有没有更好的方法”,对已能凑整简算的学生提出的问题是“这个算法与其他算法有什么差异,与哪些方法是一类的”,通过这些问题的思考,帮助这些学生比较和区分不同方法。

学生动起来了,就会动出新东西来。教师在不断锤炼新的课堂教学基本功的过程中,经历了从思考如何开放到尝试捕捉资源;从增强捕捉资源的敏感性与针对性到收集资源过程中的问题点穴;从不知道什么是重心下移到逐渐掌握重心下移;从过程中的重心下移到过程中的带着要求、带着问题重心下移;从教学目标的模糊不清到不知如何把握基础性目标与渗透性目标的尺度,再到基础性目标的落实与渗透性目标的有机融合;等等。诸多问题在动态研究中逐步明晰。同时,教师们也学会用“照镜子”反观自己的课堂教学和学生的学习状态,反思自己是否已经形成“结构开放、有效互动、重心下移”的教学常态,是否已经形成“环节有机、过程流畅、层次递进、节奏美感”的教学追求;反思自己的学生是否已经具备“自觉记录、有效互动、自信表达、大胆质疑”的学习常规等等。

这样的认识为我们确立了进一步努力的目标:形成结构化的设计能力,提升专业素养。系统的构建也由此起步。新课程倡导“研创教学”与“结构教学”,新的课堂教学价值观与过程观带来了新质的课堂教学形态,一名新型的优秀教师,不仅要有结构化的设计能力,“整体综合”的思维品质,同时也要在课堂教学中不断锤炼“新”的基本功。

第二节　研创课堂与教师反思性实践

以下列举的教师开展研究性变革实践的例子,集中展现了笔者参加叶澜教授领衔的“新基础教育”研究的一些实践和思考。

【案例】三角形的面积计算(新授片段)

师:学校有一块三角形的花圃,你会计算它的面积吗?

……

师：用两个完全一样的三角形，可以拼成什么图形？

小组讨论。

全班交流。

电脑演示：两个完全一样的锐角三角形、两个完全一样的直角三角形、两个完全一样的钝角三角形各拼成一个平行四边形。

师（小结）：可见，任意的三角形，都可以用两个完全一样的三角形拼成一个平行四边形。

师（追问）：两个不一样的三角形能拼成一个平行四边形吗？

推导公式。

师：拼成的平行四边形与原来的三角形面积有什么关系？

电脑出示：三角形的面积＝平行四边形的底×平行四边形的高÷2

我们发现，教师日常课堂实践形态的主要特征是：教师多用提问来引发学生思考，也鼓励学生发表不同意见，运用小组讨论等形式。但课的“导轨”是教师铺设的，学生只是被当作学习主体来对待。教师小步走，不停地引导着学生积极地往前走。与满堂灌相比，显然这是个重要的进步。然而，它并不是我们所追求的终极目标。在课堂上有目的指向的活动中，学生应该有主动探索发现、试错反思、形成知识、提高能力、激发求知欲、体验过程的多种经历，以实现多方面发展。此案例中，学生并未成为与教师一起在互动中实现教学过程创生的参与者，而是被动者。他们的行为并未真正对教师的教产生作用，课堂上并未出现有真实构建意义的互动。

透析上述这位教师的数学教学实践，它所存在的问题可归纳为以下两点：

一是思维点状化。上述实践的问题之“根”是思维方式的落后，这是典型的点状思维。教师的教学“改革”较多停留在对教学“点”的精雕细琢上，它的特征是对教学的程序设计更严密，技术运用更娴熟，练习的花样更新颖……但是，严密的设计依然在本质上服从于控制学生的目的。技术的娴熟展示的是教师的基本功，练习花样的新颖也没能从根本上改变学生被动的状态。这些教学行为背后的传统教学观成为束缚师生生命成长的最大羁绊。

二是改革形式化。上述实践问题之“本”是对教学改革的理解的偏差。教师的教学较多停留在表面的、形式的改革上。教师虽然给提出的问题赋予了生活情境，也组织了学生动手操作、提问质疑和小组讨论，以为通过“数学问题+生活情境”“原有数学知识点的框架+学生主动活动形式”就能实现学生的“主动”学习。但是，其实在这些主动形式的背后，学生的思维深处依然是“被动”配合与服从，其实质还是教师用看不见的手左右和支配着学生，表面形式上的改革反而成为阻碍教师课堂教学改革的绊脚石。

通过对上述教师实践观念和教学行为方式的分析，我们感到教学实践的现状不容乐观，也意识到不冲出传统教学观念的牢笼，不改变原有的思维方式，就不足以使教学实践发生根本性的变革。为此,我们首先需要从"根"的层面对教学的一些前提性问题进行重新认识。

教师的发展,需要什么样的实践?在我们看来,生命的成长作为一种研创的生成性动态过程,不是外铄的,也不是内发的,人的发展只有在人的各种关系与活动的交互作用中才能实现。生命的成长,往往从发现问题开始,是在发展中不断克服自身的不完善性,是通过发展而不断自我完善的过程。

一、超越经验的研究性变革实践

我们有很多实践,为什么进步缓慢呢?教师发展的问题存在于我们的"日常实践"之中,而局部的、表面的、形式的教育改革实践又无法促进生命的真实成长。只有当日常实践成为我们有意识的自觉追求的变革实践,人的真实成长才能成为可能。因此,我们尝试开展研究性的变革实践,来实现教师自身多方面、多层次的发展,来推动教师转型,促进师生生命成长。

(一)研究专题化

我们通过超越经验的专题化教学研究,进行研究性的学校变革实践。以数学教学为例,我们尝试根据教学内容开展了"计算教学""概念教学""平面图形面积计算"等专题研究,又根据数学课的课型开展了"新授课""复习课""练习课"等体现不同教法的专题研究,这些内容涉及各年级和各教师,纵横交错,多层互动。当专题性的科研工作进入到更深入的层面,就对教师提出"日常化"和"深入化"的要求:教师不仅要做好专题性的科研工作,还要在每一天的工作中,自觉研究学生、研究学科教育价值、研究教学设计。

如研究"平面图形面积计算"专题时,首先组织数学组的教师在一起看教材,选择合适的面积教学内容和合适的研究年级,最后确定了对三、四、五、六年级开展研究。三年级的内容有:面积的意义、面积单位、长方形/正方形的面积和面积单位间的进率。四年级的内容包括:平行四边形面积的计算、三角形面积的计算、梯形面积的计算、土地面积的计算和组合图形面积的计算。五年级的内容有:长方体、正方体的表面积计算。六年级的内容主要是:圆的面积和圆柱的表面积计算。这些内容根据进度分别安排在1—2个月间完成。接下来就是同年级的教师集体备课,确立目标,同年段的教师互相说课,数学组的教师集体参与试上、评课、修改。

(二)研究长程化

研究长程化,包括研究内容的长程化和研究过程的长程化。

研究内容的长程化,是指把书本知识按其内在的结构和教学的认知主线组成结构链,在教学中打破"匀速运动"式的按章、按节的分配方案,按"长程两段"设计的要求,将每一结构单元的学习分为"教学结构"阶段和"运用结构"阶段。

研究过程的长程化,是指每一位教师在参与学校研究性变革实践时要有长期性、持续性。首先，学习新的教育理论，从而产生改变头脑中观念与已有行为的需求、愿望与行动，使自己成为自觉的、有理念指导的、自主的变革实践者。其次，强调教师反思日常教学，要求把研究渗透于实践之中，实践后反思并重建设想，然后再实践，这是研究性变革实践促成教师在实践中最终达成新的理念与行为统一，发展新的实践能力、素养，以及养成新的习惯的重要一环。最后，通过即时性的反思与重建，使教学产生创造的火花，形成新的经验和体悟，促进教师发挥转型的内在力量。

二、创生性的研究性变革实践

我们试着对“听课—说课—评课”这项传统进行一定的改造，把“听课—说课—评课”作为“研究性变革实践”的核心阵地。

（一）研讨课中展现真实实践状态

“听课—说课—评课”活动中的“研讨课”是教师日常专业活动链中的一环，它比较真实和直观地反映教师研究性实践在第一阶段达到的状态。研讨课的目的在于真实地展现实践状态，而不是向听课的人夸示某种“成就”。正因如此，“听课—说课—评课”活动对教师专业素质的提升，就有了一个比较可靠的基础和出发点，这种专业发展活动的针对性就相应提高；也正因为它直接脱胎于日常实践，并在实践的情境下进行，所以“听课—说课—评课”活动的成效也更有可能被教师运用到新的实践中去。

例如，同样是一节“三角形面积计算”的课，我校汪老师在上研讨课时，没有用多媒体，而是让学生在黑板上画示意图，反而达到了多媒体所不能达到的效果。汪老师没有过多的客套话，体现了朴实、真实和丰实的研讨课追求。以下为课上部分实况展示。

教师请多名学生用三种不同的三角形拼图。（学生在黑板上画示意图。）

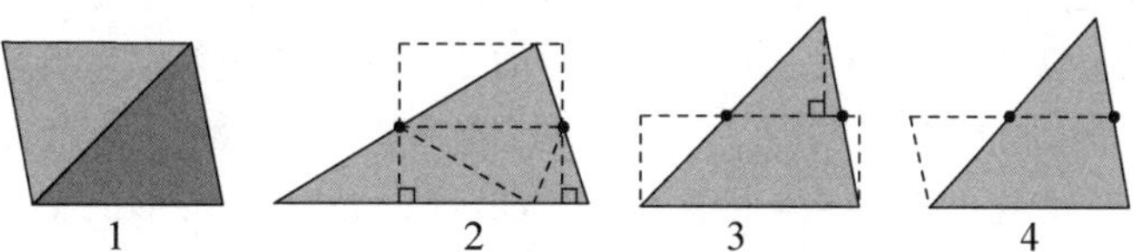

师：刚才有一些同学把他们的转化方法呈现在黑板上了，请大家根据一定的标准进行分类。

……

师：根据不同的分类标准，我们可以有不同的分法。但是大家都认为第一个与众不同，它是用两个三角形拼的。你看得懂吗？

生1：它是把平行四边形的面积除以2。

师：为什么要除以2？

生1：因为它是两个三角形拼出来的，除以2就是一个三角形的面积了。

生2：应该是两个一样的三角形，因为如果没有两个一样的，就拼不出平行四边形来了。

生3:我还要补充,应该是两条相等的边合在一起。

师:是不是其他类型的三角形也可以这样拼,得到一个平行四边形呢?

学生有议论,教师就放手让学生再拼拼看,用事实说话,结果发现两个直角三角形可以拼成长方形,两个钝角三角形也可以拼成平行四边形。

生(合):只要是两个完全相等的三角形就可以拼成平行四边形。

师:两个三角形拼图的情况我们都理解了。那再来看看第三种呢?谁拼的请谁说说看。

生1:我是把三角形沿着高剪下来,再拼过去就变成一个长方形了。

生(齐):不一定,也可能是正方形。

生2:我认为这种方法有局限性,这个正好是直角三角形,如果是一个钝角三角形的话,一边多一边少,就不能拼成长方形了。所以我认为这种办法有局限性。

生3:其实它的局限性是必须是等腰三角形才能拼成。

……

(二)说课中展示对实践的理解和变革努力

执课教师在研讨课后,要阐述自己对教学问题的理解和有意识做出的变革努力,还包括提出"重建"的设想。

汪老师在说课中提到:"……在学生的转化过程中我不断追问'必须沿着高剪吗''只有这一条高吗''不沿着高也能转化成功吗',帮助学生从偶然的转化成功中理解转化背后的道理。学生因为有了上节课平行四边形面积计算的经验铺垫,我就放手让学生先自己来类比着创造,以此来开发和利用学生的创造能力,让他们自己利用图形的剪拼,甚至是上节课老师在转化过程中用的绘画等方式,来寻找三角形面积计算的方法,让学生学会整体地思考。只有每个人都有了动手、动脑的过程,有了研究的基础,在下面的小组交流中,他们才会有发现、会有疑问,才有对话的参与意识,才能在沟通中提升……这节课需要重建的是,如果不提供给学生这种特殊三角形的话,学生的思维可能会更宽。可以给孩子设计一些障碍——'现在呢,我有这样的一个三角形,我也根据你们刚才转化的方法转化成功了,那你们觉得我现在得到的这个公式行不行?'课堂中,当孩子的思维很畅通时,有的时候我们来给他一种逆向的反思,在反思的过程当中来促使他对原来的认识进一步辨析,这种反思更有价值。"

(三)评课中寻找新的实践生长点

我们的评课既看重从目前的实践状态中寻找新的生长点,又着重于针对目前实践中的问题和不足,帮助教师追寻这些问题背后的"为什么",从而提升教师对自身实践的认识层次。以下是听课教师的评课纪要。

孙老师:这节课让我们感觉到有很多期望的东西,比如说,孩子就意识到"等腰三角形在移多补少的过程中有局限性"。从这种生成中你可以看到孩子思维的严密性。这种就是我们数学课追求的。

潘老师：第二个精彩的地方就是学生的“亮”真是很让人兴奋。“两个中点的长是多少?”他虽然没有中位线这个概念，那孩子就讲“那就量一量呗”！多好！马上就有孩子说“不一定要量，我可以知道它是多少”，他把他剪拼的展开出来以后就是这个底的一半，多好！真的是很自然状态下的一种生成。

马老师：这节课的生成让我反过来读懂了这堂课的设计，这些生成绝不是意外。下一步是怎么处理好特殊和一般的关系，这是今后需要重点思考的问题……

我们把教师对自己实际的反思，他人对自己实践的评析，自己对他人教育实践的观察，都看作促进教师成长的途径和方法。

一条新的路径就这样被逐步走出，它提升了实践的价值取向，练就了教师的研究能力，促使学生在课堂参与中实现了多方面的发展，我们也期望教师逐步由“操作型”向“智慧型”转型。

第三节　研创课堂研究与区域推进

2006 年底，常州市教育局的领导经过细致的考察和慎重的研究后，决定全面引进华东师范大学叶澜教授主持的“新基础教育”研究。这样的选择源于两个背景。一是常州市第二实验小学(1999 年加入“新基础教育”研究，以下称“二实小”)、常州市局前街小学(2005 年加入“新基础教育”研究，以下称“局小”)在多年“新基础教育”探索中，作为先行者，让后来者看到了转型性变革之路如何走出，为如何走得更快提供了很好的案例。二是上海市闵行区(1999 年开始进行“新基础教育”区域推进)以其坚实而有创意的努力，给我们区域推进“新基础教育”提供了可借鉴的资源。因此，常州的区域推广完全有可能在先行者创造出来的成熟经验的基础上，实现跨越式发展。

带着这样的期望，2007 年 3 月，常州市 30 多位校长赴上海学习。同年 4 月 28 日，叶澜教授带着专家组到常州调研，确立了包括常州市钟楼区、新北区、天宁区和戚墅堰区(原区名，现为江苏常州经济开发区)在内的 10 所学校为“新基础教育”联系学校，由此，区域推进便形成了立体的格局。二实小、局小 2 所基地学校成为常州市区域推进的“先遣队员”，10 所联系校则成了“先锋队员”，各区域另行自主申报的实验协进校便是“后备队员”。这样的架构有两层意义：一方面，已经走在研究之路上的基地校、联系学校能走得更加沉稳，更加扎实，实现跨越发展；另一方面，因为不同层面的学校实际情况不一样，可以在群体中有差异地推进，推进的层面、领域的不同势必会导致有特色的资源涌现，然后资源共享，相互启发，为最后的全面推进和深化改革提供基础。区域数学的研究最先启动，推进力度也最大。研究推进的过程是不断生成问题和解决问题的过程。问题主要表现在两个方面：

一是从人的角度来看，学科负责人的参与意识和点评能力如何提升？怎样让更多教师都有行动？如何争取更多的学习资源，来促使教师在观念和行为沟通上进入到高水平？

二是从学科发展来看，数学研究专题如何聚焦？如何使实验成果进行正向的迁移？各校如何在围绕学科共同体“公转”的同时加强校内的“自转”能力，实现“新基础教育”研究的日常化？

一、推进特点

（一）三次聚焦

2007 年 9 月，叶老师带领课题组团队对 10 所联系校进行第一次摸底性调研。课题组老师认为，常州联系学校的研究还只相当于“一到二年级”水平，于是便针对数学课堂教学的现状做了第一次聚焦：确立一年级、三年级为起始年级，聚焦起始年级的教学研究。我们通过通识培训、诊断调研和阶段反馈，实施“自下而上，散点推进”的方案。

2008 年 1 月，课题组在当时的常州市西新桥小学召开学期总结会，提出要从“热闹”地做，到“有思路”地做；从被动地做，到关注教师主动地做；从点状地做，到结构化地做。基于三点要求，在数学教学研修方面，我们采取“散点聚焦，多元互动”的策略：在研究学校选择上重点扶持发展态势较好的学校（如常州市五星实验小学和常州市西新桥小学）；在研究内容上考虑规定动作和自选动作相结合，各校以计算教学为核心研究专题，根据实际情况可选择其他专题尝试研究。这是数学研究推进的第二次聚焦——聚焦到同一专题的教学策略、教学过程、教学方案的设计等综合研究。

专题研究的开展，使得区域数学研究进一步聚焦。但研究仍然停留在少部分教师的课堂中，而且研究的质量在联系学校内部存在着“萝卜煨萝卜”的现象。尽管专家组的重建总是在结构上打破传统，视野上推陈出新，但是教师们将信将疑的眼光始终无法散去。在这样的背景下，数学研修进行了第三次聚焦，把二实小和局小这 2 所基地学校作为龙头学校有机地编排到研究过程中，完成了“观念—目标—达成目标的行动”的设计过程，我们采取“由点到面，系统推进”的策略，让教师感受到数学课堂教学的“转型美”要求是完全可以达到和实现的。

（二）三个特点

1. 学习—研究—改变参照系

“新基础教育”数学学科研究（包括其他学科研究），从一开始就强调学习和研究，如果没有学习和研究，就不可能形成新的参照系统；没有新的参照系统，就不会有新的行动，新的思想，新的认识。学习和研究便成为数学研修中不可缺少的构成。

“新基础教育”强调发现问题，强调设计或策划，强调实实在在地做，强调反思，强调重建。也许，这就是研究性的学校教育改革实践的内在机理。专题研究每月进行，期初计划、期末总结交流会以及每次集中调研后的总结和反馈都会按期进行。基地学校围绕创建“新基础教育”高质量学校目标系统推进，“成型性”研究阶段组织的精品课观摩活动使研究资源得以共享。三次基地学校精品课的学习和一次精品课学习的汇报活动，给教师以极大的震撼。2008 年 12 月份，联系学校的第一责任人们参加了上海的精品课观摩，大家深切地感受到：“新基础教育”追求教师的发展和学生的成长，它不是空洞的理论说教，所有的理论在课堂中都是可以落实的。基地学校精品课的“精、特、美”，让大家看到了新基础数学课堂的“扎实”“充实”“丰实”“平实”“真实”，看到了教师的有向研创、有度研创和有效研创，看到了新常规下教师和学生积极而高质量的互动……这些都为我们“如何把书本的知识转化为学生内部的知识结构”“如何增强资源捕捉的敏感度”“如何有机地设计和互动”打开了思路。学习汇报活动的组织，让教师们感受到自己的课堂和精品课之间的差距，大家积极寻找内在的原因，提出后阶段的努力方向。

2. 区域推进和组内辐射相结合

在区域整体推进过程中，结构研创是集聚和开发各类资源、形成积极有效互动的前提条件，主要表现为不同层面、不同类型研究活动的向外和向内两个向度的研创。

区域数学学科的推进从“计算教学”领域向“概念教学”“规律探究”等领域拓展，专题研究中我们的措施是：一、自主申报专题研究，引发研究需求。每学期提前公布研究专题，在规定时间内让学校自主申报。二、接受挑战，不断打磨。利用专题研究活动，对学科第一责任人提出挑战性的任务、帮助并推动他（她）迎接挑战，在挑战中获得整体的提升。

与此同时，组内辐射的日常帮带活动也在进行中。这里的日常帮带，是指让二、四年级的中心组实验教师负责将“数运算”领域的成果辐射到现在的一、三年级非中心组实验教师。这种帮带是把“数运算”领域的理念在更大范围内进行辐射。如常州市觅渡桥小学的这种日常帮带活动两周安排一次，每次活动都是一、二年级和三、四年级进行互动式研究。一学期开展了如此的调研活动共 10 次，每次 2 节，共 20 节。

3. 研究经历“前移—参与—后续”

俗话说：萝卜煮不出肉味。联系学校一个阶段的持续研究，积累了一定的研究经验，但如果要取得跨越式发展，则需要更多的资源、更大的动力，这就像池缸里的鱼群，需要某个外来的强大的鲶鱼才能激起逃生的本能。鲶鱼效应带来了校际合作研究的全新行动方式，促成了一种思维的转型。数学研修中，把二实小和局小这两所基地学校作为龙头学校，有机地编排到研究过程中，发挥了它们中心辐射的作用，从而把握共同体发展的动向，提出有价值的问题并引出思考，在精神和理念上奠定共同体发展基调，在教学改革具体策略上率先垂范。由此，两校便作为核心力量来引领整个共同体的发展成长。

以 2008 年 10 月我们开展的“线段、射线、直线”和“两直线位置关系”的形概念研究为例。学校教师在外出之前就先在校内展开了研究：在初建的过程中，让教师们先进行相应的理论学习，再来听课评课。接着，实验教师带着已有的认识和遗留的问题来听中山路小学的初建课、广化小学的重建课还有二实小的开放课。全程参与的教师清晰地感觉到相比教师的校内初建，价值提升了，结构清晰了，大家都迫不及待地要回校重建，把课和理念“移植”回教研组。整个一学期，10 所学校这样的专题活动共开展了 50 次，共研究了 8 个课例，每个课例都历经了“理论学习—初建—外出学习—重建”的过程，研究课共有近百节，在这个过程中教师不仅把“概念教学”的理念进行了辐射，更重要的是已从原来的“模仿”大胆地跳了出来，变得敢于“尝试”了。

二、发展变化

两年的数学研修工作带来了校际研究合作文化的生成，不同层面学校、不同层面研究者之间的互动更为多元、有机、高效；不同类型研究活动资源的整合更加综合、整体、渗透。理论研究者、实践研究者等群体之间的整体交融渗透、相互滋养、同生共长的生态效应开始凸显出来，研修所带来的变化也显现了出来，变化主要体现在两个方面。

一是从人的发展的角度来看。数学学科常采取现场研讨课、专题讲座和小组讨论相结合的方式，开展学科研究。刚开始时，学科负责人以及教师们主动性并不高，与其说是相约研讨不如说是强制要求下的参与。但是一个阶段下来，教师们逐渐改变：从不许不说到不能不说变成了不愿不说；从各说各的到抢着说再到相互补充、相互争论；从说套话到关注上课教师的创造。学科负责人也不再被动地认为这是课题组的规定，而是主动作为共同体中的主人一起参与研究。教师们会自豪地说“我们的研究”，大家都乐意去参与和研究，渐渐地，“相约研究日”便成为区域数学学科研究文化中的制度形态，这样的制度是把我们教师的生命活力都渗透进去了。研究中，教师研究和探索的自主性和独立性被重视，教研组建设也被提到了研究型组织建设的高度来开展。教研组负责人即学科责任人也在悄悄地发生着变化：从“被动执行”到“主动策划”；从“短期思考”到“长远规划”；从“自上而下”到“上下联动”；从“整齐划一”到“差异互动”。教研组成员共有的行为规范体系（如备课、听课、评课）、教研组成员自觉的精神和价值观念体系、教研组成员的生活方式，这些都组成了教研组的文化。教研组的文化建设日益丰富起来。

通过现场研讨课和专题讲座、小组讨论等方式的有机结合，共同体内部进行合理分工，及时对相关内容进行整理，资源共享。这样有利于帮助骨干教师形成对知识框架体系和不同教学内容课型结构的整体认识，锤炼了一支骨干教师队伍。一系列专题研究中，那些安然沉下心、钻进去研究的教师，如常州市五星实验小学的张姝、常州市觅渡桥小学的陈佳等慢慢地浮出来，逐渐成为“新基础教育”研究的骨干教师。五星实验小学的张永明、西新桥小学的李华兴和新桥实验小学的钱丽美等校长的勇气和决心、实实在在的支持和参与，使“新基础教育”数学专题研究得以走出实践改革艰难的第一步。在这一阶段，两所基地学校的教师也参与到研讨之中，他们因持续探索所取得的经验和成效而成为区域研究第二阶段的重要资源和支撑。课题组教师那种敬业的精神、执着的信念与率直的个性，以及极具个人魅力的单刀直入的话语方式，使得研究不断推进和深化。

二是从学科发展的角度来看。相继组织的定向连续的数学专题研讨活动，形成了较为良好的校际间互动研讨氛围。研讨前学科负责人和各学校的骨干教师共同为上课教师把脉、诊断问题、提出重建意见，研讨中课题组教师或学科负责人根据执教情况提出二次重建意见，研讨后让各校回去移植同类的课，使资源发挥了最大的价值。

各校相继开展的计算专题研讨，总结出教师四大新基本功和学生的五大新常规。教师四大新基本功包括：问题设计的开放度，资源捕捉的敏感度，资源处理的整合力和过程互动的调整力。而培养学生思维的灵活和研创，培养学生独立思考学会记录的习惯，培养学生参与的自动化，培养学生认真倾听学会发现的习惯，培养学生互相合作互动生成的能力，便成了新基础教育视域中学生数学学习的五大新常规。新基本功和新常规的提出其实都是基于成人的立场来看待教师和学生的发展，是为了在教学过程中提升教师和学生的数学综合素养。这些实践改革成果在计算教学的领域中还是相当具有代表性的。在其后的概念教学和规律探究等课型研究方面，随着课型的不断拓展，教师的认识将继续丰富，教师也会不断面对新的挑战、获得新的发展空间。

从课堂到教研组，从学校到钟楼区，从钟楼区到常州市联系学校共同体，这样逐渐结网、复杂化的研究态势，使我感受到"新基础教育"的实践之根在常州市已经渐渐扎向日常课堂；"新基础教育"独特的研究方式已经渐渐渗透到学校生活；"新基础教育"研究本身也开始融入到区域学校转型和教育变革之中。这些积极变化所汇聚的全部丰富性，都将在今后的研究中继续存在并生长、壮大。

附录　课型系列研究案例

课型系列研究一　数与运算

1.《认识千以内的数》

2.《认识大数》

3.《认识分数》

4.《认识小数》

5.《加法》

6.《减数是 8 的减法》

7.《两位数加两位数(口算)》

8.《两位数除以一位数(首位能整除)》

9.《有余数的除法》

10.《两位数乘整十数(口算)》

11.《三位数除以一位数的估算》

12.《分数减法》

13.《分数乘法》

14.《大数的四舍五入》

课型系列研究二　规律探究

1.《加法的交换律》

2.《减法的性质》

3.《乘法分配律》

4.《小数加减法》

5.《3 的倍数特征》

6.《找规律(间隔问题)》

7.《找规律(覆盖问题)》

课型系列研究三　量与计量、图形与变换

1.《面积》

2.《平行四边形面积的计算》

3.《三角形面积的计算》

4.《图形的初步认识》

5.《轴对称图形》
6.《圆的认识》
7.《确定位置》

课型系列研究四　解决问题的策略与统计概率

1.《解决问题的策略——画图》
2.《解决问题的策略——列举》
3.《解决问题的策略——倒推》
4.《解决问题的策略——假设》
5.《简单平均数》
6.《加权平均数》
7.《条形统计图》
8.《数据的分段整理》
9.《分数表示可能性大小》

课型系列研究一　数与运算①

［教学设计 1］

学校:常州市新桥实验小学	年级:二年级	班级:1 班	人数:46
学科:数学	课题:认识千以内的数	教师:郭玉娟	日期:2008.2.25

教学目标

1. 结合生活素材感受数的实际意义。
2. 能正确读写千以内的数,掌握千以内数的组成。
3. 认识计数单位“千”,沟通每相邻两个计数单位之间的十进制关系,初步建立数系统中十进制关系的意识。
4. 沟通两位数和三位数的联系,初步形成整体认识数概念的结构意识。

教学过程

教学环节	教师活动	学生活动	设计意图
常规积累	呈现:24、56、80、78、30、90、61、100。 要求:一年级的时候,我们已经认识了百以内的数,同桌互相读数并说一说数的组成。	同桌互相读数并说一说数的组成。	回顾学习的内容。
开放式的导入	1. 谈话:我们已经认识了百以内的数,会读、会写、知道了这些数的组成,今天我们要学习比一百大的数,老师收集了生活中三位数的信息。 2. 出示:从生活中收集的关于三位数的信息。 (1) 植树节,小朋友共种树 126 棵。 (2) 绕学校操场跑一圈 400 米。 (3) 一台电视机的价格是 908 元。 (4) 老师的左眼近视 650 度。 (5) 学校图书馆有科技书 305 本。 (6) 姚明身高 229 厘米。 (7) 实验小学二年级共有学生 490 人。 3. 要求:在数位表中写一写,然后轻轻地读一读,说一说它的组成。如果不会读或者有疑问就做一个记号。	在数位表中写一写。 自己轻轻地读一读,并说一说组成。	一方面感受数的实际意义,同时学生尝试读写,将自己的已有基础呈现出来,为进一步推进课堂教学提供资源依据。

① 2005 年 12 月,蒋玉琴领衔常州市第一轮名师工作室。2008 年 12 月,蒋玉琴又成为常州市小学数学“课型研究”名师工作室领衔人。本书所涉及的案例均来自“蒋玉琴名师工作室”研讨活动现场,由领衔人和工作室成员的教学设计整理而成。

续表

<table>
<tr><th>教学环节</th><th>教师活动</th><th>学生活动</th><th>设计意图</th></tr>
<tr><td>读数写数与组成</td><td>1. 交流、反馈。
提问：你觉得哪个数你最容易读，很有把握？下面还有哪个数也和它有相同的特征？
小结：一个三位数我们是怎样读的？有的同学在 305 上做了记号，会读吗？你的问题在哪里？
介绍读法：还有像这样的数吗？这两个数有什么共同的特点？
质疑：一个数中是不是所有的 0 都要读出来？还有哪个数的 0 也不用读？这两个数有什么共同的特点？
2. 沟通并提炼小结。
谈话：刚才我们认识了三位数，会读了，也知道了它们的组成。与两位数的读法和组成比一比，有什么相同和不同？</td><td>预设：126，学生介绍读法和组成。229，同桌互相读一读并说出组成。
初步交流。
预设：关于中间 0 的问题，学生有困难。
感受：中间的读作“零”。
找到：908。
感受：中间有 0 的特点。
预设：400 的 0 就不用读。
感受：末尾有 0 的特点。
学生交流并归纳。
读法：都是从高位读起，中间的 0 要读，末尾的 0 不用读。
组成：依次说出由几个计数单位组成。</td><td>依据学生认识两位数的经验组织教学，沟通两位数和三位数的读法和组成的练习，初步培养学生整体认识数概念的结构意识。</td></tr>
<tr><td>尝试运用</td><td>1. 呈现：写数练习。
(1) [百 十 个] [百 十 个]；
(2) 2 个百，3 个十和 5 个一，6 个百和 8 个一；
(3) 三百零七，九百。
2. 呈现错误资源并进行交流。
3. 归纳小结写数的方法。</td><td>学生独立作业，按要求写数。
归纳：写数也是从高位写起，哪一位上一个单位也没有，就用 0 占位。</td><td>通过练习，巩固三位数的读法、写法和组成。</td></tr>
<tr><td>感知一千，沟通进率</td><td>1. 从练习中的九百引入。
(1) 9 个百再增加 1 个百是多少？你能在数位表中写出这个数吗？
(2) 交流学生呈现的资源，认识千位。
(3) 一千到底有多少呢？
2. 交流。
3. 小结：一百一百地数，10 个一百就是一千，就产生了一个新的计数单位。在数位表中，千所在的位置就是千位。</td><td>学生尝试写数。
数方格。
感受数的策略。</td><td>迁移创造“千”，通过数数获得对“一千”的认识，丰富数感。
沟通各计数单位之间的进率，促进学生对十进制关系的初步理解。</td></tr>
<tr><td>拓展延伸</td><td>启发：10 个一是十，10 个十是一百，10 个一百是一千，你会接着联想下去吗？</td><td>学生联想。</td><td>向更高的数位拓展。</td></tr>
</table>

[教学设计2]

学校:常州市五星实验小学	年级:四年级	班级:2班	人数:45
学科:数学	课题:认识大数	教师:张姝	日期:2010.12.16

一、教学目标

1. 掌握万级的数位顺序表和万级的计数单位。

2. 通过对个级数读法的推广,掌握万级数的读法。

3. 联系现实生活及相关的活动,感受大数的意义。

二、制订依据

1. 教学内容分析。

对于数的认识,其认知结构是相通的,都要从“数的意义、数的组成、数的读写、数的排序”等方面进行认识和研究。现行小学教材把数概念的教学分散编排在一至四年级中,但由于教师在每次的教学中缺乏必要的联系与沟通,同时课堂组织中数的读、写、组成又独立进行,从而造成不同年级知识间的断裂与跳跃,导致学生对单元知识缺乏整体的认识,所以同一层面的学习必然呈现重复、机械、割裂的状态。

大数的认识是在学生认识了万以内的数,并能正确读写和比较万以内数的大小、会进行相应的四则运算的基础上进行教学的。生活中的大数广泛存在,对大数的认识既是对万以内数的读写的巩固和拓展,也是学生必须掌握的最基础的数学知识之一。为了让学生对数的读写、计数单位、数位、数级等数概念能进行全方位的认识,我尝试让学生依据已有经验关联原有认知结构,不断加强学生对数概念的认识,形成学习结构,为后续学习奠定主动发展的契机。

2. 学生实际分析。

学生经过一至三年级的学习,已经具备了一些关于数的认识的直接经验,对万以内数的组成和计数单位等有了较深的了解,特别是对根据读法对万以内的数来进行分类,以及对不同类型的数如何去读,已具备了一定的经验,这就为数的知识扩充到万级做了铺垫。基于以上认识,我从学生原有的知识结构和认知规律出发,对教材进行了一系列的重组。让学生依次经历万以内的数,再到十万以内数与万以内数的联系,再类比到整个万级的数。同时,让学生在过程中体会数位顺序表的生成性,掌握分级读数的原理与方法,拓展了学生今后延伸学习的思维与能力。

教学过程

教学环节	教师活动	学生活动	设计意图
常规积累	1. 通过“购物街”节目竞猜商品价格,引出一组四位数。读一读,并说一说每个数的组成。 8012　1273　2730　7300　3006 2. 提问:回忆一下万以内的数是怎么研究的?又是怎么读的?	分类研究: “没0”——从高位起,依次读。 “有0”——中间0读一个,末尾0都不读。	回顾旧知,为进一步的学习做铺垫。

续表

教学环节	教师活动	学生活动	设计意图
五位数的认识	通过分类研究，我们知道了所有万以内数的读法。今天我们一起来认识更大的数。出示课题：大数的认识。 猜数中生成五位数。 “购物街”节目现在开始第二轮，商品的价格是五位数。 针对“101365420080”会有哪几种可能呢？想一想。	10136、13654、36542、65420、54200、42008、20080。	在万以内数的读法基础上进行迁移，独立进行分类、读数、说组成。 沟通与万以内数的读写及组成的联系，在过程中进行拓展，引导学生按数的读法进行类化思考，同时培养学生整体认识数概念的结构意识。
	1. 分类研究。 猜数中产生了很多五位数，你准备怎样研究五位数的读法？ (1) 分类，读数，说组成。 请同学们把这些数按类填在数位顺序表中。填好后读一读，说说组成。 (2) 和万以内数的读法比较。 这一类没 0 的，怎么读？和万以内数的读法比一比，相同吗？把你的思考和同桌说说。 那末尾 0、中间 0 的情况，和万以内数的读法比一比，又有什么相同和不同呢？ 2. 聚焦：哪几个数中间 0 只读一个？ 哪几个数中间 0 读两个？ 你发现了什么？	分类研究。 独立分类填写。 可能：13654、36542、65420、54200、10136、42008、20080。 相同，高位起，依次读。 按类读一读；比一比读法；和同桌交流。 末尾 0 读法一样，都不读；中间 0 有的读一个，有的读两个。 连续 0 读一个；间隔 0 都要读。	
	小结五位数的读法。 通过分类读一读，再和万以内数的读法比一比，找到五位数的读法。你能完整地说一说五位数怎么读吗？	拓展：写数给同桌读；类型全，每种类型写一个。	
万级数位的生成	1. 生成新数位。 如果猜商品价格的时候再多给几个数，猜一套房子的价格、一件古董的价格，就会生成六位数、七位数、八位数甚至更多位数。 要读出更多位数，这些数位和计数单位够吗？ 更大的数位和计数单位，怎么产生呢？ (1) 回顾已有。 我们先回想一下，以前认识的数位和计数单位是怎样产生的？ (课件演示。) (2) 迁移生成新数位。 9 个万加 1 个万得 10 个万，生成了新的数位十万位，那十万十万地数，再往后又能生成什么数位呢？ 请你先想一想，然后在数位顺序表中写出万位左边的 3 个新数位。 2. 媒体演示。 生成百万位，计数单位是百万。 生成千万位，计数单位是千万。 还有吗？很多。 你发现新的数位都是怎样生成的？	个位 9 个一再加 1 个一，就是 10 个一，满十进一，也就是 1 个十，生成新的数位十位，计数单位是“十”…… 一万一万地数一数，生成十万位，计数单位十万。 在数位顺序表中写。 学生交流。 满十进一。	激发学生要产生更多的计数单位的需要。 通过数的组成，形成对“十万”的认识，进而拓展数位顺序表，丰富学生的数感。

续表

教学环节	教师活动	学生活动	设计意图
含有万级的数的读法	1. 出示 2962137、20005000、40022050050003、25462546、2043005。 看着这些大数，你有什么想法？ 2. 没有 0 的读法交流。 (1) 呈现 2962137。 比较两种读法，你有什么感觉？ (2) 呈现 25462546。 你有什么发现？读法一样吗？ 这两个 2546 表示的意义一样吗？ 3. 介绍数级。 其实大家的发现恰恰体现了我们国家的读数习惯，我国习惯上把数位顺序表从右边起每四位分一级，从右边起个位、十位、百位、千位就是个级，个级的数表示有多少个一。那么万位就是万级，表示有多少个万。 比一比这些没有 0 的数和以前没有 0 的数读法有什么不同？ 新的读法要注意什么？ 4. 有 0 的读法交流。 这些数都有 0，也有十万位、百万位甚至千万位，读之前先做什么？ 下面仍旧可以读一读，和前面总结的方法比一比，概括它们的读法。 分类研究更大的有万级又有个级的数该怎么读，看谁说得完整。	仍旧分类研究。 可能： 二百万九十万六万二千一百三十七； 二百九十六万二千一百三十七。 这么多“万”字可以省略成 1 个，更简洁。 两个 2546 一样，前面的多一个“万”字。 2546 个万，2546 个一。 从高级起，按级读。 万级和个级读法一样，再添一个“万”字。 从右往左分级。 读一读，说组成；和前面方法比异同；每级末尾 0；每级中间 0。	初步感悟“分级”与读法。 利用已有的结构，让学生进行主动的建构。 聚焦知识重点与难点，有向研创，引导学生通过对比与沟通逐步掌握多位数的读法。
回顾拓展	今天我们研究了含有万级的数的读法，怎样研究的？ 以后我们还可以用这种方法来研究更大的数。	先分类，读一读，和前面的读法比一比，找到了新的读法。 把收集到的数先分一分级，再轻声地读一读。	了解具体情境中数的存在，体会数的现实意义。

［教学设计 3］

学校:常州市五星实验小学	年级:三年级	班级:1 班	人数:43
学科:数学	课题:认识分数	教师:张姝	日期:2009.10.29

一、教学目标

1. 理解和掌握把多个物体整体平均分,能用分数正确表示一个整体的一部分。

2. 体会分数与实际生活的联系,了解分数在实际生活中的应用,深刻理解分数的含义。

3. 经历概念形成的过程,进一步把握分类研究的方法。

二、制订依据

1. 教学内容分析。

教材以 4 个桃平均分成 4 份为例,教学多个抽象整体的几分之一,这样单一的情境容易导致学生对 1/4 的意义认识单一。虽然在“想一想”和“想想做做”的练习中有操作活动,但由于材料有限,也容易导致学生对分数概念内涵认识单一。

教学中如果教师按照“了解符号概念—理解记忆概念—辨析强化概念—巩固运用概念”的逻辑展开教学,实际上就是引导学生以直接的方式学习概念的符号化知识,这是一种接受现成结果的学习方式,忽视了符号知识背后的过程性知识。这样,学生因为没有亲历概念的形成过程而有可能发生认识偏差,无法感受活动亲历过程的实践智慧。

为此,引导学生经历“辨析比较材料—提炼抽取本质—归纳概括命名”的多个整体的分数概念形成过程,一方面能使学生在大量的背景材料中对多个抽象整体的分数概念的本质内涵形成深刻的认识,另一方面能加强学生与学习的现实生活联系,提供给学生规范表达语言的机会,帮助学生对几分之一内涵形成丰富的认识,使学生的归纳概括、提炼抽象水到渠成。

2. 学生实际分析。

学生在认识单个具象整体的几分之一中,已初步经历了“辨析比较材料—提炼抽取本质—归纳概括命名”的过程结构,对材料辨析比较的标准有了一定的认识,会有不同标准的分类。其中,对于部分相同、整体相同,学生基本能理解,但对于从部分和整体的关系角度分类,部分学生有困难。因此,要将力气、时间用在对“部分和整体关系”的把握上,通过对“半成品”的加工,让学生明晰分类的标准,感受分数的内涵。

相比单个物体的具象整体,对于多个物体的抽象整体的概念理解,学生会有一定困难;分数概念的语言表达也可能不规范;这些需要教师在教学中渗透、关注并指导,适时提炼,给予学生表达、评价的机会。

续表

<table>
<tr><th colspan="4">教学过程</th></tr>
<tr><th>教学环节</th><th>教师活动</th><th>学生活动</th><th>设计意图</th></tr>
<tr><td>常规积累</td><td>课件出示一个正方形的 1/2、1/3、1/4。</td><td>说说图意，并用分数表示红色部分。</td><td>激活已有知识储备。</td></tr>
<tr><td rowspan="2">分类整理，形成概念</td><td>认识研究材料。
1. 桃子图：出示一盘桃子平均分成两份的图。
这幅图是什么意思？自己轻轻地说一说。
引导纠正：
一是平均分；二是把 4 个桃子圈在一起，就表示一盘桃子。
2. 9 幅图：能像刚才一样说说这 9 幅图的意思吗？</td><td>预设：
① 4 个桃子，分成两份，每份 2 个；
② 4 个桃子，平均分成两份，红色的是一份，白色的是一份；
③ 4 个桃子，平均分成两份，每份是它的二分之一。
同桌轮流说，有问题的互相纠正。</td><td rowspan="2">运用学生已有学习经验，激发学生分类研究的需求。
聚焦研究对象。
适时提炼学生语言，渗透“部分、整体”。
对分类标准不坚持的“半成品”进行辨析加工，让学生在加工过程中初步感受部分和整体的关系。</td></tr>
<tr><td>分类整理。
9 幅图中的物体有好几种，里面的数学信息也很多，根据以往的经验，我们可以怎样来研究这些图呢？
1. 一级分类。
放：请你动手分一分，说说是按什么标准分的？
收：预设①。
按什么标准，分成了哪几类？
今天重点研究平均分的一类。
2. 二级分类。
再仔细看看其他 7 幅图，还可以继续分吗？
放：请你再分一分，分好后和同桌交流你是按什么标准分的，分成了哪几类？
收：
(1) ①和②同时呈现。
这两个小朋友分别按什么标准分成了哪几类？把你看懂的说给同桌听。
根据学生回答提炼：部分相同、整体相同。
(2) 5、8；1、9；3、4、6。
仔细看看这个小朋友的分类，他想按什么标准分？照这个标准分得对吗？可以和同桌一起思考。
也就是分类标准不坚持。
应该怎么改呢？每个人按他的标准来分分看。</td><td>预设：分类。
一级分类预设：
① 2、7 一类，其他一类；
② 部分相同；
③ 整体相同；
④ 分数表示相同的。
再分类，同桌交流。
二级分类预设：
① 部分数量相同；
② 整体数量相同；
③ 有按份数分但又不坚持的。
同桌交流，指名交流。
预设：
5、8 都是平均分成三份，1、9 都是平均分成两份，3、4、6 有的分四份，有的分两份。
调整，再分。</td></tr>
</table>

续表

教学环节	教师活动	学生活动	设计意图
分类整理，形成概念	(3) 结合具体图理解部分和整体的关系。 现在第一类都是平均分成两份，每一份是整体两份中的一份。 第二类涂色部分都是整体几份中的一份？ 最后一类呢？ 有错的修正，选 1 幅图，请你的同桌具体说说涂色部分是整体几份中的一份。	预设： 都是把总数平均分成三份，涂色的是整体三份中的一份。 都是把总数平均分成四份，涂色的是其中的一份。	在“类”中理解部分和整体的关系。
辨析比较，归纳概念	写分数。 1. 桃子图的 1/2。 请小朋友在 3、5、8 的图上写出表示每份的分数。写完的同学可以跟同桌交流。 辨析：究竟该用哪个分数表示呢？为什么？ 那么 2/4 应该是怎样的图呢？ 2. 其他图。 有错的改正，继续用正确的分数表示其他 6 幅图中的涂色部分，同桌检查。	预设： 桃子图 1/2、2/4。 把 4 个桃平均分成四份，画出两份。 指名交流：选图形，说理由。	在具体情境中对比辨析，引导学生关注部分和整体的关系。
	对比沟通、归纳概念。 1. 对比 1：不同中的相同（竖着对比）—— 部分、整体都不同，为什么能用相同的分数 1/2 来表示呢？ 提炼：同学们不只看部分，也不只看整体，而是看部分和整体的关系。 2. 对比 2：相同中的不同（横着对比）—— 这 3 幅图中，每一部分的个数一样，怎么用不同的分数来表示呢？ 提炼：因为平均分的份数不同，每一部分和整体的关系就不同。 3. 对比 3：与一个物体的几分之一对比—— 学到现在，小朋友想一想，我们今天学的分数，跟前几节课学的分数有什么不同，又有什么相同呢？	都是把整体平均分成两份，涂色的是其中的一份。 预设： 平均分成的份数不同。	

续表

教学环节	教师活动	学生活动	设计意图
辨析比较，归纳概念	相机介绍：一个整体。 根据学生回答完善板书。 归纳概念。 学到这，对于分数你有哪些认识？	预设： ① 不同—— 上学期是将一个图形、一个物体平均分，现在是将多个图形、多个物体平均分。 ② 相同—— 都是平均分成几份，其中的一份用几分之一来表示。 预设： 分数要平均分；要看部分和整体的关系。	在多角度比较中（情境的横向、纵向对比，新知、已知对比），学生再次感受分数要关注的是部分和整体的关系。
拓展练习，丰富概念内涵	找 12 的几分之一。 1. 出示苹果图。 想一想 12 个苹果可以平均分给几个小朋友？每人分到这些苹果的几分之几？ 2. 有序表示。 请你有序地平均分一分。用斜线画出其中的一份，并用分数表示。 3. 同样是将 12 个苹果平均分，为什么得到了不同的分数呢？	指名交流。 集体交流。 平均分的份数不同。	培养有序思考。
	生活中的分数。 1. 校园图。 用你智慧的数学眼光看看美丽的校园，你能从中找到分数吗？ 2. 你能在教室中找找多个物体看成整体的几分之一吗？ 3. 一分钟欣赏。 大自然中的几分之一；生活中的几分之一。	指名说，评价、纠正。 边看边说。	拓展学生视野，在不同情境中加深学生对“部分、整体关系”的理解和把握，丰富学生对分数概念内涵的认识。
课堂小结	今天我们通过分类更深入地认识了一个整体的几分之一。 你还想研究什么？ 课后请小朋友先找找像今天这样——多个物体组成的一个整体的几分之几，把你找到的分数记录下来，明天我们继续研究。	一个整体的几分之几。	整理学习方法结构，拓展学习内容。

[教学设计4]

学校:常州市五星实验小学	年级:五年级	班级:2班	人数:42
学科:数学	课题:认识小数	教师:张姝	日期:2011.9.26

一、教学目标

1. 感悟任意两个整数之间有无限多的小数存在(一位小数、两位小数、三位小数……),知道小数的各个数位及其含义,知道小数与整数、分数之间的联系。

2. 能说出任意两个整数之间的一位小数,能说出任意两个一位小数之间的两位小数。反过来,能说出一个小数在哪两个数之间。

二、制订依据

1. 教学内容分析。

本节课重在引导学生经历小数形成的过程,整体感悟小数与整数、分数之间的内在联系,感悟小数各个数位的含义。

由于学生在整数的认识和分数的初步认识过程中,已然经历了从具体到半抽象再到抽象的过程,对抽象的数字符号所表示的具体意义有了一定的认识,也就是说学生已经具备了从一个较为抽象的层面来认识小数的经验条件。因此,我们可以利用学生这些已有的经验,引导学生在数线上把相邻两个整数之间的距离平均细分并用小数表示。在经历小数形成的过程时,学生可以了解小数与整数、小数与分数的内在联系,可以初步感悟小数的一些基本概念:小数的表示、十进制的计数单位、小数的精确作用,以及小数与数线上点的对应关系等等,从而完成对小数个数等的发散练习,建立起对小数的基本敏感度。

2. 学生实际分析。

五年级的学生已经对整数有了比较系统的认识,他们在三年级的学习中,不仅接触过生活中的小数,了解了一些一位小数,会比较一位小数的大小,而且还进行了分数的初步认识。

学生的困难主要集中在0—0.1之间等分十份,得到百分之一,学生聚焦在十分之一上,缺乏部分与整体的联系,大部分学生考虑问题只想着把0—0.1平均分成了十份,不能细细体会0—0.1中的十份只是0—1中的一部分,缺少对单位"1"整体的感悟和把握。

教学过程

教学环节	教师活动	学生活动	设计意图
常规积累	出示整数数位顺序表。 在数线上表示整数。	同桌互说。	
认识一位小数	1. 提问:任意两个整数之间还有怎样的数存在? 演示:1平均分成十份,每一份是十分之一,也可以用另一种形式表示,即0.1。 思考:0.2里有几个0.1? 10个0.1是几? 介绍:十分位、计数单位十分之一(0.1)。 把1—2之间的部分平均分成十份。 解释为什么要把1平均分成十份(为了和整数部分统一)。 教师呈现资源,交流哪一种写法对。 2. 引导学生对三种情况评价。 明确1和2之间的小数整数部分是1。 3. 相邻两个整数之间有几个一位小数? 4. 回顾反思认识一位小数的过程。	表示0.1,0.2,0.3……0.9。 同桌说一说。 独立完成,分一分,写一写,学生可能写: ① 0.1,0.2…… ② 1.1,1.2…… 先同桌讨论再全班交流。 快速反应: 同桌互相举例,说说两个相邻整数之间的所有一位小数,说出一个一位小数在哪两个相邻的整数之间。	借助分数与小数的联系来认识小数。 沟通小数与整数之间的联系。 理解0—1与1—2之间小数的差异,整数部分不同。 知道两个相邻的整数之间有9个一位小数。

续表

教学环节	教师活动	学生活动	设计意图
认识两位小数	1. 0—0.1 之间还能分吗？ 怎样用分数表示？ 会得到哪些小数？ 计数单位是什么？ 数位的名称是怎样的？ 介绍：百分位、计数单位百分之一(0.01)。 2. 0—1 之间有几个两位小数？1—2 之间呢？3—4 之间呢？ 3. 相邻两个整数之间有几个两位小数？	分一分，说一说。 同桌互相举例说说：两个相邻的一位小数之间有哪些两位小数。一个学生说一个两位小数，其余学生说出它在哪两个相邻的一位小数之间。 有 99 个。	学生尝试利用类比的方法进行 0—0.1之间的两位小数的研究。 知道两个相邻的一位小数之间有 99 个两位小数。
认识三位小数	1. 0—0.01 之间还能分吗？ 想象一下，会得到哪些小数？计数单位是什么？ 2. 0—1 之间有几个三位小数？5—6 呢？ 3. 0—0.001 之间还能继续像这样分吗？0—0.0001 之间呢？	学生想象，同桌交流。	体会越分计数单位越小，体会小数的无限。
开放延伸	1. 沟通小数与整数之间的联系，任意一个小数，都能在数线上找到对应的点。 2. 认识了小数之后，可以做哪些具体的研究？	想象：找找小数在数线上的位置。 试一试 24.56。 读写、比较大小、计算等。	沟通小数与整数之间的联系，帮助学生感悟数概念的认识结构。

［**教学设计 5**］

<table>
<tr><td>学校：常州市中山路小学</td><td>年级：一年级</td><td>班级：2 班</td><td>人数：45</td></tr>
<tr><td>学科：数学</td><td>课题：加法</td><td>教师：奚利贤</td><td>日期：2009.10.15</td></tr>
<tr><td colspan="4">一、教学目标
1．学生通过联系具体情境写出加法算式，初步认识加法的含义；认识加号，会读、会写加法算式。
2．学生通过主动探索和相互交流，初步掌握得数在 5 以内的加法计算方法，并能正确地计算。
3．结合具体情境，初步学会解释自己的思考过程和计算方法，培养初步的观察、比较和推理能力；体会数学与生活的联系，产生学习计算的兴趣。
二、制订依据
1．教学内容分析。
这部分内容主要教学得数在 5 以内的加法，这是学生学习加、减法及其计算的开始。通过教材提供的情景图和教师补充的情景图，学生很容易想到“一共有多少朵花”“一共有几个小朋友”等问题，并能体会到把左边的括号和右边的括号合起来就是一共的朵数，原来的 3 人与又来的 2 人合起来就是一共的人数……由此引出加法算式，学生便能初步感受加法的含义，并领悟其算法。通过练习，学生既能根据图意理解给出的加法算式的含义，又能分别根据图意或数的合成的知识计算出得数。
2．学生实际分析。
学生在学前教育中对得数在 5 以内的加法并不陌生，可以说大多数学生都能比较熟练地计算出结果，但对加法含义的理解以及用完整的三句话（两个条件一个问题）表达图意的能力还比较欠缺，因此，本课的重点要放在熟练表达“三句话”上。学生在课前所用的计算方法已经比较多，比如数数、数手指等等，通过本课的学习，教师要引导学生用前几节课所学的分与合的知识来进行计算。</td></tr>
<tr><td colspan="4">教学过程</td></tr>
<tr><td>教学环节</td><td>教师活动</td><td>学生活动</td><td>设计意图</td></tr>
<tr><td>常规积累</td><td>1．小朋友们，我们已经学过 2—5 的分与合，你能自己轻声地说一说吗？
2．同桌两个互相出一些题目考考对方。</td><td>自己轻声地说。
同桌合作。</td><td>数的分与合是加减法计算的基础，这里的复习为学习新知做好铺垫。</td></tr>
<tr><td>认识加法，理解含义</td><td>1．情境创设。
情境一：原来有 3 个小朋友在浇花，又来了 2 个。
（1）说一说；
（2）列一列；
（3）算一算；
（4）介绍加号、加法算式的读法。
情境二：先来了 1 个小女孩玩秋千，又来了 2 个小男孩。
情境三：3 朵红花，1 朵黄花。
情境四：左边 2 朵红花，右边 2 朵红花。
情境五：1 个小三角，4 个大三角。
2．发现共同点。
这些情境虽然都不一样，但它们都有一个共同的特点，你发现了吗？
为什么都用加法计算？</td><td>试着先提个问题，用“原来有 3 个小朋友在浇花，又来了 2 个，一共有几个小朋友在浇花”来表述图意。
说算式“3＋2”。
为什么这样列式？（配合手势。）
你怎么知道结果是 4 的？（想分与合。）
书写空加号，读算式。
学生按照说一说、列一列、算一算的方式进行自主学习。
方式：自己说后点名说，同桌互说后点名说等。
思考：
都用了加法，因为都是把两部分合起来。</td><td>学生说图意，为学习和理解加法做铺垫。
师生的手势可以帮助孩子直观地理解“合起来”，加深对加法含义的印象。
联系情境说说每个数和算式表示的意思，让学生把计算和解决实际问题联系起来，也是对简单数量关系的渗透。</td></tr>
</table>

续表

教学环节	教师活动	学生活动	设计意图
认识加法,理解含义	3. 小结:对于一幅图,我们可以分哪三步来学习? 第1步:说一说(说三句话); 第2步:列一列(看图列算式); 第3步:算一算(想一想,看算式想分与合;读一读,读算式说算理)。	揭示课题: 同桌互相说一说。	总结学习的步骤,提供知识迁移的基础,提供学习方法和时间,使学生有基础、有方法、有时间主动学习。
实际应用,深化新知	1. 看图列式。 小朋友们学得这么好,小动物们也纷纷带着自己的宝宝来向大家学习。你能用三句话说说这幅图的意思吗?列出算式算出结果。 2. 根据算式画一画,再填得数。 2+3=□ 3. 直接算得数。 (提供口算卡片。) 4. 摆一摆,说一说。 要求:用5个△摆出不同的算式。 如△△△△　△ 4+1=5 1+4=5 5. 找规律。 题组:2+1 3+1 4+1 算出这三道算式的结果,比较这几道算式,说说自己的发现。 6. 练习书写。 书写要求:写算式时要从左往右按顺序写;加号要先写"横",再写"竖",横平竖直,写在格子中间;得数写在等号的右边。	学生自己尝试提问,并将三句话连起来说一说、列一列、算一算。 独自列算式,同桌互相说算法。 得出:虽然用了不同的符号来表示,但都是用2+3,结果是5。因为都是把两部分合起来。 观察比较4+1=5和1+4=5的特点。 小结:加号前后两个数交换了位置,得数不变。 拓展:3+2=5,想到哪个算式?3+1=4想到什么? 仔细观察,思考发现了什么。 学生练习书写算式。	结合书上的"想想做做",设计有层次的练习。从"看图列式计算"到"画一画再计算"再到"离开图直接计算",是一个从形象到抽象的过程,一步步帮助学生掌握5以内加减法的一般计算方法。 步骤4是一个研创的操作练习,注意引导学生按数的组成有顺序地来排,渗透"加号前后两个数交换了位置,得数不变"的原理。 步骤5是鼓励学生用自己的语言来表达对几道算式之间关系的理解,虽然不要求学生说完整、准确,但也是一个发展语言表达能力和思维能力的过程。
总结全课,拓展延伸	1. 今天你学到了什么? 2. 你能在生活中找到用加法表示的例子并用算式表示吗?	学生回忆加法的含义,加号、等于号、算式的读法等。	把课堂拓展到生活,让学生体会到数学与生活的紧密联系。

[教学设计 6]

学校:常州市新桥实验小学	年级:一年级	班级:2 班	人数:46
学科:数学	课题:减数是 8 的减法	教师:郭玉娟	日期:2010.3.1

一、教学目标

1. 引导学生运用十几减 9 的学习过程结构主动探索十几减 8 的计算,进一步感受 20 以内退位减的学习过程结构。

2. 迁移十几减 9 的计算方法,能用"平十法"和"破十法"正确计算十几减 8。

3. 运用发现十几减 9 规律的方法,主动探索十几减 8 的规律,并能运用规律快速口算。

二、制订依据

1. 教学内容分析。

减数是 8 的减法与减数是 9 的减法相同,包括学生已经学过的"8－8""9－8""10－8""18－8"和没有学过的"十几减 8""20 以上的数减 8"。本节课学习"十几减 8"。

在整个"20 以内退位减"的单元中,"十几减 9""十几减 8""十几减 7"这些内容具有类同的知识结构,而"十几减 8"又是在学生已经学习了"十几减 9"的基础上学习的。"十几减 9"的学习,已经让学生初步形成了学习的知识结构、方法结构和过程结构,所以"十几减 8"的学习不是学习过程的简单重复,必须在原有的基础上有所提升,为后面的学习进一步积累经验。如果说"十几减 9"是教师"带着学生学"的话,那么"十几减 8"就是"扶着学生学","十几减 7" "十几减 6"等就是"学生自主学"。

对处于"过渡阶段"的"十几减 8",本节课的设计意图突出以下三点:

(1) 在"用结构"的基础上进一步让学生感受学习的过程结构,为"十几减 7"的独立自主探索提供结构和能力支撑。

(2) 通过多角度的沟通让学生进一步理解算理并掌握结构,提升学生的归纳概括水平。首先是"十几减 8"与"十几减 9"两种计算方法的沟通,让学生发现方法的相通之处,把握方法的思维内核;其次是学习过程结构的沟通,在沟通的过程中进一步明晰学习的步骤;再次是规律与计算方法的沟通;最后是"十几减 8"与"十几减 9"内在规律的沟通,以及"十几减 8"与"十几减 9"规律使用的灵活沟通。

(3) 在推进的过程中,对学生的倾听、表达、思考等提出进一步的要求,以提升学生的学习能力。

2. 学生实际分析。

在本节课的学习之前,学生已经学习了"十几减 9"。在"十几减 9"的学习中,学生理解并掌握了用"减了再减(平十)"和"先减再加(破十)"的方法来计算"十几减 9",为本节课计算方法的迁移奠定了基础。在"十几减 9"的学习中,学生经历了"写算式并探究方法—排算式并寻找规律—用规律并快速口算"的过程,为本节课主动学习提供了步骤过程的保障。在"十几减 9"的学习中,学生不仅发现了"十几减 9"的规律,同时体悟了发现规律的方法,为本节课规律的发现提供了方法支撑。

为了不断提升学生的能力,教学中安排了"十几减 8"和"十几减 9"计算方法的沟通、规律的沟通、学习过程结构的沟通。这样的比较沟通、归纳提炼,对一年级的小朋友来说可能有一些难度,教学中可以提出有弹性的要求,让不同层次的学生都能在原有的基础上有所提升。

续表

教学过程			
教学环节	教师活动	学生活动	设计意图
常规积累	算:出减数是 9 的题目给同桌算一算。 说:13－9 的计算过程。 我们是怎样研究减数是 9 的减法的?	同桌互相说计算过程并回顾学习“十几减 9”的过程。	回顾学习过程和方法,为迁移做准备。
引入	小结:计算减数是 9 的减法时,我们“写算式并探究方法—排算式并寻找规律—用规律并快速口算”,用这样的步骤我们还能研究什么?	同桌互相说一说。	
探索计算方法	一“放”。 谈话:减数是 8 的算式怎样算呢?我们先看一题。 提问:13－8 怎么算呢?把你的思考过程写出来。 弹性要求:如果有困难,可以拿小棒来帮忙,或者把摆小棒的过程想在脑子里,再把摆小棒的过程用算式表示,一边写一边轻轻地说一说。 “收”:呈现资源,组织交流,他们是怎样想的?	学生独立计算。 方法预设(大多数同学能想出其中一种方法): ① 先减 3 再减 5。 ② 先从 10 里面减去 8,再用 2 加上 3。	引导学生运用“十几减 9”的学习过程结构,主动探索“十几减 8”,进一步感受 20 以内退位减的学习过程结构。
	第一层次——聚焦“减了再减”。 追问:8 为什么分成 3 和 5 呢? 拓展:12－8 呢? 17－8 呢? 15－8 呢? 小结:我们是怎样用减了再减的方法计算减数是 8 的算式的? 第二层次——聚焦“先减再加”。 追问:第 2 步的 2 和 3 哪里来的? 拓展:14－8 呢? 16－8 呢? 11－8 呢? 小结:先减再加是怎样算的呢? 第三层次——与减 9 的方法进行沟通。 提问:减数是 8 的减法我们也找到了两种方法,和减 9 的方法比一比,你想说什么? 过程中“放”:相比“减了再减”,减 9 和减 8 的计算过程有什么相同的地方? 过程中“放”:再比“先减再加”,减 9 和减 8 的计算过程有什么相同的地方?	同桌互听互说,交流中感悟: 因为被减数的个位上是 3,所以先减 3,算出 10,再用 10 减去剩余的 5。 先 1□－□＝10,再10－○。 交流中感悟: 先算 10－8＝2,再算 2＋□。 交流并感悟:都用了“减了再减”和“先减再加”两种方法。 交流并感悟:都是从 10 里减,一个是减 9,一个是减 8,再和个位上的数相加。 学生独立思考: 学生有顺序地写一写,已经算出得数的写上得数,没有的用掌握的方法算一算。	迁移“十几减 9”的计算方法,降低课堂重心,让学生主动探索“十几减 8”的计算方法,在有针对性的拓展过程中掌握“平十法”(减了再减)和“破十法”(先减再加),并正确计算“十几减 8”。

续表

教学环节	教师活动	学生活动	设计意图
寻找规律，运用规律	二“放”。 说明：减 9 的算式我们找到了规律，算起来就很快了。减 8 的算式是不是也藏着规律？要找到规律，我们先要做什么？ 提问：这些算式中藏着什么规律呢？ 组织交流： 竖着看，减数都是 8，被减数和差每次都是多 1。 横着看，差比被减数的个位上的数多 2。 追问：多的 2 从哪里来的？ 快速反应：用规律算一算。 (1) 11－8＝□　11－9＝□ (2) 1□－8＝3　1□－9＝2 (3) 不计算，比大小。 11－9○12－9　14－8○12－8 16－8○17－8　15－8○15－9 25－8○30－8　13－☆○14－☆	同桌合作排算式，独立思考再交流。 同桌讨论后交流。 全体学生参与：同桌互相判断是否正确。	把“十几减 8”和“十几减 9”的两种方法分别进行沟通，让学生发现它们的相通之处，把握方法的思维内核，更好地掌握方法，提升学生的归纳概括水平。
拓展延伸	提问：前两天我们学习了减数是 9 的减法，今天又学习了减数是 8 的减法，我们都是按怎样的过程学习的？	学生思考并回答。	类比思考发现“十几减 9”规律的方法，主动探索“十几减 8”的规律，让学生有序地写出所有算式，同样从纵向和横向两个维度发现规律。 通过追问，实现规律与计算方法的沟通。 在运用的过程中进一步巩固规律并熟练计算。克服思维定势，不断与“十几减 9”沟通。 回顾学习过程，进一步提炼过程结构。启发学生主动运用学到的方法研究相关内容。
	拓展：用这样的过程我们还能学习什么？	同桌互说。	

[教学设计7]

学校:常州市花园第二小学	年级:三年级	班级:1班	人数:46
学科:数学	课题:两位数加两位数(口算)	教师:王卫红	日期:2010.9.17

一、教学目标

1. 探索两位数进位加法的口算方法,掌握两位数加两位数的口算方法。

2. 以口算为主,融笔算、简算于其中,逐步培养学生对数的敏感性,并渗透根据数的特点判断、选择、灵活运用方法。

二、制订依据

1. 教学内容分析。

本节课学习两位数加两位数(进位加口算),引导学生充分利用已有的知识经验,探索不同的计算方法,提倡算法多样化,发展学生的数学思考能力。一方面,当面临曾经接触过的特定类型的计算问题时,引导学生运用已有经验将其转化为已经学过的计算问题,或依据对数和运算的理解进行类推,或对给出的新算法进行必要的解释,让学生始终在积极的思维状态中探索方法,而不是被动机械地接受算法。另一方面,注意给有不同算法的学生彼此交流的机会,启发学生从不同的角度、运用不同的策略去探索算法,并在交流中互相启发,选择更合理、有效的算法。

2. 学生实际分析。

在本课的前续学习中,学生已掌握了两位数加两位数的笔算和两位数加法部分类型的口算。尤其在进位加法的计算中,初步培养了学生对数的敏感性。本课学习重点是让学生理解两位数加两位数的口算算理,通过融笔算、简算于口算中的学习过程,渗透培养学生的数感,以及判断、选择的意识与能力。

3. 教学重难点。

本节课的重点是通过两位数加两位数的多种拆分方法以及各种方法的比较,让学生形成类意识,以及发展在口算过程中灵活运用各种方法进行计算的能力。难点是凑整方法以及其他简算方法的出现、研究和运用。

4. 教学准备。

练习纸一张。

教学过程

教学环节	教师活动	学生活动	设计意图
常规积累	快速写出得数。 8+9=　　7+5=　　9+4= 12+6=　　25+7=　　8+43= 20+34=　　42+40= 51+30= 这里都有我们学过的哪些类型的口算?	写出得数。	提高口算能力。
	下面的数最接近几十?与最接近的整十数相差多少? (出示19、58、37、46。)	同桌交流,依次轮换。	提高学生对数的敏感性。

续表

<table>
<tr><th>教学环节</th><th>教师活动</th><th>学生活动</th><th>设计意图</th></tr>
<tr><td rowspan="3">自主探索，研究方法</td><td>谈话导入：两位数加法我们已经学过这样几种类型。两位数加两位数我们主要学习了笔算，能不能直接口算？是否也能巧妙地简算呢？我们今天继续学习“两位数加两位数”。
（出示 29＋14。）
估一估：估计结果是几十多？
（自己说说看。）</td><td>可能：三十多、四十多。</td><td></td></tr>
<tr><td>计算：
到底是几十多呢？你会算出准确结果吗？
请把你的计算过程写在记录纸上，看谁写得清楚。
过程中指导：
很多小朋友只写了一种方法，再想想，还有别的方法吗？
他们这样算对吗？用的是什么方法？先自己想一想，再说给同桌听。
（1）$\begin{array}{r} 2\ 9 \\ +\ 1\ 4 \\ \hline 4\ 3 \end{array}$
（2）20＋10＝30
9＋4＝13
30＋13＝43
（3）29＋10＝39
39＋4＝43
懂了没有，介绍给大家听听看，他是怎样拆的。
这三种方法有什么不同？
这三种方法有什么相同？
我们可以从形式上、方法上比较。
可以同桌讨论，待会我们看哪组同桌说得准！</td><td>呈现：
① 笔算；
② 同时拆两个数；
③ 只拆一个数（一种）。
形式上：
（1）是竖式，（2）和（3）是横式。
方法上：
（2）是拆两个数，（3）是拆一个数。（追问拆的是哪一个，拆另一个怎么拆，试试看。）
都是用拆分的方法。（追问（1）是拆分吗？）
都是相同数位相加。
都是转化成与整十数相加。</td><td rowspan="2">鼓励学生从不同角度，思考多种方法。
通过比较、习题练习，沟通笔算与口算之间的关系，以及各种拆分之间的关系，并进一步理解算理。</td></tr>
<tr><td>小结：
不管怎样拆分，都是把 29＋14 转化成我们会口算的类型，一位数加一位数、两位数加一位数、两位数加整十数。
把不会的转化成我们会的，这是学习数学很重要的方法之一。</td><td>进一步反思。</td></tr>
</table>

续表

教学环节	教师活动	学生活动	设计意图
自主探索，研究方法	刚才 29＋14 大部分同学估 40 多，为什么不估 30 多，现在你会估了吗？ 下面有几道题目，估估看是几十多？自己先说说看，再选一道说给同桌听听看你是怎么估的，并算出来。 44＋38＝ 26＋37＝ 29＋16＝ 19＋25＝ 26＋25＝ 问：有只拆一个的吗？谁来说说看，你是怎么拆的？	估算，同桌交流。	凑整口算方法的出现，丰富和提高了学生对口算的认识。
	简算：老师刚才在巡查的过程中，发现有的同学是这样算的，看得懂吗？ 好不好？好在哪里？ 为什么不拆成 2 和 12 呢？还可以拆谁？怎么拆？ 加 15 呢？拆哪个、怎么拆？加 16 呢？拆哪个、怎么拆？加 17 呢？拆哪个、怎么拆？ 快速反应：28＋53、42＋19。	有的同学还有这样的方法： 29＋14＝43 29＋1＝30 30＋13＝43 预设学生回答：29 很接近 30；把 29＋1 凑成 30，把 14 分成 1 和 13。 快速反应练习。	
	动脑筋：拆哪个、怎么拆、结果是多少，前一个同桌听，后一个说给自己听。 在加法口算中，我们对哪些数要特别敏感？	动脑筋：拆哪个、怎么拆、结果是多少，前一个同桌听，后一个说给自己听。	

续表

教学环节	教师活动	学生活动	设计意图
灵活选择合适的方法	先估一估结果是几十多，再选择合适的方法算一算。 43＋18＝ 59＋13＝ 43＋12＝ 35＋26＝ 追问：都是43加十几，为什么一题估计结果六十多，一题估计结果五十多？ 小结：两位数加两位数估算先算十位，再看个位。没进位就是几十多，有进位还要加一个十。 43＋12你怎样算的？ 59＋13和35＋26，指名说怎么拆算的。 小结：应该根据题目中数的特点和自己的能力选择合适的方法，目的只有一个——又对又快。	同桌一人一题依次交流。 指名交流。 具体说说怎么估的。 也就是同时拆分两个加数，相同数位相加。 独立解决，同桌批改，交流方法。	通过习题练习，区别进位与不进位的估算方法，并会根据具体的情境做出选择和判断，建立基本的数学敏感度，提高学生灵活计算的能力。
课堂小结	今天学了新知识之后，敢不敢挑战自己，看看这题的结果可能是几十多。给2分钟，看你能写几道题目，并得出结果。	学生练习。	通过改题拓展本课学到的知识。

［教学设计 8］

学校:常州市中山路小学	年级:三年级	班级:1 班	人数:46
学科:数学	课题:两位数除以一位数(首位能整除)	教师:奚利贤	时间:2010.9.26

一、教学目标

1. 经历探索首位能整除的整十数除以一位数的口算方法、两位数除以一位数的笔算方法的过程，理解除法竖式的基本原理、基本结构，能够正确地计算首位能整除的两位数除以一位数的除法。

2. 在探索计算方法的过程中，培养分析、综合和简单推理的能力，以及独立思考、主动与他人合作交流的习惯。

二、制订依据

1. 教学内容分析。

首位能整除的两位数除以一位数的除法，是在学生已经掌握表内除法和简单的有余数除法，并初步认识简单除法竖式的基础上进行教学的。本课主要让学生通过探索与交流，掌握首位能整除的整十数除以一位数的口算方法、首位能整除的两位数除以一位数的基本笔算方法。通过这部分内容的教学，可以使学生进一步掌握除法计算的基本原理和方法，为继续学习首位有余数的除法和多位数除法奠定基础。

首位能整除的整十数除以一位数除法完全可以借助表内除法来口算，而且在加、减、乘法中都有类似口算方法的运用，也就是在对数的含义充分理解的基础上先把 0 前面的数进行相应的计算，因此教材没有呈现具体的计算方法，仅是让学生在自主探索的基础上进行交流，在交流中明确算法。

首位能整除的两位数除以一位数的笔算是一个新的起点，是两次表内除法的叠加，正是运算次数的叠加引发了确定运算程序的需求和除法竖式结构的变化，同时也使记录运算过程的必要性凸显出来。因此，在笔算教学中，需要通过直观操作帮助学生明确计算的基本原理，理解运算基本程序的合理性，从而理解竖式计算的过程和书写格式，这是本课教学的重点和难点。

2. 学生实际分析。

学生已经具有整十数加减整十数和整十数乘一位数的经验，因此，首位能整除的整十数除以一位数的口算学习难度不大，可以放手由学生自主探索、交流归纳、得出方法。

学生在二年级时尽管已经认识了简单的除法竖式，却存在两方面的不足。

一方面，由于原来学过的除法涉及的数较小，表内除法都能解决，学生并没有主动运用竖式的需求，通常是练习中有“用竖式计算”的要求时才列竖式，而本课中除法尽管需要除两次，但由于首位能整除，口算的难度也不大，因此，真正的需求要到首位有余数时才能产生，并且要到多位数除法的计算时才会比较强烈。

另一方面，由于二年级时所练习的除法笔算类型比较单一，许多学生形成了思维定势，认为除法竖式的书写格式是一步完成，商与除数的乘积一定是一次乘完，而且都写在被除数的下面，因而在本课中极易形成错误的书写形式。又因为本课没有涉及首位有余数的情况，而且在此格式中能清楚地看到除两次的过程，所以学生对此格式的认可度就比较高。因此，帮助学生理解计算的基本原理、基本程序，并在此基础上接受竖式的结构就显得尤为重要。

续表

教学过程			
教学环节	教师活动	学生活动	设计意图
复习	用竖式计算：6÷2，17÷3。 提问：说说计算过程。 为什么要算商与除数的积？ 比较：两题有什么不一样的地方？	两生板演，上下齐练。	提取旧知，明确除法各部分的含义。
揭题	今天我们继续学习“除法”（贴挂图）。		聚焦学习内容。
探索首位能整除的整十数除以一位数的口算方法	挂图显示男孩购买铅笔的情境：你准备怎样计算？有什么好办法能很快得出商？ 交流：为什么要在 2 的后面添 1 个 0？ 小结：利用原来学过的除法，很方便地解决了新问题。 推广：60÷2 呢？80÷2 呢？ 小结：像这样的除法可以怎样算？ 巩固： 60÷3，80÷4，20÷2，50÷5。	抢答。	引导学生明确算理。
探索首位能整除的两位数除以一位数的笔算方法	探索方法。 挂图显示女孩购买铅笔的情境：怎样列式？ 要求：可以先分小棒，再把分的过程用算式记录下来，也可以直接计算，同样用算式记录自己的思考过程。写好后轻声说一说，你是怎么算的？	列式，说明算式的含义。	借助直观操作帮助理解算理，生成基础性资源。
	呈现资源。 第一层次：横式。 观察：你知道他是怎样算的吗？ 根据学生回答同步操作小棒。 小结：把 46 拆成 40 和 6，就把这道题转化成我们已经学过的除法来计算了。	学生独立探索。 预设一：40÷2＝20，6÷2＝3，20＋3＝23。 预设二：4÷2＝2，6÷2＝3，20＋3＝23。	理解计算的基本原理。

续表

<table>
<tr><th>教学环节</th><th>教师活动</th><th>学生活动</th><th>设计意图</th></tr>
<tr><td rowspan="2">探索首位能整除的两位数除以一位数的笔算方法</td><td>第二层次:竖式,与口算融合呈现。
出示正确写法(教师提前准备)。
观察:你能在竖式中找到口算的过程吗?
比较:出示一次计算的竖式。
两种写法有什么不同?
说明:今天我们计算的都是比较简单的除法,以后会碰到更为复杂的情况,为了长远考虑,一般把除两次的过程分开写,这样能更清楚地看到每次除的情况。
修改:如果你的竖式不正确,就修改,如果你刚才没有用竖式计算,就试着用竖式重新计算一遍。完整地说一遍计算过程。</td><td>介绍算法。
预设: $\begin{array}{r} 23 \\ 2\overline{)46} \\ \underline{46} \\ 0 \end{array}$
自己修改并说一说。</td><td>了解计算的基本程序、竖式的基本书写格式,并理解竖式各部分的含义。
认识用竖式计算的优点。
明确竖式的书写格式。</td></tr>
<tr><td>第三层次:体会竖式的简便。
无论是横式还是竖式,都要除两次。只是用横式计算,每一位都要写横式,如果位数越多,横式就写得越多,而竖式每一位对着写,比横式简洁、清晰。
及时巩固,出示题目:
$3\overline{)96}$　$3\overline{)95}$
确定程序:要分几次?是哪几次?
逐步显示。
比较:两题有什么不同?
小结:今天学的除法也分两类,全部分完和有余数。
巩固练习:
$4\overline{)84}$　$4\overline{)87}$
判断会有余数吗?
评:说过程。</td><td>指名说。
独立计算。
指名说。</td><td>沟通横式与竖式的联系,进一步明确计算的基本原理和用竖式计算的优点。
练习竖式计算,巩固算理和方法。</td></tr>
<tr><td>全课总结</td><td>今天学习的除法与原来学过的除法相比,有什么新情况?
整十数除以一位数为什么只要除一次?
你还想提醒大家什么?</td><td>思考总结。</td><td>梳理本课所学新知。</td></tr>
<tr><td>机动练习</td><td>完成书上练习题。</td><td>练习。</td><td>巩固。</td></tr>
</table>

［教学设计 9］

<table>
<tr><td>学校：常州市五星实验小学</td><td>年级：二年级</td><td>班级：1 班</td><td>人数：47</td></tr>
<tr><td>学科：数学</td><td>课题：有余数的除法</td><td>教师：张姝</td><td>日期：2009.2.25</td></tr>
<tr><td colspan="4">一、教学目标
1. 通过探究，认识余数，初步学会用乘法口诀求除数是一位数的除法。
2. 通过探究，知道除数和余数的大小关系。
3. 初步掌握研究问题的方法。
二、制订依据
1. 教学内容分析。
有余数的除法这节课是表内除法的延伸。除法计算中有两种情况：一种是正好分完、没有余数的情况，可以借助表内口诀直接解决，另一种是不能正好分完、有余数的情况。教材安排两课时，第一课时通过具体物体平均分、等量划分等形成并理解余数的含义，第二课时研究有余数除法的计算方法。
2. 学生实际分析。
学生在学习本内容之前，已经会比较熟练地进行表内乘法和除法的计算，知道具体物体平均分可以用除法来表示，并且在前面学习中，建立了分物的操作基础。基于对学生已有知识基础的分析，本课拟直接给出除法算式，让学生计算。学生在计算过程中，可能对有余数的除法算式计算比较困难，可以尝试通过实践操作得到答案。通过将抽象的算式与具体操作结合起来，可以帮助学生感受“有余数的除法”是除法中的一种情况。在学习过程中，渗透培养学生有序思考的思维品质，帮助学生积累研究数学问题的方法。</td></tr>
<tr><td colspan="4">教学过程</td></tr>
<tr><td>教学环节</td><td>教师活动</td><td>学生活动</td><td>设计意图</td></tr>
<tr><td>常规积累</td><td>出口诀。</td><td>对口诀。</td><td></td></tr>
<tr><td>被除数相同情况的研究，形成余数概念</td><td>1. 老师这里有 10 粒糖，想平均分在几个盘子里，你觉得可以分在几个盘子里呢？用算式怎么表示？
板书所有算式。
2. 尝试计算。
分在不同数量的盘子里，每个盘子里会有几粒糖呢？我们自己试着算一算。
拿出大的课堂练习纸，请你完成练习一。如果在算的时候有困难，你可以借助小圆片分一分。
即时指导有余数的除法中商和余数的记录方法。</td><td>学生口答。
独立计算“10÷3＝”。</td><td>学生在分糖的过程中，体会有的能正好分完，有的有剩余的情况，完善学生对除法的认识结构。
首次遇到不能正好分完的情况，可能不会记录，有必要进行集体指导。</td></tr>
</table>

续表

教学环节	教师活动	学生活动	设计意图
被除数相同情况的研究，形成余数概念	结合学生演示过程说明商和余数的记录方法。 介绍余数(板书)。 3. 分类。 面对这么多的算式，你能不能把这些算式分分类？想想看，你根据什么标准来分的？ 4. 揭题。 像这样有余数的，我们还没有研究过。今天我们就来研究“有余数的除法”(板书课题)。	继续完成。 分类交流。	通过分类，学生从整体结构上知道除法分为两种情况：一种是能整除的，一种是有余数的。
探究“有余数的除法”的算法	1. 出示例题“10÷3=(　　)”。 (1) 读一读。 (师示范。) (2) 理解算式含义。 (3) 有余数的除法的算理。 2. 在学生交流基础上引导学生关注： (1) 除数是几就要想几的口诀，要接近被除数，而且比被除数小。 (2) 商和除数的积用弧线表示便于记忆。 (3) 被除数减乘积，算出余数。 3. 应变练习。 22÷4=　31÷6=	指名读。 读给同桌听。 结合分糖的过程说说“10÷3”这个算式的含义。 其他算式。 学生交流。 交流其他几题的思考过程。	理解有余数除法的含义，研究有余数除法的算理。帮助学生从表象分出结果过渡到利用口诀试商直接得到结果，理解口诀对于求商和余数的实际意义。
	1. 练习。 下面我们用这样的方法快速完成练习二。有的小朋友很好，也像张老师那样做了一个小月亮的记号。 组织集体核对。 2. 小结方法。 刚才我们研究的是被除数相同的情况，那如果除数相同，又会有什么秘密呢？	独立计算。	必要的记录形式帮助快速、准确计算。

续表

教学环节	教师活动	学生活动	设计意图
除数相同算式的研究,发现余数比除数小的规律	探究5的规律。 板书若干个除数是5的算式。 我们来看看余数有怎样的规律呢? 完成练习三。 集体指导。 引导发现:能用口诀解决的就用口诀,不会有余数。	计算。 可能的错误:10÷5=1……5 分析错误原因。	明确研究内容和目的。
	分组来研究。 除数是5的情况是这样,那除数是2、除数是3、除数是4,它们的余数又会有怎样的规律呢? 拿出练习四: 请你试着完成你所研究的,算一算。 小组交流: 如果写完了,可以跟你的同桌交流交流,发现余数有什么特点? 大组汇报: 你有没有发现什么?	发现除数是5的除法,余数总是1、2、3、4,比5小。 独立完成。 小组交流。 指名交流。 分别汇报除数是2、4、6、7、8、9的余数。 说出余数范围。	以5为例集体研究,初步发现规律。 引导学生在枚举中观察、发现"余数比除数小"的规律,并在此过程中,积累研究数学问题的方法。
	总结: 无论除数怎么变化,余数始终小于除数。 拓展: 除数是10,余数是几? 除数是50、87、100呢?	自主思考。	回顾总结。

［教学设计 10］

学校：常州市花园第二小学	年级：二年级	班级：3 班	人数：44
学科：数学	课题：两位数乘整十数（口算）	教师：王卫红	日期：2010.4.17

一、教学目标

1. 使学生经历探索两位数乘一位数算法的过程，理解两位数乘一位数的算理，并掌握计算方法，会口算整十数乘一位数，会笔算两位数乘一位数（不进位）的乘法。

2. 使学生在探索算法的过程中强化独立思考的意识，在交流算法的过程中体验算法的多样化，学会优化计算策略，锻炼思维的灵活性。

3. 使学生在合作交流的过程中学会表达自己的见解，倾听同学的意见，体验合作的快乐，树立创新意识。

二、制订依据

1. 教学内容分析。

两位数乘整十数的口算是在一位数乘两位数的基础上，向两位数乘两位数用竖式计算的过渡，所以说两位数乘整十数是计算教学过程的完整系统中不可或缺的一部分，如果此部分一带而过，就会造成学生对两位数乘两位数竖式计算缺乏算理理解，从而使计算教学系统出现真空部分。教材以“12×10”为例题是有其含义的，作为两位数乘整十数的范例，“12×10”的计算不复杂，便于学生思考、理解，并形成多样的计算方法。在此基础上，初步形成两位数乘整十数的口算方法，并逐步拓展，得出优化的两位数乘整十数的口算方法。

2. 学生实际分析。

两位数乘整十数是在学生学习了两位数乘一位数、整十数乘一位数和三位数加两位数的基础上来学习的。相当一部分学生可能已经会计算比较简单的两位数乘整十数，比如 12×10。但是学生的计算方法是否科学合理，则不得而知，所以本节课的学习目的主要是了解学生实际，并通过探究，形成两位数乘整十数口算的优化计算方法。

教学过程

教学环节	教师活动	学生活动	设计意图
常规积累	1. 口算下面各题： 11×5　33×2　22×3　20×3　0×5 32×3　12×3　12×3　60×3　80×5 2. 请同学们看一看，这里都有哪些类型的口算？ 3. 请在各种类型的计算题中选一题，说给同桌听听看，你是怎样想的？怎样计算的？选一个同学说一说 32×3 和 60×3 又如何计算。 4. 22×3 表示什么意思？	相互核对，改正错误。 生：两位数乘整十数、两位数乘一位数的口算。 生：30 乘 3 是 90，2 乘 3 是 6，合起来是 96。 生：6 个十乘 3 得 18 个十，所以是 180。 生：6 乘 3 得 18，所以 60 乘 3 是 180。 生：25 个 3 或 3 个 25 是多少？	利用常规积累，使学生进一步熟悉两位数乘整十数、两位数乘一位数的算理及计算方法，从而为两位数乘整十数做好铺垫。

续表

教学环节	教师活动	学生活动	设计意图
初探两位数乘整十数的算理	情境引入。 出示情境图：三年级教室外一辆运牛奶车驶来，一个搬奶工正向下搬牛奶，每箱12瓶，10箱有多少瓶？ 想要知道够不够，也就是要算什么。	生：也就是要算10箱牛奶有多少瓶？	把前两种算法放在一起，是因为这两种算法都是把12×10看作10个12，进而进行拆分，只不过第一种是分成9个10和1个10，而第二种是用乘法的形式拆分。后两种算法都是看作12个10，第三种是加法形式的拆分，而第四种是乘法形式的拆分。这里的四种资源既分成两大类，同时在难易程度上又呈逐步递进关系。
	列式并计算，根据所学知识，把自己所想到的任意一种想法记录在你的自备本上。 第一层次： (1) 将1、2两种情况放至实物投影仪。问学生：看得懂吗？结合图互相说说看，他们分别是怎么算的？ 师总结：同学们说得很对，第一种是先算出9个12再加上1个12，得到10个12是多少。第二种是先算5个12再乘2得到10个12是多少。 (2) 这是一道两位数乘整十数的计算，我们没有学过，前两种算法都是把我们不会的计算转化后才算出结果的。 师总结：同学们说得很好，在学习新的计算的时候，我们把不会的计算转化成已经学过的计算方法，这是一种很重要的数学学习思维方法。 第二层次：12×10既然可以看作10个12，还可以怎样看？ 12个十是多少？是怎么想的？相互说说看。 老师在一开始看同学们计算12×10的时候还看见有人是这样算的：12×1=12，12×10=120。看得懂吗？相互说说看，是什么意思？	预设： 生1：12×9=108 108+12=120 生2：12×5=60 60×2=120 生3：分成10个10和2个10，10个10是100，2个10是20，一共是120。 生4：12×1=12 12×10=120 第一种是先算出9箱牛奶有多少瓶，再加上一箱牛奶的瓶数。 第二种是先算出5箱有多少瓶，再乘2得到10箱有多少瓶。 生：转化成已经学过的两位数乘一位数来计算，然后再加起来。 生3：12个10。 预设： 生a：分成10个10和2个10，10个10是100，2个10是20，一共是120。 生b：12个10就是120。 12×1表示有12个1，所以12×10等于120。	

续表

教学环节	教师活动	学生活动	设计意图
算理融通，优化算法	第一层次。 1. 比较1、2两种算法，你觉得有什么相同与不同之处？相互说说看。 此处较难，如果学生说不出，老师可以适当提示。 2. 第3种与第4种方法比较又有什么不同与相同之处？相互说说看。	同：都是把12×10看作10个12来算的。 不同：一个是先算9个12，再加一个12，另一个是把10个12分成两份，先算5个12，再乘2。 同：都是看作12个10。 不同：第3种方法把12个10分成了10个10和2个10，第4种方法是直接算出有多少个10，从而得出结果。	通过三次比较，让学生进一步明确前两种算法是一类，后两种算法是一类，只不过拆分的份数不同而已，同时也体会到，乘法比加法来得更为简便。总结出两位数乘整十数的口算方法。
	第二层次。 1. 那么在这4种做法之中，哪一种做法既方便计算又好懂。请说明理由。 2. 拓展：12×30如何口算，对照以上4种算法，你觉得用哪一种算法比较方便，你是怎样想的。 3. 口算：27×10；34×20；12×30。	学生进行辩论。 生：第4种，因为只要算出多少个10就可以得出答案。 如果学生并不能一下子说出第4种更方便，老师可以进行适当拓展。	
	第三层次。 今天我们学习的是什么类型的口算？你觉得应如何口算？相互说说看。 两位数乘整十数的口算，应先用两位数乘整十数的十位，得到多少个10，再在数的末尾加个0。 如果学生说得不完整，老师加以适当补充。	生：两位数乘整十数的口算，应先用两位数乘整十数的十位，得到多少个10，再在数的末尾加个0。	
研创思维，应用拓展	1. 完成书上练习题。 2. 下面请同学们看第一道题目，相互说说看，你是怎么想的？ 60×70　20×30　30×50　40×50 3. 190<20×(　)<500。	生：60×7=420，60×70=4200。 生：7×60=420，60×70=4200。 生：6×7=42，60×70=4200。	第一题是对基础题的复习，第二题是对整十数乘整十数的优化，第三题是对两位数乘整十数的拓展，因为这里有一个范围值的取舍。

［教学设计 11］

学校：常州市蓝天实验学校	年级：三年级	班级：3 班	人数：42
学科：数学	课题：三位数除以一位数的估算	教师：张丽东	日期：2011.1.7

一、教学目标

1. 进一步认识估算的意义，形成估算的意识。

2. 掌握根据除数的特点进行除法估算的方法。

3. 根据实际情况运用估算方法灵活估算，提升数学敏感性。

二、制订依据

1. 教学内容分析。

本单元教材教学三位数除以一位数的口算和笔算，重点是在笔算上，没有安排估算的课时。在笔算的例题教学中，仅以提示的方式引导学生可以先进行估算，但这样的为估而估，估得比较机械，学生也感受不到估算的意义和价值，更不会在日常的学习中自觉运用。

在“新基础教育”的实践研究中，我们在加法、减法、乘法的计算中都安排了估算的教学，从中认识到：一方面估算可以检验计算结果，减少计算的错误，另一方面在现实生活中有时不需要精确结果，可以估出结果的大致范围从而较快地解决问题。而三位数除以一位数的估算，则有着更为重要的现实意义，它可以帮助学生确定商的定位，从而有效地分解笔算除法的难点。基于以上对估算本身的育人价值认识，我们对教材进行了三方面的处理：一是补充了估算的专门教学，二是将估算教学提到笔算教学之前，三是在以后的笔算教学中不断渗透，强化学生根据具体情境灵活判断和运用的意识。

在本单元中，我们也对教材进行加工和重组，按“口算—估算—笔算”的顺序进行教学，对估的意识和能力进行强化。此外，我们拓展对估算的认识，从探索三位数除以一位数估算的一般方法出发，感受估算策略的丰富性，体验估算运用的灵活性。同时，对三位数除以一位数的商的定位和试商进行有机渗透，融口算、估算、笔算于一体，提升学生的学习水平。

2. 学生实际分析。

在前期的估算教学中，我们注重对学生估算意识和能力的培养：一是在教学中从“方便、接近”的要求出发，帮助学生掌握估算的方法；二是通过运用估算记录格式，帮助学生养成先估后算再比较的习惯，提升估算的自觉意识；三是在日常教学的具体情境中，及时捕捉学生的差异资源，进行比较和提炼，帮助更多的学生逐步形成灵活运用估算解决实际问题的敏感性。

在三年级上学期，学生已经学习了“两位数除以一位数”“三位数乘一位数”的知识，初步感悟了口算、估算、笔算相互融合渗透的关系，对在什么情境下可以运用估算，怎样估算以及估算过程中追求方便、接近都有所体验。因此，本课是一节有结构的课，引导学生利用已有经验解决现实问题是本课的起点。还要引导学生发现除法估算方法的独特之处，能利用口诀又快又准地找到接近的整百或几百几十的数以估出商的范围，而如何根据具体情境进行合理、灵活的估算仍是部分学生的一个学习难点。

本班学生前期的倾听习惯、作业习惯都较好，在本学期的计算学习中掌握了一定的估算方法，对估算的结果也有了一定的敏感性，但估算的能力和水平还存在一些差异。因此，一方面，我将重心下移，给每一个学生思考和准备发言的时间；另一方面，加大师生、生生相互评价的力度，使学生对自身参与的质和量都有比较清晰的认识，从而不断有意识地提升自我认识水平。

续表

<table>
<tr><th colspan="4">教学过程</th></tr>
<tr><th>教学环节</th><th>教师活动</th><th>学生活动</th><th>设计意图</th></tr>
<tr><td>常规积累</td><td>你能很快说出结果吗(电脑呈现)?
24÷2　　96÷3　　800÷4
900÷3　　840÷4　　360÷3</td><td>同桌互相说一说。</td><td>激发学生的学习需求,为今天的学习做铺垫。</td></tr>
<tr><td rowspan="3">探索三位数除以一位数的一般估算方法</td><td>板书呈现“359÷5”。
过渡:不能很快算出结果,那你能估出大概结果吗?把你的想法记录在纸上。
过程中打开思路:
绝大多数的同学都是将359估成400,还能估成多少呢?只能估成整百数吗?</td><td>学生独立思考并记录过程。
学生状态预设:
① 359÷5≈80
(400)
② 359÷5≈70
(350)
③ 359÷5≈72
(360)</td><td rowspan="3">聚焦“估算”,让学生初步体会,当我们不能很快计算出准确结果时,可以估出大概的结果。
通常学生会把三位数估成整百数计算,打开学生思路。</td></tr>
<tr><td>组织交流:把359估成350或者400,与正确结果相比,是估大了还是估小了?
追问:哪个更接近?</td><td>预设:大部分是360。
“估成360,怎么啦,那还可以估成几百几十?”同桌商量。
追问:350方便估吗?我们一起估估看。你怎么会想到350的?估小了。还可以估成多少?
感受:除数是5,想5的乘法口诀。
同桌互相说一说,然后全班交流。</td></tr>
<tr><td>拓展:如果被除数是211,估成多少?你想到了哪句口诀?估大了还是估小了?434呢?如果除数是6呢?怎么估?除数是8呢?
提问:今天我们学习的内容是三位数除以一位数的估算(板书),想一想,刚刚我们怎样来估算的?</td><td>请学生独立思考(注意学生的表达)。
同桌互相说一说。</td></tr>
</table>

续表

教学环节	教师活动	学生活动	设计意图
探索三位数除以一位数的一般估算方法	板书： 三位数$\xrightarrow{\text{看除数,想口诀}}$几百几十 小结：在计算和解决问题的过程中，有时不需要得到准确的结果，可以估计出大概的结果。三位数除以一位数，要看除数，想口诀，可以估成整百数或几百几十的数。	先独立思考，然后同桌互相说一说。	通过点穴式的提问及反衬性的资源剖析，使学生感受到除法估算的一般方法：看除数，想口诀，把被除数估成接近的整百数或几百几十的数。
	巩固练习： 433÷6（质疑，比较谁接近） 813÷2 要求：估一估，写一写。	学生独立完成。 预设： ① 433÷6≈80 (480) 433÷6≈70 (420) ② 813÷2≈400 (800) 813÷2≈410 (820) 813÷2≈405 (810)	学生掌握了除法估算的一般方法，本环节围绕怎样估更接近来展开。 让学生将能想到的估算方法都写下来，通过比较剖析，一方面进一步巩固估算的方法，融练习于其中，另一方面让这些方法成为探讨怎样估更接近的资源，使学生体会到：估算不仅要考虑算得方便，更要思考怎样估更接近。
	交流要点：怎么估的？估大了还是估小了？找出错误的或不合理的，并说明理由。 哪一种更接近实际结果？ 小结：我们在估算的时候，不仅要考虑方便，还要考虑接近。	学生口答。	
	口答：把被除数估成多少既方便又接近？ 124÷3　　241÷4　　231÷3 615÷7　　453÷9　　337÷8 组织交流。	学生独立说（注意表达）。 同桌互相说一说。	
	火眼金睛：下面计算结果中有一个是正确的，一个是错误的，你能找出来错误的吗？在后面打“×”。 384÷8 ① 38（　）　② 48（　） 243÷9 ① 27（　）　② 37（　） 过渡：你觉得估算有用吗？有什么用？	学生说一说。	通过练习，进一步体会如何根据数据的特点，灵活估，估得既方便又接近。

续表

<table>
<tr><th>教学环节</th><th>教师活动</th><th>学生活动</th><th>设计意图</th></tr>
<tr><td rowspan="4">了解具体情境中的估算策略</td><td>谈话：根据数据的特点，我们有时可以估大，有时可以估小。在解决实际问题的过程中，我们又会遇到什么特殊情况呢？
情境问题：小林买了 2 个篮球，一共花去了 127 元。小明看见了，也想买一个，他带多少钱比较合适呢？请你估一估。</td><td>学生独立思考并完成。
预设：
① 127÷2≈60
(120)
② 127÷2≈70
(140)</td><td rowspan="4">启发并打开学生思路，使学生认识到，解决实际问题的时候，除法同样需要根据具体的实际情况灵活地选择是应该估大，还是应该估小；同时根据具体的情境，灵活地选择解决问题的策略。</td></tr>
<tr><td>呈现对比资源组织交流。
提问：根据这道题的具体情况，你认为怎样估更合适？
小结：根据实际情况，有时我们必须估大，有时必须估小。先判断，再估一估。</td><td>学生感悟：
尽管把 127 估成 120 更接近准确结果，但是不够买一个篮球，这里只能估大，不能估小。</td></tr>
<tr><td>问题 1：每套校服用布 3 米，现在有 620 米布，能够做多少套？
问题 2：一年级 144 个同学去秋游，他们选择了 3 辆车，每辆 50 座，够坐吗？</td><td>学生独立思考并完成两题。教师捕捉典型资源准备组织交流。</td></tr>
<tr><td>小结：解决了这么多实际问题，你有什么想法或者是有什么要提醒同学的？</td><td>第 1 题学生感悟：必须估小。
第 2 题学生感悟：一是要估大；二是比较策略的多样化。</td></tr>
<tr><td>拓展延伸</td><td>呈现“359÷5”。
正确结果应该是多少呢？可以怎样计算呢？</td><td>学生独立思考。</td><td>不断激发学生的研究兴趣和需求。</td></tr>
</table>

[教学设计 12]

<table>
<tr><td colspan="2">学校:常州市蓝天实验学校</td><td>年级:五年级</td><td>班级:3 班</td><td>人数:39</td></tr>
<tr><td colspan="2">学科:数学</td><td>课题:分数减法</td><td>教师:张丽东</td><td>日期:2010.5.18</td></tr>
<tr><td colspan="5">一、教学目标
1. 能自主迁移分数加法的类型和思维策略,独立分类探究分数减法的计算方法,形成思维策略。
2. 能根据算式特点判断选择恰当的方法进行灵活计算,培养判断选择的自觉意识。
3. 类比探究特殊规律,在深化认识的同时体验规律运用带来的乐趣。
二、制订依据
1. 教学内容分析。
有了分数加法研究的方法结构,分数减法的研究就是一个水到渠成、自然沟通的过程,对类型的整体把握和对方法的类比迁移,也是比较自然的。因此,本课的灵活结构体现在对类型的整体进入和对方法的验证运用,相关练习融合其中,能帮助学生及时巩固。本课的递进提升体现在对分数加法和减法的综合练习上,以及由此引发的对特殊规律的深入探究,由表及里,层层深入,重在加强对学习成果的内化和思维品质的培养。
2. 学生实际分析。
大部分学生建立了清晰的分数加法的类型结构,对各种类型的计算方法也有了一定的敏感性,因此回顾类型写算式对学生而言基本上没有困难,有个别学生在书写时会有些排列混乱,无法较好地体现整体结构,也有少部分学生对分数的大小还不敏感,在写算式时有大小颠倒的情况。
学生对一般算法较易理解和沟通,但从明白了算理到正确熟练计算还有一段距离,学生常常会把加、减混淆,或是不能自觉选择最佳策略解决问题,会有程式化的倾向,需要积极的引导和持续的培养。
学生对特殊规律的理解程度还是会有差异,而运用这个规律又快又好地解决问题是一个高标要求,还是有一定难度的,可以鼓励学生尝试,从中体会规律探究带来的乐趣。</td></tr>
<tr><td colspan="5">教学过程</td></tr>
<tr><td>教学环节</td><td colspan="2">教师活动</td><td>学生活动</td><td>设计意图</td></tr>
<tr><td>常规积累</td><td colspan="2">1. 把分数化成小数。
2. 说出每组分数的公分母。
3. 说说分数加法的类型。</td><td>同桌一人一题,互相判断。
同桌互相说一说。</td><td>课前热身,培养学生的数感。</td></tr>
<tr><td>类比迁移
直接编题</td><td colspan="2">1. 想类型:根据分数加法的类型,想一想分数减法有哪些类型?
2. 编题目:每一类题你都能举出相应的例子吗?
展示资源,指出写减法算式要注意被减数和减数的大小,要考虑类型的全面。
板书一位学生的所有算式,作为聚焦研究的素材。</td><td>独立想一想,个别交流。
根据学生回答板书。
独立按照分数减法的类型写算式。
学生情况预设:
(1) 被减数和减数大小关系反了。
(2) 类型有重复。
(3) 算式中的分数不是最简分数。
同桌相互检查,是否写对写全,并及时调整。</td><td>鼓励学生通过类比直接迁移,并根据类型写出相应的题目,使得学生能整体把握分数减法的各种类型,提升学生的思维品质。</td></tr>
</table>

续表

教学环节	教师活动	学生活动	设计意图
聚焦研究一般方法	1. 聚焦计算方法。 一边做，一边想一想，每一类型的计算方法是什么？ 你是怎样计算的？ 在计算过程中，有什么需要提醒同学的吗？ 2. 同分母减法和异分母减法沟通。 每一种类型都研究过了，能总结一下分数减法的计算方法了吗？ 3. 分数减法和分数加法沟通。 分数减法和分数加法在类型和算法上有怎样的异同呢？	学生独立计算。 预设： (1) 结果没有化成最简分数。 (2) 没有用最小公倍数通分。 和同桌说一说(板书方法)。 用自己出的五种异分母减法情况考考同桌，互相批改。 同桌互相说一说。 同桌互动，个别交流：分数加法和分数减法的类型一样、思维策略一样。	把一个学生的资源作为分类研究的素材，形成共同的研究问题。经历分数减法法则提炼的过程。 通过不同层面的计算法则和类型的沟通，把割裂的、点状的知识之间的内在联系贯通起来，形成分数加减运算的整体结构。
综合练习探究规律	一般分数加减法类型和方法的判断与选择。 ① $\frac{5}{4}-\frac{1}{6}$　② $\frac{2}{5}-\frac{1}{5}$ ③ $\frac{1}{3}+\frac{2}{9}$　④ $\frac{3}{4}+\frac{1}{2}$ ⑤ $\frac{1}{3}+\frac{1}{7}$　⑥ $\frac{1}{3}-\frac{1}{7}$	快速判断，每道题是哪一种类型？选择哪种策略计算？ 同桌一人一题，互相判断。 直接说出$\frac{1}{3}+\frac{1}{7}$的结果，回忆上节课探索的规律。 计算$\frac{1}{3}-\frac{1}{7}$的结果，发现猜想，举例验证，概括结论。	根据算式特点判断选择恰当的策略进行灵活计算，培养判断选择的自觉意识。 迁移方法，从特殊、偶然的问题出发，归纳探究内在于其中的一般规律。在规律探究的过程中，一方面培养学生的观察、发现、验证的思维习惯；另一方面引导学生发现特殊计算的运算规律，培养学生灵活敏捷的思维品质。
	快速反应。 ① $\frac{1}{2}-\frac{1}{3}$　② $\frac{1}{5}-\frac{1}{6}$ ③ $\frac{1}{3}-\frac{1}{5}$　④ $\frac{1}{10}-\frac{1}{7}$	同桌一人一题，互相判断。	
拓展延伸	其实，分数计算里面有很多规律，等待我们去探究发现。 分母互质、分子是 2 的特殊减法方法迁移。	学生举例验证，归纳结论。	不断激发学生的研究兴趣。

［教学设计 13］

学校:常州市蓝天实验学校	年级:六年级	班级:3 班	人数:42
学科:数学	课题:分数乘法	教师:张丽东	日期:2010.9.26

一、教学目标

1. 通过自主探索,使学生了解分数与整数相乘的意义,知道“求几个几分之几相加的和”可以用乘法计算,初步理解并掌握分数与整数相乘的计算方法。

2. 让学生进一步增强运用已有知识和经验探索并解决问题的意识,体验探索学习的乐趣。

二、制订依据

1. 教学内容分析。

“分数乘法”是苏教版数学教材六年级上册的教学内容。通过教学,不仅能使学生掌握分数乘法的计算方法,学会应用分数乘法解决相关的简单实际问题,而且能为进一步学习分数除法和分数四则混合运算,以及解决更多的有关分数的简便实际问题奠定基础。教材分三段安排教学内容。第一段是教学分数与整数相乘,用学过的分数乘法解决简单的实际问题;第二段是教学分数与分数相乘以及分数连乘;第三段是认识倒数。本节课是“分数乘法”第一课时,探索分数与整数相乘的计算方法。教材以做绸花为素材,引导学生初步理解求几个几分之几是多少,用乘法计算,探索并掌握分数与整数相乘的计算方法。教材通过让学生涂一涂、试一试、算一算,感知分数乘法的计算方法。在比较、分析的过程中归纳分数乘法的一般计算方法。这样的设计,有助于学生借助直观理解抽象的问题。但是,一步一步的教材引导、教师指导,使学生处于被动接受状态,学生的任务是填空,不是创造、探索、发现,这忽视了学生现有的学习水平和能力,忽视了学生的学习情感和积极性。所以,我对本节课进行了调整:首先,通过组算式、分类,从整体上感悟分数乘法类型。其次,让学生自主探索,发现计算方法,通过比较、辨析,沟通方法之间的联系。最后,通过练习,提升方法认识。

2. 学生实际分析。

本单元是在学生掌握整数乘法,理解分数的意义和基本性质,能正确计算分数加、减法的基础上教学的。这些知识,为学生自主探索方法提供了可能。本学期,六(3)班新转来了 4 名学生,其中 3 名学生对于分数基本概念和计算一窍不通。同时,通过一个暑假的休息,原有学生中有部分学生也已经对分数知识淡忘了,比如数形沟通、计算方法等。所以,在教学过程中,我希望给学生比较多的实践、操作和思考的空间,不急于求成、不急功近利,让学生在交流、思考、辨析中,理解分数乘法的计算法则。

教学过程

教学环节	教师活动	学生活动	设计意图
常规积累	1. 计算。 ① $\frac{2}{5}-\frac{1}{5}$　② $\frac{5}{4}-\frac{1}{6}$ ③ $\frac{1}{3}+\frac{1}{6}$ 2. 回顾分数加减法研究方法、计算方法。	学生独立计算。 同桌互相说一说。	回顾方法,为研究分数乘法做铺垫。

续表

教学环节	教师活动	学生活动	设计意图
整体感悟 算式类型	1. 交待目的，出示 4 个数： $\frac{3}{10}$　$\frac{2}{5}$　$\frac{5}{12}$　3 要求：任意选择 2 个数，组成乘法算式，并将这些算式分分类。 2. 揭示课题，交待研究内容。 板书：分数乘法 分数与整数相乘 分数与分数相乘	独立思考分组算式，然后和同桌交流，经历分类过程。	通过分类，引导学生从整体上了解和把握分数乘法的各种类型。
聚焦方法	聚焦$\frac{3}{10}\times3$，研究方法。 要求：你能联系已有的知识从不同角度来计算吗？把你的计算过程记录下来。 交流。 (1) 呈现资源①、②和④——有什么相同的地方？运用转化的方法，将新知化旧知。 板书：转化。 (2) 呈现资源③——看得懂吗？为什么可以这样算？沟通分数乘法与分数加法之间的联系。 板书：想加法　化小数 画图法　直接算	学生独立解决。 预设： ① $\frac{3}{10}\times3=\frac{3}{10}+\frac{3}{10}+\frac{3}{10}=\frac{9}{10}$ ② $\frac{3}{10}\times3=0.3\times3=0.9$ ③ $\frac{3}{10}\times3=\frac{3\times3}{10}=\frac{9}{10}$ ④ $\frac{3}{10}\times3=\frac{1}{10}\times9=\frac{9}{10}$ ⑤ 画图的方法。 同桌互相说一说。	学生用各种不同的方法来逐步深入理解分数与整数相乘的意义，并在比较、沟通中明确分数乘法的计算方法及原因。
	计算$\frac{5}{12}\times16$，运用方法。 要求：用我们刚才研究的方法解决。 交流。 (1) 你用了哪种方法？为什么？初步感受一般方法和特殊方法。 (2) 指导计算格式：先约分，后计算。 板书：约分格式	学生独立计算，然后和同桌说说计算方法。 同桌互相说一说。	

续表

教学环节	教师活动	学生活动	设计意图
综合练习	1. 计算。 ① $\frac{2}{7}\times3$　② $4\times\frac{5}{6}$ ③ $\frac{3}{5}\times15$　④ $12\times\frac{13}{15}$ 2. 小结计算方法。 提问：分数与整数相乘，可以怎样计算？ 板书：一般方法　特殊方法 3. 解决实际问题。 （1）幼儿园有36个小朋友，每个小朋友吃$\frac{1}{2}$块月饼，一共吃多少块月饼？ （2）一个正方体的底面积是$\frac{4}{9}$平方米，它的表面积是多少？	学生独立计算，交流方法。 同桌互相说一说。 学生独立解决。	通过练习，让学生熟悉计算方法，并在计算过程中，感受分数乘法的一般方法和特殊方法。
拓展延伸	像$\frac{3}{5}\times\frac{5}{12}$，分数与分数相乘，应该怎样计算呢？	学生独立想一想，然后和同桌互相说一说。	不断激发学生的研究兴趣。

[教学设计 14]

学校:常州市新闸中心小学	年级:四年级	班级:1班	人数:46
学科:数学	课题:大数的四舍五入	教师:奚利贤	日期:2009.9.23

一、教学目标

1. 利用学生对万以内的数已积累的“估数”经验,进一步掌握“四舍五入法”的知识结构。

2. 引导学生从他们感性的认识出发,经历归纳、概括、提炼和抽象命名的概念形成过程,了解和把握“四舍五入法”的来龙去脉。

二、制订依据

1. 教学内容分析。

学生学习“四舍五入法”的已有基础是对大数的认识,主要包括数的意义、数的组成、数的读写、数的排序,以及具备了会寻找与一个大数相邻的两个整万数、整十万数、整百万数的能力。其实,学生在学习万以内数的认识与数的运算时,就已经有“四舍五入法”的经验积累,只不过没有归纳概括提炼出“四舍五入法”这个抽象名称而已。学生的个体经验不仅为抽象的“四舍五入法”的学习提供了理解概念内涵的感性支撑,而且还提供了丰富概念内涵的基础性资源。因此,我们可以从学生这些感性的个体经验出发去寻找教学的突破口,在学生的个体经验与抽象的“四舍五入法”之间搭起沟通的桥梁,使学生在自己已有知识经验的基础上经历归纳概括提炼和抽象命名的概念形成过程。在这一过程中,一方面学生对抽象的内涵有了感性和丰富的认识;另一方面“四舍五入法”背后的过程形态的知识,比如,借助知识的类比思考,归纳概括的思想和方法等,都可以成为教学过程中促进学生生命成长的重要资源。

2. 学生实际分析。

由于大数的数目较大,离学生的生活实际太远,学生对“四舍五入法”的学习往往感到比较抽象。因此我们需要从学生已有的知识经验出发去寻找教学的切入点,帮助学生克服数目比较抽象的困难。如果仅仅把“四舍五入法”局限在对整万数的估计,学生容易形成点状的认识,很难从整体上把握四舍五入的方法。

教学过程

教学环节	教师活动	学生活动	设计意图
引入环节	什么样的数可以估成60?能否有序地说出这些数?	切入点比较低,不同层次的学生都能进入状态。	从学生的感性认识和经验出发,了解“估整十数看个位”。
发现“估整百数看十位”的规律,教给学生发现的方法结构	什么样的数可以估成600?能否有序地分段写出这些数?	状态预设: (1) 无法有序地分段写出,思维散点、凌乱。 (2) 能有序地分段写数,但出现重复现象。 (3) 能有序地分段写数。	通过引导学生在对错误辨析的基础上发现“估整百数看十位”的规律,教给学生发现的方法结构。

续表

教学环节	教师活动	学生活动	设计意图
发现"估整千数看百位""估整万数看千位"的规律,学生运用方法结构自主发现	什么样的数可以估成 6000、60000 呢?能否有序地分段写出这些数?	由于结构相同,同桌合作,分别研究其中的一种。	引导学生对规律进行比较和概括,归纳提炼和抽象出四舍五入的一般方法。
发现"估整十万数看万位""估整百万数看十万位"的规律,学生运用结构进行想象	估"整十万数""整百万数"看什么位?方法是什么呢?	想象"估整十万数""估整百万数"的方法。	学生运用方法结构自主发现了"估整千数看百位""估整万数看千位"的规律,这时运用结构进行想象是符合学生认知规律的。
	介绍四舍五入法使用的条件:在数目比较大的情况下可以使用四舍五入法,因为这时忽略尾数形成的误差比较小,所以尾数可以忽略不计;而在数目比较小的情况下不太合适使用四舍五入法,因为这时忽略尾数可能造成比较大的误差。	举例。	

课型系列研究二　规律探究

［教学设计1］

<table>
<tr><td>学校：常州市蓝天实验学校</td><td>年级：四年级</td><td>班级：2班</td><td>人数：45</td></tr>
<tr><td>学科：数学</td><td>课题：加法的交换律</td><td>教师：张丽东</td><td>日期：2009.10.12</td></tr>
<tr><td colspan="4">一、教学目标
1. 区分特殊和一般的差异，根据特殊对一般进行合理的猜想。
2. 掌握验证猜想的过程和验证的书写格式。
3. 在学生经历探索加法运算律的过程中，初步体会、感受规律探究学习的方法结构。
二、制订依据
1. 教学内容分析。
在“运算律”这一单元，教材的安排是先教学加法的运算律，再教学乘法的运算律；先教学交换律，再教学结合律；先教学运算律的含义，再教学运算律的应用。教材由易到难，通过迁移逐步提高教学效率。但是，教材内容“点状”的选择编排，使原本具有很强结构联系的知识链发生了断裂，容易让教师和学生只看到表面孤立的点状知识，而看不到内在联系的知识整体。所以，教材内容的选择相对缺乏对学生成长需要的关注与思考，缺乏把知识作为促进学生成长的丰富资源的意识，导致教学的育人资源贫乏。加法交换律是规律探究的第一课时，是“教结构”，在探索过程中，既要让学生经历猜想、验证、归纳的学习过程，掌握方法结构，同时，也要把掌握规范的验证书写格式等都作为本节课的重点内容。
2. 学生实际分析。
学生虽然没有正式学习过加法交换律，但在以前的学习过程中，教材已经涉及利用交换两个加数的位置，对加法进行验算，学生已经有了加法交换律的应用体会，但是没有学习需求。同时，对于加法交换律，学生从直觉上已经认同了规律的存在，让学生再次经历猜想、验证、归纳的学习过程，不符合学生的学习兴趣和愿望。所以让学生真正深入体验就显得难上加难。此外，用语言描述和进行一定的拓展延伸，都是学生以前没有接触过的，也是教学中的难点。</td></tr>
<tr><td colspan="4">教学过程</td></tr>
<tr><td>教学环节</td><td>教师活动</td><td>学生活动</td><td>设计意图</td></tr>
<tr><td>常规积累</td><td>口算。</td><td>独立完成。</td><td>课前热身活动。</td></tr>
<tr><td>提出问题
引发猜想</td><td>出示：
5＋12＝17　　12＋5＝17
问题：
观察一下，有什么发现？
提问：
是否所有的加法算式交换两个加数的位置，和都不变？引发猜想。</td><td>自己想一想，然后和同桌轻声地说一说。</td><td>从偶然的现象出发，引发学生猜想，激发学生学习兴趣和需求。</td></tr>
</table>

续表

<table>
<tr><th>教学环节</th><th>教师活动</th><th>学生活动</th><th>设计意图</th></tr>
<tr><td>验证猜想</td><td>“放”：
你能再举一些例子来验证你的猜想吗？在作业本上试一试。
“收”：
呈现学生举例验证资源，打开学生的研究思路。
过程中打开：
(1) 有的同学举了好几个例子。
(2) 有些同学不光举了一位数的例子，还想到了两位数，真不错！
小结：数量多、种类多、特殊数。</td><td>学生自主举例验证。
1. 呈现资源，规范书写格式。
预设：
(1) 4＋5＝5＋4
(2) 4＋5＝9　5＋4＝9
2. 呈现资源，拓展范围。</td><td>从个别到一般，逐步扩大研究范围，验证猜想。同时，在验证过程中，理解和掌握举例验证的规范书写方法及注意点，培养学生严谨的科学态度。</td></tr>
<tr><td rowspan="2">归纳结论</td><td>“放”：
通过举例验证，没有反例，我们发现，这个规律是成立的，我们就可以得出结论。那你能写一写，归纳出这个结论吗？</td><td>学生独立归纳结论。</td><td rowspan="2">在归纳结论的过程中，培养学生提炼概括的能力。</td></tr>
<tr><td>“收”：
呈现学生的半成品结论，重点引导归纳概括。
揭题：加法交换律。</td><td>读一读，说一说，哪些地方归纳得好？还有什么建议？
读一读。</td></tr>
<tr><td rowspan="2">总结
拓展延伸</td><td>我们是怎么进行研究的？举例验证的时候要注意什么？</td><td>同桌互相说一说。</td><td rowspan="2">使课堂教学不断向横向延伸。</td></tr>
<tr><td>如果是三个数相加，交换所有加数的位置，和是不是也不变呢？</td><td>学生自主尝试并归纳结论。</td></tr>
</table>

［教学设计 2］

学校:常州市蓝天实验学校	年级:四年级	班级:2 班	人数:45
学科:数学	课题:减法的性质	教师:高碧云	日期:2009.10.8

一、教学目标

1. 使学生在直觉猜想、自主验证、提炼概括的基础上,进一步增强研究意识和形成清晰的认知结构。

2. 使学生明晰规律简便使用的前提条件,能运用减法的运算规律解决相关的实际问题。

二、制订依据

1. 教学内容分析。

减法的运算性质在现行的苏教版教材中没有编排,只是在二年级的用连减解决实际问题和低年级的口算题组练习中有所渗透。因此,教师对于这一运算规律要不要教、怎么教、教到什么程度,心中都没有把握。即使是部分教师意识到这一缺漏,借助练习进行了拓展教学,但对教学设计的思考仍相对零散和浅显,缺少与已经学习过的部分数运算定律的沟通和类比,仅仅停留于理解和运用,而不注重研究意识的培养和研究方式的贯穿,不注重规律运用的判断和选择意识的培养,导致了这一内容在育人价值上的贫乏和窄化。

在本单元,我们将加法、乘法运算中不变规律(加法交换律、乘法交换律、加法结合律、乘法结合律和乘法分配律)的探索集中在一起进行呈现,又将减法、除法运算中不变规律(减法运算性质、差不变性质、除法商不变性质、除法性质)的探索集中在一起进行教学。这样的条状重组,将被破坏的数运算规律的知识结构重新修复完整,一方面有助于教师整体把握知识间的紧密联系,整体设计学生的能力培养梯度;另一方面也为学生提供了更多实践和反思机会,有利于学生整体和结构化地把握知识,为学生的类比猜想和结构思考提供可能,而且有利于学生形成主动探究的学习心态,在形成知识结构的同时建立起结构化的思维方式。

减法的运算规律教学将安排两个课时:一是连减性质,通过偶然问题引发学生对一般规律进行猜想,并通过分类比较凸显规律简便使用的前提条件,这是规律探究教学的重点所在;二是差不变性质,通过天平实验引发学生根据观察进行猜想,从而揭示被减数与减数以加减方式变化有规律存在,这是学生理解的难点所在。

2. 学生实际分析。

学生在学习这一内容之前,可能已经对减法性质有了感性认识,有一部分学生已经具有根据减数的特点改变运算顺序进行巧算的直觉和敏感,但对规律形成的过程缺乏了解,对规律的表述不够严密清晰,这不利于学生形成系统而科学的研究意识和能力。更重要的是,在应用的过程中,学生对规律的使用缺乏主动的判断和选择意识,如何根据数据特点灵活选择运算形式,是个大问题,因而需要培养学生对数据的敏感意识和对规律的判断选择能力。

学生已经经历了加法运算定律的"教学结构"阶段和乘法运算定律的"运用结构"阶段,对于研究路径、研究范围和材料的有序罗列等研究方法有了一定的认识和积累,初步具备了研究的意识和能力,但必然还有少部分学生,在形成猜想、分类验证和概括提炼上有困难,在学习过程中需要教师的指导和榜样的影响。

学生学习这一内容最大的困难在于对规律特点的把握,对规律使用的前提条件缺乏敏感度,语言的准确表述也是学生十分困难的地方。因此,在教学中,教师要特别注意增强学生对规律特点的把握,增强对规律使用前提条件的敏感度,帮助学生把多种分散、局部的认识,进行聚类、清晰化的处理,形成相对完整、丰富的概括,提炼和抽象出"减法运算性质"的结论表述。

续表

教学过程			
教学环节	教师活动	学生活动	设计意图
常规积累	1. 凑整学习。 2. 说说学过的运算律和研究的方法过程。	同桌一人出一个数练习。相互说一说。	帮助更多学生形成自主研究的能力。
研创式导入	出示例题：小明买一个笔袋 17 元，一支钢笔 13 元，付了 50 元，应找回多少元？你能帮小明解决这个问题吗？你有几种不同的方法？	学生试算。	创设问题情境，引发学生已有的经验。
探究减法的性质	引发猜想。 呈现资源，观察分析：他们的方法都有道理吗？这两种方法之间有怎样的联系和区别呢？ 相机板书： 50－17－13＝50－(17＋13)	预设： (1) 50－17－13 ＝33－13 ＝20(元) (2) 50－(17＋13) ＝50－30 ＝20(元) 同桌相互说一说，再指名交流。 预设： (1) 一种方法是一个一个减，一种方法是合在一起减。 (2) 三个数没变，位置也没变，结果也没变，只是运算顺序改变。	在观察分析过程中进行第一次语言渗透。
	在这个问题中，我们发现两种算法都有道理，但在平时我们规定同级运算要从左往右依次计算，不能随意改变它的运算顺序，这里却先求了两个减数的和，还使计算简便了。由此我们可以提出一个怎样大胆的猜想呢？	预设： (1) 一个数连续减去两个数就等于一个数减去这两个数的和。 (2) 所有的连减运算都能改变运算顺序，结果不变。	通过问题情境与运算规则的矛盾冲突，引发学生的猜想。 在指导学生表述自己的猜想时进行第二次语言渗透。

续表

教学环节	教师活动	学生活动	设计意图
探究减法的性质	举例验证:是不是所有的连减运算,都能够用一个数连续减去两个数或者用这个数减去这两个数的和,而结果不变呢? 我们需要进行验证。比一比,谁举的类型全。	学生自主展开验证过程。过程中如果学生对算式的特征还不清晰或者举的都是能凑整的单一的例子,及时指导。	通过验证,进一步明确减法性质的结构特点,明确规范严谨的研究过程,对从特殊发现一般的数学方法有更深入的体悟。
	组织交流:我们是在怎样的数的范围里进行举例验证的? 类似的例子还有很多,有没有反例存在? 小结:通过我们大家的努力,我们对不同位数、整十数、整百数、减数为 1 或 0 的特殊情况,还有能凑整的和不能凑整的各种类型都举了大量的例子,而且都没有发现反例。	小组交流:互相说说分别举了哪些类型的例子? 有没有反例存在?	
	概括结论: 1. 现在你能把我们研究得出来的结论表达出来了吗? 2. 交流比较,修改完善。 3. 揭示课题——减法的性质。	学生独立用文字写一写,并用字母表示,完成后相互说一说。 预设: (1) 连减算式中,不改变位置,改变运算顺序,结果不变。 (2) 一个数减一个减数再减一个减数等于这个数把后两个减数的和一起减去。 (3) 连减运算中用一个数连续减去两个数或者用这个数连续减去这两个数的和,差不变。	帮助学生从直译、抽象表达等问题出发,感受数学结论的严谨和清晰。

续表

<table>
<tr><th>教学环节</th><th>教师活动</th><th>学生活动</th><th>设计意图</th></tr>
<tr><td rowspan="3">灵活运用</td><td>这里有一些同学列举得到的等式,哪些等式运用了减法的性质使计算简便了呢?请同学们分分类。
① 452－(52＋189)＝452－52－189
② 54－7－3＝54－(7＋3)
③ 158－58－63＝158－(58＋63)
④ 45－18－16＝45－(18＋16)
⑤ 350－80－20＝350－(80＋20)
⑥ 154－(26＋14)＝154－26－14</td><td>判断哪些运用规律使计算简便了,独立分一分类,再交流。</td><td>通过分类判断,进一步明白规律简便运用的前提。</td></tr>
<tr><td>怎样很快算出还剩多少元?<table><tr><td>原有</td><td>189</td><td>795</td><td>512</td><td>450</td></tr><tr><td>用去</td><td>45</td><td>95</td><td>48</td><td>34</td></tr><tr><td>用去</td><td>25</td><td>480</td><td>52</td><td>150</td></tr><tr><td>还剩</td><td></td><td></td><td></td><td></td></tr></table></td><td>快速反应,同桌互说。</td><td rowspan="2">增强学生对规律的特点把握,对规律使用的前提条件的敏感性。</td></tr>
<tr><td>如果以算式的形式出现,你能完整地写出简便计算过程吗?
① 189－45－25
② 795－(95＋480)
③ 512－48－52
④ 450－34－150</td><td>独立计算,相互交流:怎样使计算简便?运用了什么运算律?</td></tr>
<tr><td>拓展延伸</td><td>学习了减法的性质,你又有什么大胆的猜想?</td><td>纵向:更多数连减。
横向:除法运算中能否改变运算顺序?
范围:小数、分数。</td><td>引导学生对基本研究进行拓展和变式的思考。</td></tr>
</table>

[教学设计3]

学校:常州市觅渡桥小学	年级:四年级	班级:5班	人数:45
学科:数学	课题:乘法分配律	教师:陈佳	日期:2009.2.16

一、教学目标

1. 知道乘法分配律的内容和字母表达式。

2. 建立、形成研究意识,学习按照步骤独立开展研究活动。

3. 知道可以通过类比进行合理猜想,并能自觉对所获得的结论进行拓展性研究。

二、制订依据

1. 教学内容分析。

乘法分配律是学生在小学阶段所要学习的一个重要的运算定律,属于归纳探究课型。教材编排是将加法交换律、加法结合律放在一起,乘法交换律、乘法结合律集中在一起,为了沟通加法运算定律和乘法运算定律之间的联系,便于学生整体认识和结构化把握知识,我们将加法交换律、乘法交换律结合在一起教学,将加法结合律、乘法结合律结合在一起,如此为学生的类比猜想和结构思考提供了可能,有利于学生形成主动探究和主动学习的心态。更重要的是,可以帮助学生建立起结构意识和结构化的思维方式,培养学生的研究意识和能力。

教材是通过一个具体情境引入乘法分配律的,对于学生的学习而言,这样引入比较简单,但与学生之前学习的运算定律联系并不十分紧密。为了改善这一现象,教师尝试让学生思考:如果在3个数的运算中既有加又有乘,可能出现几种情况?在这些可能中,哪些改变运算方法、运算顺序后,结果仍旧保持不变?这个设计能帮助学生沟通同级运算中的运算定律与两级运算中的运算定律之间的联系与区别,促使他们更主动地进行思考,逐步建立起结构意识和结构化的思维方式。当然,这一设计对于教师和学生而言,都将是一个挑战。

2. 学生实际分析。

乘法分配律对于学生而言,并不是完全陌生的。早在二年级学习乘法口诀时,学生就能运用拆分的方法寻找乘法口诀的结果;三年级在学习乘数是一位数的乘法时,也能把一个三位数拆成整百、整十和一位数进行计算……这里的"拆分"就是对乘法分配律的一种渗透。

同时,学生已经学习了加法、乘法的交换律和结合律,不仅掌握了这些运算定律的内容,能灵活运用这些运算定律进行巧算和解决一些实际问题,更重要的是,学生还具备了初步的研究意识和能力。在上学期的教学过程中,我发现全班大多数同学知道完整的研究步骤,知道用举例的方法验证猜想,知道举例验证时除了考虑一般情况外,还要考虑特殊情况,知道要思考有没有反例,知道如何合理用字母形式表示所获得的结论……但是对研究过程进行比较规范的记录、用规范简洁的数学语言准确严密地表述结论都还是学生薄弱之处,也就是说前期研究过程中学生在这方面的能力还有所欠缺。

另外,乘法分配律相对于交换律、结合律,它的变化会更复杂多样,因此教师要继续深化前一阶段对归纳探究课型的研究,在帮助学生掌握乘法分配律内容的同时,培养学生的研究意识和能力。

续表

教学过程			
教学环节	教学活动	学生活动	设计意图
课前常规活动	出示简算练习。	简算。	唤起经验。
发现并形成猜想	1. 回顾:以前学习运算定律的研究方法。 2. 问题1:这些运算定律虽然运算内容各不相同,但都属于只存在同一种运算符号的同级运算,那在两级运算中是否也存在着运算规律呢? 3. 问题2:今天,我们就来研究这类情况。首先,我们要确定研究材料。想一想,在两级运算的式子中,至少需要几个数参与运算?	回顾研究方法。 思考。 快速反应。	沟通同级运算中的运算定律与两级运算中的运算定律之间的联系与区别,促使学生更主动地进行思考,进一步建立起结构意识和结构化的思维方式。
	“放”: 1. 我们还是先从加、乘这两种运算入手。 板书:25　100　4 2. 在25、100、4这三个数中添上加号、乘号,也可使用小括号,组成一道两级运算的式子,想一想你能写出几道这样的式子?注意:三个数的位置不变。 “收”: 3. (25+100)×4结果是多少?你能不能也像加法结合律、乘法结合律一样,找一找结果一样的式子呢?	学生独立思考并记录。 学生可能呈现的资源: (1) 改变数的位置。 (2) 无序。 (3) 符合要求。 (25+100)×4 25+100×4 25×(100+4) 25×100+4 学生尝试写算式算结果。 (1) 按运算顺序算。 (2) 去掉小括号的算法。 (3) 运用分配律的算法。	研创性的问题渗透了有序思维的培养。由教师统一规定三个数,只是为了便于后续集中性的交流讨论。 通过一个研创性问题,引导学生主动猜想,形成基础性资源。 利用好错误资源,指导学生通过分析、比较,找到问题。
	1. 比较一下,你发现什么? 2. 小结特点:第一种先求和再求积,第二种先求积再求和,运算顺序改变,结果不变。 3. 形成猜想: 从刚才的发现中,你能形成什么猜想?	算一算。 说一说。 交流。 同桌互说。 个别口答。	鼓励学生试着用语言表述,为帮助学生归纳概括结论而做铺垫。 引导学生从一个特殊、偶然的问题出发,去归纳探究隐于其中的一般规律。

续表

<table>
<tr><th>教学环节</th><th>教学活动</th><th>学生活动</th><th>设计意图</th></tr>
<tr><td rowspan="2">验证猜想和归纳概括结论</td><td>“放”：
1. 这个规律是否具有普遍性？如果换 3 个数，这个规律还成立吗？
2. 要求先举例验证，再进行小组交流，如果结论确实成立，想一想如何进行归纳概括。</td><td rowspan="2">举例验证。
小组交流。</td><td>让学生独立举例验证猜想正确与否，而验证的过程，也是学生逐步明了规律变化特点的过程。</td></tr>
<tr><td>“收”：
1. 收集一些典型的例子“并联式”地呈现出来。
2. 强化学生寻找反例的意识。问：举了这么多例子，还可以举很多，有没有反例存在？
3. 是不是只有“125 和 8”或“25 和 4”这些可以巧算的情况下，结论才成立？
4. 如何进行归纳概括。
5. 揭题：乘法分配律。</td><td>既要有可巧算的特殊事例，又要有一般事例，所选取的数范围也较广，尤其要关注那些失败的事例。鼓励学生尝试用自己的语言进行表述。</td></tr>
<tr><td>拓展延伸</td><td>1. 解决 25×(100＋4)的问题。
2. 今天我们研究的是乘法对加法的分配律，想一想，还可以研究什么？（思考“×与－”“÷与＋”“÷与－”。）</td><td>个别口答。</td><td>通过一系列的问题，引导学生对已获得的基本结论做纵向延伸性和横向扩展性研究。这样，既可以增强学生的结构意识，又为学生自主开展研究提供了内容和载体。</td></tr>
<tr><td>作业布置</td><td>1. 分发练习纸。
2. 设计一道能利用乘法分配律巧算的题目。
3. 举例验证其他两级运算中是否存在运算定律。</td><td>学生练习。</td><td>课后巩固。</td></tr>
</table>

[**教学设计 4**]

学校：常州市五星实验小学	年级：四年级	班级：1 班	人数：40
学科：数学	课题：小数加减法	教师：朱新颜	日期：2007.4.23

一、教学目标

1. 类比整数加减的计算方法，理解小数加减的算理，并能正确计算。

2. 通过有序组合、分类研究，学会用枚举法提炼、抽象法则。

3. 经历小数加法计算的探究过程，主动运用方法探索小数减法的计算。

二、制订依据

1. 教学内容分析。

根据数运算的知识体系设计，在这部分内容之前，学生已经有过整数的四则运算和一位小数的加减计算，小数的四则运算则安排在小数的意义和性质之后。在小数加减乘除四则运算中，小数加法是学习小数减法、乘法、除法的基础。

教材是在具体的情境下，把小数的加法和减法分成两课时：第一课时是在学生已有知识的基础上直接出现小数部分位数不同的两个小数相加减，但减法不需要退位，第二课时才出现小数部分位数不够减的情况。这样的安排是点状的，不利于学生整体认识和把握，不利于学生在计算中根据实际情况判断和选择。如果先给学生一个整体的认识，再分门别类地研究，有助于学生对知识整体框架的掌握，提升学生的研究能力。

2. 学生实际分析。

学生已经学过了整数的四则运算。三年级下学期，学生学习了一位小数及一位小数的加减法，因此，对小数的加减法已经有了初步的认识，但那时的认识是点状的，是建立在具体情境基础上的。通过前一单元的学习，学生对小数的意义和性质又有了进一步的理解，形成了较为系统的认知。这部分内容的学习，对学生来说，知识上的难点是小数减法中“被减数小数部分位数不够减”这一问题。而在分类研究小数加法的过程中建立类的意识，从而在小数减法、乘除法的学习过程中形成自主探索的意识和方法是学生目前所欠缺的，也是本课学习中要着力培养的。

教学过程

教学环节	教师活动	学生活动	设计意图
常规训练	和学生进行互动交流。	同桌相互做 10 道关于整数四则运算的口算题，相互检查。	唤起原有经验。

续表

教学环节	教师活动	学生活动	设计意图
引导探索	1. 提供数据、指导分类。 (8、3.4、4.75、0.25、5.7) 2. 引导计算、组织交流。 选择合适的资源，组织学生观察、判断。 3. 组织举例、提炼算法。 这三种类型的加法，我们会算了。现在能说你学会小数加法了吗? 你能总结出小数加法的计算方法吗? 4. 引导反思、概括学法。 你是怎么学会的? 帮助学生概括小数加法的学习方法:分类举例、逐类探索、提炼算法。	1. 独立组合算式，尝试分类、讨论分类。 2. 每类选择1—2题计算，个别学生板演，展示交流。 可能出现的错误: (1) 小数部分位数不同的情况下，末尾对齐。 (2) 小数点对齐了，但是相同数位没有对齐。 (3) 计算结果不点小数点。 (4) 计算结果小数末尾的0不划去。 3. 举例验证，总结算法。 学生广泛举例，发现分类研究的价值。 4. 回顾小数加法的学习过程，感悟学法。	整体认识小数加法的知识框架。 沟通与整数加法的联系。 建立结构意识，为自主探索小数减法打下基础。
自主探索	1. 布置任务、引导探索。 你能用这样的方法独立探索小数减法的计算方法吗? 2. 呈现资源、组织评议。 选择合适的资源，组织学生观察、判断。 3. 引导比较、总结算法。 总结出小数减法的计算方法。	1. 按类型各举1—2例，尝试计算。 2. 个别学生按类板演，集体交流，重点评议。 可能出现的错误: (1) 小数部分减反了。 (2) 退位不正确。 (3) 格式上的错误。 3. 独立尝试，共同完善。	运用结构，独立、自主地探索。
归纳总结	1. 引导回顾:通过今天的学习，你有什么收获? 2. 总结沟通小数加减法的计算法则。	自由表达自己的想法。	鼓励学生主动回忆所学知识，回忆分类、枚举、归纳、比较等研究问题的一般方法。
作业布置	提供基本练习。	独立完成，集体评议。	及时巩固。 鼓励学生类比小数加减法的学习方法结构，运用结构主动探究小数乘除法的计算。
	开展思考:今天我们研究的是小数加法和减法，想一想，是否也能用今天学习的方法研究小数的乘法和除法? 课后试一试。	课后尝试独立研究。	

[教学设计 5]

<table>
<tr><td>学校:常州市怀德苑小学</td><td>年级:四年级</td><td>班级:2 班</td><td>人数:38</td></tr>
<tr><td>学科:数学</td><td>课题:3 的倍数特征</td><td>教师:蒋玉琴</td><td>日期:2007.5.17</td></tr>
<tr><td colspan="4">一、教学目标
1. 通过学生在一定自然数范围中找 3 的倍数,使学生从偶然现象或特殊问题出发,经历猜想、验证、归纳的探究过程,主动运用方法探索 3 的倍数的特征。
2. 通过自主探索,合作学习,提升学生探究的意识,引导学生学会探究的方法,培养学生的探究能力,提高学生数学学习的兴趣。
二、制订依据
1. 教学内容分析。
在规律性的知识体系内,学生在学习这部分内容前,已经学过倍数和因数的有关知识。因此对于 2、5、3 的倍数的特征,自然是考虑通过倍数这条路径来教学。
教材借助百数图,把 2、5、3 的倍数的特征分成两课时,教学 3 的倍数特征时,教材在百数图的基础上,设计了计数器摆 3 的倍数的活动,以问题“计数器上用了几颗算珠”为铺垫,期待学生通过这个铺垫能够很容易发现 3 的倍数的特征:与数字的排列位置没有关系,而是与数位上数的和有关系。这些铺垫似乎就是为了获得某个规律或结论,尽管从教师直接传授知识到教师铺垫、学生自己探索和发现知识是一种进步,但我们不禁要思考:是否每节课都能为学生进行铺垫设计?如果离开了教师的铺垫,学生如何独立探索、发现和研究?其实,当我们的视角从一个个知识点中跳出,整体地分析和研究整个单元知识的结构和联系,我们就会发现 2、5、3 的倍数的特征可以采用完整的“教结构”和“用结构”的“长程两段式”教学。
2. 学生实际分析。
学生学过 2、5 的倍数的特征后,已经基本形成探究的方法,能够从偶然的现象出发,经历猜想、验证、归纳和概括的过程,抽象出数学的一般结论。但 3 的倍数涉及一个视角转换的问题,即如何从只关注个位拓展到关注十位?个位和十位到底有怎样的联系?这是对探究方法的一个拓展。学生一旦有了不断发现乃至创新的需要与可能,不仅可以形成研究的科学态度,而且可以了解和掌握研究方法,体验探索的艰辛和发现的快乐,感受前人的智慧和渗透其中的数学思想和方法。在这个过程中,学生自然可以养成主动思考的习惯,形成主动学习的心态,并逐渐建立起独特的思维方式。</td></tr>
</table>

<table>
<tr><td colspan="4">教学过程</td></tr>
<tr><td>教学环节</td><td>教师活动</td><td>学生活动</td><td>设计意图</td></tr>
<tr><td>常规训练</td><td>和学生进行互动交流。</td><td>1. 判断哪些数是 2、5 的倍数,说出判断的依据是什么。
2. 我们是用怎样的方法来探究的?</td><td>唤起原有经验。</td></tr>
</table>

续表

教学环节	教师活动	学生活动	设计意图
引导探索	1. 定范围、找倍数。 2. 观察、猜想。 选择合适的资源，组织学生观察、判断。 3. 判断规律是否存在，组织举例。 4. 引导反思、拓展视角。 个位是不能确定了，那是否跟十位有关呢？	1. 独立找倍数，尝试发现规律。 2. 对学生发现的规律进行梳理分类，展示交流。 可能出现的规律： (1) 个位是 0—9 的数。 (2) 呈奇、偶排列，一个比一个多 3。 (3) 分段考虑 3 的倍数的末尾上的数。 3. 举例验证。 学生广泛列举，发现这些规律不能作为判断任意一个数是否是 3 的倍数的依据。	把 3 的倍数有序排列，规律较容易得出。 沟通与整数加法的联系。 建立结构意识。
自主探索	1. 布置任务、引导探索。 观察百数图，把个位和十位联系起来，你又有怎样的发现呢？ 2. 呈现资源、组织评议。 选择合适的资源，组织学生观察、判断。 3. 引导比较、归纳特征。 总结出 3 的倍数的特征。	1. 看一看，算一算，比一比，你又有什么发现呢？ 2. 独立尝试，共同完善。	运用结构，独立、自主地探索。
归纳总结	引导回顾：通过今天的学习，你学会了什么？	自由表达自己的想法。	鼓励学生主动回忆所学知识，回忆观察、猜想、列举、归纳等研究问题的一般方法。
作业布置	提供基本练习。	独立完成，集体评议。	及时巩固。 鼓励学生类比学习方法结构，运用结构主动探究其他数的特征。
	开展思考：今天我们研究的是 3 的倍数的特征。想一想，是否也能用今天学习的方法研究 9 的倍数的特征？课后试一试。	课后尝试独立研究。	

［教学设计 6］

<table>
<tr><td>学校:常州市觅渡桥小学</td><td>年级:四年级</td><td>班级:6 班</td><td>人数:48</td></tr>
<tr><td>学科:数学</td><td>课题:找规律(间隔问题)</td><td>教师:陈佳</td><td>日期:2010.10.12</td></tr>
<tr><td colspan="4">一、教学目标
1. 使学生经历探索间隔排列的两种物体个数关系,以及类似现象中简单数学规律的过程,初步体会和认识间隔排列的物体个数关系间的规律,初步学会运用发现的规律解决一些简单的实际问题。
2. 使学生在探索活动中初步发展分析、比较、综合和归纳等思维能力。
3. 使学生在学习过程中感受数学与生活的联系,初步培养用数学观点分析生活现象的意识及能力,产生对数学的好奇心,逐步形成与人合作的意识和学习的自信心。
二、制订依据
1. 教学内容分析。
教材从四年级开始,各册都将设置“找规律”的单元,引导学生探寻现实生活中一些简单的数学规律,并应用规律解决相关的实际问题。学习这样的内容,可以使学生运用已有的数学学习方法和经验,发现数学规律,感受数学的探索性以及数学的价值与奇妙,进一步体验学习数学需要运用观察、分析、综合、归纳和抽象、概括等方法,提高学生学习数学的能力。此外,通过发现规律,体验成功,建立学生学好数学的自信心。
2. 学生实际分析。
学生在本单元学习之前,在第一学段的学习中,已经结合有关学习内容,探索过一些事物中隐含的简单规律,初步积累了一些探索简单规律的经验。本课重在让学生通过自主探究,找到“两种物体一一间隔排列,当两端物体相同时,两端物体数量比中间的多 1”这一规律。学生在用恰当的方式描述这一规律和利用规律解释生活中的现象,以及灵活解决生活中的问题等方面有一定的困难。</td></tr>
</table>

<table>
<tr><td colspan="4">教学过程</td></tr>
<tr><td>教学环节</td><td>教师活动</td><td>学生活动</td><td>设计意图</td></tr>
<tr><td>比较分析
了解类型</td><td>1. 出示两组排列,请学生找一找两组排列的相同点和不同点。
从相同点分析中提炼出“像这样一个隔一个排列在数学上叫做一一间隔排列”。
从不同点分析中提炼出“在数学上把头尾相同叫作两端物体相同,头尾不同叫作两端物体不同”。
2. 小结:两种物体排成一排且一一间隔排列时,有时两端物体相同,有时两端物体不同。今天我们就要来研究两种物体一一间隔排列的规律。出示课题。</td><td>学生观察两组排列,同桌说说相同点与不同点。
全班交流。</td><td>通过两组排列的相同点与不同点的比较分析,让学生了解两种物体排成一排且一一间隔排列时的不同情况,让学生了解本课研究学习的内容。</td></tr>
</table>

续表

教学环节	教师活动	学生活动	设计意图
创设情境 探索规律	出示主题图，找出规律。 1. 出示主题图。在这幅图上你发现刚才这样的排列规律了吗？ 2. 三组这样的一一间隔排列，会有什么规律呢？请同学们先数一数每种物体各有几个，记录在本子上，然后再看看有什么发现。 3. 交流：这些物体的数量各是多少？你发现了什么？	学生：小兔和蘑菇，木桩和篱笆，夹子和手帕。 学生数、记，教师巡视过程中指导：已经记好的同学看看有什么发现，和你的同桌轻声说一说。 全班交流。	通过对主题图上素材的研究，让学生发现一一间隔的排列特点，并引发学生思考排列的规律所在，通过观察、比较、归纳等方法来寻找和发现规律。
	研究规律。 提出问题：为什么都是多1个呢？ 1. 针对三幅图分别交流数量多1的原因。 小结：通过这三组排列我们发现两种物体一一间隔排成一排时，如果两端物体相同，两端物体比中间物体多1个。 2. 引发思考：除了这幅图上有这样的规律，其他地方一一间隔排列是不是也有这样的规律呢？请同学们自己来创造一组这样的排列，然后找一找是不是也有这样的规律。 3. 出示资源：△○△○△○。有同学创造了这样一组排列，观察一下，符合我们的规律吗？ 怎样才符合我们的规律呢？ 其实这个同学画的图也蕴藏着一条规律，你发现了吗？引出两种物体的个数相同。	学生交流过程中落实一一对应的思想，用一一对应来解释两端物体比中间物体多1的规律。 学生创造排列，验证规律。 全班交流。 观察资源，思考两端物体不同时的规律。	
	1. 找生活中的现象。 2. 这些规律在生活中有没有呢？请同学们看屏幕，这是老师在生活中找到的。 请你也来找一找，和同学说一说。 3. 学生交流。	看生活中的素材，打开思路。 交流各自看到和想到的生活中的排列规律。	让学生在联系生活寻找规律时，进一步感受数学与生活的联系，培养学生用数学眼光观察、用数学观点分析的能力。

续表

教学环节	教师活动	学生活动	设计意图
练习	找到了规律我们还可以用规律来解决一些问题。 完成课本练习4题，重点交流第2题与补充男女生排队问题。	完成练习。	让学生在应用规律解决简单实际问题的过程中逐步培养解决问题的能力。
总结	回顾今天一节课，我们学习了什么？ 我们找到了哪些规律？ 我们怎样来学习这些规律的？	自由交流。	

[教学设计 7]

<table>
<tr><td>学校:常州市薛家中心小学</td><td>年级:五年级</td><td>班级:3 班</td><td>人数:45</td></tr>
<tr><td>学科:数学</td><td>课题:找规律(覆盖问题)</td><td>教师:吴春燕</td><td>日期:2011.3.28</td></tr>
<tr><td colspan="4">一、教学目标
1. 使学生结合具体情境,用平移的方法探索并发现简单图形覆盖现象中的规律,能根据图形平移的次数推算被该图形覆盖的总次数,解决相应的简单实际问题。
2. 使学生主动经历自主探索与合作交流的过程,体会有序列举和列表思考等解决问题的策略,进一步培养发现和概括规律的能力。
3. 使学生在他人的鼓励和帮助下,努力克服学习过程中遇到的困难,体验数学问题的探索性和挑战性,获得成功的体验。
二、制订依据
1. 教学内容分析。
本单元教材共安排两道例题。第一道例题教学时把图形沿一个方向平移,根据平移的次数推算被该图形覆盖的总次数;第二道例题教学时把图形分别沿两个方向平移,根据这两个方向平移的次数推算被该图形覆盖的总次数。第一道例题是第二道例题的基础,探究规律的过程相对简单;第二道例题中探究规律的过程相对复杂,但探究规律时可以利用学习第一道例题的经验。从四年级开始,教材先后集中安排探究间隔排列的两种物体个数的规律、对几个物体进行搭配或排列的规律和简单周期问题中的规律。同时,从四年级起,教材还先后安排教学列表、画图等解决问题的常用策略。
2. 学生实际分析。
(1) 已有基础和经验。学习本课之前,学生在四年级和五年级上册学习过“找规律”的内容,也多次经历过找规律的过程,而且学生对图形平移已有初步体验。所以,学生积累了一些探索规律的经验,初步具备了探索简单数学规律的能力。
(2) 困难和障碍。学生在发现规律时往往以点状思维为主,大都比较容易发现纵向排列的规律,但是用规范、严密的数学语言来表达自己的发现往往是很困难的。另外学生在应用规律解决实际问题时,受思维定势的影响,不去关注条件的变化。
(3) 提升点。提升学生思维的广度(规律发现之全)和深度(规律应用中的灵活性),提升学生的语言表达能力,引导学生感受从简单事物研究入手寻找规律的价值所在。</td></tr>
<tr><td colspan="4">教学过程</td></tr>
<tr><td>教学环节</td><td>教师活动</td><td>学生活动</td><td>设计意图</td></tr>
<tr><td>谈话导入
揭示课题</td><td>1. 我校组织五年级学生看电影,一共领回来 100 张连号票,小红和小丽是一对好朋友,想拿两张连号票,可以怎么拿?有这么多种可能,思考下,那她们一共有多少种不同的拿法呢?
2. 点评:看样子难住大家了,是啊,数量这么多,有 100 张票,如果大家一一去列举,那太麻烦了。我们不妨换个角度想想,什么情况下,你就能很快找出结果?
3. 是啊,我们可以从数量少的入手来进行研究,找出其中的规律(板贴课题),然后再应用规律来解决数量多的问题。这是解决问题的一种好办法。那我们就先选择其中的 10 张来进行研究,找出其中规律,然后解决问题。为了便于研究,我们用 1—10 这十个数来代替其中的 10 张票。</td><td>七嘴八舌,可能 1 和 2,也可能 3 和 4……
可能:
(1) 一一列举。
(2) 用计算的方法。</td><td>创设情境,激发探究欲望,并渗透一种研究思想——将复杂的、数目大的问题转化为简单的、数目小的问题,从中找出规律后再应用规律来解决,体现了找规律的价值。</td></tr>
</table>

续表

<table>
<tr><th>教学环节</th><th>教师活动</th><th>学生活动</th><th>设计意图</th></tr>
<tr><td rowspan="2">操作探究发现规律</td><td>环节一：独立探索，呈现方法的多样性。
1. 要求：10 个数，如果每相邻两个数为一组，一共有几组？同学们可以借助探究一中的数条，把你的思考方法表示在练习纸上，可以写下来，当然也可以圈一圈、连一连，还可以利用数框去框一框。写好后，把你的方法与同桌进行交流。
2.“收”：
第一层次——呈现资源(1)。
(如果没有这种情况，直接进入第二层次。)
问：有什么问题？列举时怎样才能不遗漏又不重复？
第二层次——同时呈现资源(2)(3)(4)。
问：他们两个都找到了一共有 9 种不同的拿法，你认为他们找的时候都注意到了什么？这样的话就能保证吗？
第三层次——老师看到有些同学是用方框来框的，谁来演示你是怎么找的？(如果没有这种方法，就进入环节二。)
3. 强调：他是从哪开始框起？又是怎样移动方框的？数一数，平移了多少次？一共有几种不同的拿法？
4. 追问：明明只移动 8 次，为什么有 9 种不同拿法呢？
好，让我们一起回忆一下这种方法(共 10 个数，每次框 2 个数，平移 8 次，一共有 9 种不同的拿法)。</td><td>学生思考、探索，完成的同学同桌交流。
可能有：
(1) 错误的数字列举，包括“1、2”“3、4”“5、6”“7、8”“9、10”共 5 种。
(2) 有序的数字列举，“1、2”“2、3”“3、4”等，共 9 种。
(3) 圈一圈，共 9 种。
(4) 连一连，共 9 种。
(5) 用方框慢慢移动也得到了 9 种。
体会有序列举的好处。
指明一学生上台进行操作演示(移框)，用方框依次盖住 12、23，方框向右依次移动。
其他学生观察。
一次平移一格。</td><td rowspan="2">学生为了得出共有几种不同的拿法，想尽办法，方法会有很多，这些原生态的方法是课堂的真实体现，值得尊重。但为了方便找到规律，所以凸显了方框平移法。在平移过程中，发现总个数、每次框的个数、平移的次数和全部的组数之间的关系，从而得出用计算的方法来解决问题是本课的重点和难点。</td></tr>
<tr><td>环节二：关注平移，初步感知内在规律。
1. 师：我们一起再来看看这一种方法。把 1 号 2 号框住，表示一种拿法，那后面没框住的数还有几个？
猜一猜，还可以往后平移几次？眼见为实！来，我们一起数(课件演示)。
2. 追问：明明只平移了 8 次，怎么会有 9 种不同的拿法？这多出来的“1”是什么？
3. 小结提炼：刚才我们用列举、连线以及借助数框平移都找到了全部的组数，那你对哪一种方法最感兴趣？(让两个人说说。)是的，借助工具进行学习，是一种聪明的学习方法。</td><td>边看课件演示边思考。</td></tr>
</table>

续表

教学环节	教师活动	学生活动	设计意图
操作探究发现规律	环节三:深入探索,发现规律。 1. 巩固方法:如果每次框 3 个数,一共有多少种不同的情况?你的直觉告诉你这次比刚才的 9 种多还是少?你能用框的方法来解决吗? 学生操作后组织交流:你是怎样框的?(强调按顺序平移。)一共平移了几次?(7 次。)得到多少种不同的拿法?(8 个。) 依次板书。 2. 深入探索:每次可以框 2 个数、3 个数,当然也可以每次框 4 个数、5 个数……请你任选其中两种情况,去移一移,再将结果填写在探究二中的表格内。 过程中打开:每次框的个数可以变,总数是不是也可以变一变? 引导:有的同学想得很快,有什么秘诀吗?请你仔细观察填写的表格,发现了什么规律?我们来比比谁的发现多。 3. 小结:通过刚才的探索我们知道,在解决这样的问题时,只要用总个数减去每次框的个数就可知道平移的次数,再加 1 就得到了几种不同的组数。 只要你是学习的有心人,掌握找规律的方法,从不同角度进行思考,就能发现其中更多的规律,而这些规律都是我们解决问题的途径。	拿出能框 3 个数的长方形框自己试一试,再与同桌交流操作过程。 自己选定每次框的个数或改变总数操作,填写表格。 先自己找一找,再在小组里交流。 (1) 学生讨论。 (2) 汇报。 预设一:每次框的个数越多,平移的次数就越少。 预设二:用总个数－每次框的个数＝平移的次数。 预设三:平移的次数＋1＝不同的拿法。	把难点分散在几个小问题中,让学生在丰富的操作体验中逐渐感受并主动去发现内在的规律,算式的得出就水到渠成了。

续表

教学环节	教师活动	学生活动	设计意图
应用规律解决问题	1. 还记得刚开始100张电影票的问题吗？现在还有困难吗？能很快地列式来算一算吗，并说说你是怎么想的？ 交流：(1) 错误的。(2) 格式有错的。 2. 花边问题。 下面是小红设计的一条花边。 (1) 每次给相邻的4个方格盖上红色的透明纸，一共有多少种不同的盖法？ 师：你们的意思是，要知道一共有多少种不同的盖法，首先得知道总数是多少，对不对？ (2) 出示13个方格的花边，学生计算。 小结：刚才我们通过自己的努力，一步一步地找出了图形覆盖问题中的规律，那么，这个生活中的问题，你们能解决吗？ 3. 旅游问题。 去年的国庆长假，吴老师去上海旅游了3天，是哪3天去的呢？有几种可能？ 4. 对比提升。 (1) 礼堂里一排有8个座位。小芳、小英是孪生姐妹，要让她俩坐在一起，并且小芳在小英的右边。在同一排有多少种不同的坐法？ (2) 如果把“并且小芳在小英的右边”这句话去掉，在同一排有多少种不同的坐法？答案有变化吗？ (3) 有一张8人座的圆形餐桌，小芳、小英是孪生姐妹，要让她	预设： (1) 100－2＝98＋1＝99(格式不对)。 (2) 综合式 100－2＋1＝99。 (3) 分步列式。 (4) 有错误的，100－2＝98。 学生产生疑问：这条花边一共有多少个格子还不知道，没法算啊。 列式：7－3＋1＝5。 列式：8－2＋1＝7。	练习的设计有四层考虑：第一层是计算方法的直接运用；第二层是由条件齐全的到缺少总数的；第三层是用学到的规律来解决生活中的问题；第四层考虑的是与四年级所学的间隔问题的纵向比较，找到两个内容之间的相同之处和不同之处。通过不同情况的观察分析，感受规律存在要有前提条件，打破学生惯有的思维定势。

续表

教学环节	教师活动	学生活动	设计意图
应用规律解决问题	俩坐在一起，并且小芳在小英的右边，共有多少种不同的坐法？（这次情况又有了什么变化？建议你们可以画图试一试。） 问：你得到了几种坐法？那我们来证实一下，为了便于表示，我们给这8个座位编一下号吧，来，一起数（课件演示）！ （4）比较小结，思考延伸。 师：8个座位排成一圈，2人坐一起而且左右位置不变时，就有8种坐法，而像刚才第一种情况把8个座位排成一排，2人坐一起而且左右位置也不变时，有7种坐法。这两种情况结合起来看，你联想到了什么？那是不是我们今天所学的图形覆盖问题的规律都可以直接用间隔问题来解决呢（课件演示）？ 如果一次连着坐3个位置，还能用间隔问题做吗？连着坐4个位置呢？ 总结：所以，善于思考，你会有更多的发现！	预设： （1）不变，还是7种。 （2）变了，7×2＝14（种）。 感受规律必须要有前提条件才成立。 借助图来思考。	
拓展延伸	回顾今天的学习，你有哪些收获？还有什么疑问？ 其实生活中还有更多有规律的现象等着同学们用智慧的眼睛去发现、去探索！	学生反思。	
板书设计	找规律 总个数－每次框的个数＝平移的次数＋1＝全部的组数 　　2　8　9 10　3　7　8 　　4　6　7 　　5　5　6 …… （根据学生研究的情况来填写。）		

课型系列研究三　量与计量、图形与变换

[**教学设计 1**]

<table>
<tr><td>学校：常州市怀德苑小学</td><td>年级：三年级</td><td>班级：4 班</td><td>人数：38</td></tr>
<tr><td>学科：数学</td><td>课题：面积</td><td>教师：蒋玉琴</td><td>日期：2006.4.28</td></tr>
<tr><td colspan="4">一、教学目标
1. 学生通过体会大量规则和不规则图形的面的大小，建立面积概念，初步理解面积的含义。
2. 学生借助比较线段长短的工具，通过类比迁移，能寻找到比较面积大小的方法。
3. 在说面的大小、寻找测量面积大小的工具等学习活动中体会数学与生活的联系，锻炼数学思考能力，激发进一步学习和探索数学的兴趣。
二、制订依据
1. 教学内容分析。
“长方形和正方形的面积”这部分内容是在学生初步认识长方形和正方形的特征以及初步掌握周长计算方法的基础上进行教学的，本课是第一教时“认识面积的含义”。主要分两个层次：一是通过观察生活中具体的物体感受物体表面的大小(即物体表面的面积)；二是通过比较感受平面图形的大小(即平面图形的面积)。教材除了出现了长方形和正方形这样的规则图形，还提供了许多与生活联系密切或富有趣味性的图形，通过观察、比较等活动，学生可以对于面积有一个整体的感知，从而为后继学习打下良好的基础。
2. 学生实际分析。
学生已经初步认识长方形和正方形的特征，对于物体表面大小的认识，在生活中也已经有了较为丰富的经验和体会。学生主要在大量具体的感性材料中用聚类的方法建立概念，而对于抽象平面图形的大小，相对来说比较陌生，因此，主要通过引导学生对平面图形面积大小的比较，帮助学生从不同角度、不同层次来把握。</td></tr>
</table>

<table>
<tr><td colspan="4">教学过程</td></tr>
<tr><td>教学环节</td><td>教师活动</td><td>学生活动</td><td>设计意图</td></tr>
<tr><td>初步感知
面积含义</td><td>1. 出示图片。
(1) 指名说说图上物体的面。
(2) 说说我们身边的物体面的大小。
2. 小结。
3. 今天这节课我们主要研究这些规则图形的面积。</td><td>学生说一说：这是……的大小。
同桌互相说说。
指名说一说。</td><td>通过大量感性材料，帮助学生形成认知结构，让学生充分感知面积的含义，对概念形成丰富的认识。学生学会用规范的数学语言进行叙述。</td></tr>
</table>

续表

教学环节	教师活动	学生活动	设计意图
感知面积大小	1. 组织学生讨论比较的方法。 (1) 观察、重叠法。 (2) 当不能用重叠的办法比较大小时,我们需要一个测量面积的工具。 (3) 为什么同一个图形,大家测量的结果都不一样呢? 2. 小结:标准要相同。	学生说说线段比长短的方法。 学生比较1号图和2号图的面积。 学生比较3号图和4号图面积。	设计学生的第一次认知冲突,使学生感受到长度单位不能解决面积问题。 设计第二次认知冲突,让学生有探究的需求。
初步认识面积单位	1. 出示方格纸:介绍方格纸。 2. 小结。 3. 你能说出3号图和4号图的面积是多少平方厘米吗?	学生用方格纸测量3号图和4号图的面积。 剪下一个小方格,学生自己研究用1平方厘米比一比。 学生说说再写一写。 用方格纸测量1号图和2号图的面积。	具体感受1平方厘米的大小。
研创延伸	物体面的大小可以用面积去表示。 桌面、黑板面到底有多大?你有什么办法知道?	自主思考。	解决生活实际问题。

［教学设计2］

学校：常州市蓝天实验学校	年级：四年级	班级：3班	人数：34
学科：数学	课题：平行四边形面积的计算	教师：张丽东	日期：2009.6.4

一、教学目标

1. 通过实际操作、尝试，将平行四边形折叠、剪切、平移，转化成学过的长方形，了解转化这一方法在平面图形中的运用。

2. 观察总结转化的途径，发现高和中点在转化中的作用。

3. 建立探索新图形与已学图形之间关系的意识，从而找到平行四边形面积的计算方法。

二、制订依据

1. 教学内容分析。

本课内容主要引导学生探索和应用平行四边形的面积公式，教材安排了三个层次的内容：首先从比较图形面积是否相等入手，引导学生把稍复杂的图形转化成相对简单的、熟悉的图形，让学生初步感受转化方法在图形面积计算中的作用，为进一步的探索活动提供基本思路；然后引导学生通过平移把平行四边形转化成长方形；最后探索平行四边形与转化成的长方形之间的联系。

2. 学生实际分析。

因为是给四年级学生上五年级的内容，学生没有教材，大部分学生不能从教材上得知平行四边形面积的计算公式。在四年级认识平行四边形特征和画高的时候，教材上曾经在思考题部分出现过把一个平行四边形剪拼成长方形的两种情况图，学生有直观印象，但没有操作经验，更谈不上知其原由，部分学生会进行模仿，但剪拼成长方形后不会去追究“为什么要转化”，不会从这个角度去思考新旧图形的关系，更不会进一步思考“为什么能转化成功”的道理，也不可能去自觉推导计算公式。而对于转化前后图形关系的沟通和联系，学生由于是第一次接触，只有一些零星的感受，只能从点状的、不完整的描述中凑答案，还缺少完整的思维过程。而根据已学过图形的计算公式去寻找新图形的对应量，并写出完整计算过程，需要比较严密的推理意识和推理能力。以上种种形成了起始课最难的地方，因而在本课中作为高标要求。

教学过程

教学环节	教师活动	学生活动	设计意图
常规积累	1. 计算长方形和正方形的面积。 2. 画平行四边形的高。	1. 学生独立在作业纸上计算。 2. 按要求交流。	初步体验面积计算所需的条件。

续表

教学环节	教师活动	学生活动	设计意图
自主探索	1. 体验转化。 提问:平行四边形可以转化成我们学过的什么图形?转化后的图形与平行四边形有什么关系?你可以借助平行四边形折一折、画一画、剪一剪、拼一拼、找一找它们之间的关系。 资源:(1) 剪去多余的。(2) 沿着高剪的。 交流:它们是怎样转化的? 追问:(1) 为什么沿着高剪?(2) 只能沿着这一条高剪吗? 2. 过程中打开:除了上下一组对边上有高,左右一组对边上也有高。 提问:只能沿着高剪吗? 预设:如果没有,教师引导,从两边的中点向底边画垂线,剪下两个小三角形旋转拼接成长方形。 3. 过程中打开。 (1) 有的同学想到了平移,还有的同学运用了旋转。 (2) 有的同学剪下了一个直角三角形,但是不能重合,为什么?有办法解决吗?	学生独立尝试探索。 学生先独立思考,然后和同桌交流想法,最后全班交流。 学生独立试一试。 学生根据教师的提示不断深入思考,模仿操作。 学生进一步思考。	通过自主探究,排除无关因素,发现关键条件,感悟转化思想,理解转化方法。
	1. 寻找关系。 提问:转化后的长方形与平行四边形有什么关系呢?以第一个图形为例,找一找。 根据学生回答板书。 追问:其他呢?自己独立找一找,写一写关系。 2. 课堂小结。	学生观察新旧图形,发现其中的关系。 学生独立思考,先找关系。	

续表

教学环节	教师活动	学生活动	设计意图
实际运用	1. 快速口答：计算平行四边形面积。 2. 分发练习纸：量一量，算一算。	学生独立运用公式灵活解决问题。	变式练习中巩固底和高的运用。
课后延伸	今天我们解决了平行四边形面积的计算，想一想，我们是怎样解决的？那用这样的研究方法，我们还能研究什么图形？	学生说一说。	为后续的学习做好方法的引导。

[教学设计 3]

<table>
<tr><td>学校:常州市蓝天实验学校</td><td>年级:五年级</td><td>班级:1 班</td><td>人数:39</td></tr>
<tr><td>学科:数学</td><td>课题:三角形面积的计算</td><td>教师:张丽东</td><td>日期:2009.9.8</td></tr>
<tr><td colspan="4">一、教学目标
1. 在学习了平行四边形面积计算方法的基础上,进一步学习拼合、沿高或中点剪开的方法,自主探究三角形的面积计算公式。
2. 在割补、拼剪的过程中培养学生转化的数学思考方法,学会用数学语言把转化的方法和推理的过程清晰地表达出来。
二、制订依据
1. 教学内容分析。
三角形面积计算是平行四边形面积计算的后续学习,后面还有梯形面积计算公式的学习,本节课起承上启下的作用。本课内容主要引导学生探索和应用三角形的面积公式,教材是通过将平行四边形分成两个完全相同的三角形的方法来转化的,相比上节课的转化方法没有延续和递进,无法帮助学生形成知识结构和方法结构。
2. 学生实际分析。
经过“平行四边形面积计算”的学习,学生已经能用语言表述出学习过程。对利用两个完全相同的三角形进行转化的方法,大部分学生通过预习及前期学习的积累都已知晓,但学习的过程还会存在割裂的情况,比如只操作不动笔写。有一部分学生则由于受平行四边形转化方法的影响,会利用折来进行转化。仅有一小部分同学,能在平行四边形的学习后敏感地从高和中点出发去思考,尝试转化。约三分之一的学生会在转化成功后就停止前进,在教师的提醒下才会尝试去说关系,但完整地推导公式还有困难。约三分之一的学生已经具有了对图形关系的敏感性,能主动动笔推导公式,但由于三角形转化后有加倍、不变、减半多种关系,转化前后各部分之间的关系比较复杂,公式推导过程中也会出现一定困难。另外,学生对转化结果还不能做到主动地分析比较,表面看到的只是多种不同的转化方法,对于方法与方法之间内在的联系不会去主动思考,归类的意识还比较缺乏。因此,教师的过程性指导在本节课尤为重要。</td></tr>
<tr><td colspan="4">教学过程</td></tr>
<tr><td>教学环节</td><td>教师活动</td><td>学生活动</td><td>设计意图</td></tr>
<tr><td>回顾方法</td><td>平行四边形的面积怎么计算?它的计算公式是怎么推导出来的?出示课题。</td><td>自己整理评析平行四边形面积公式的转化方法和推导过程。</td><td>通过回忆、整理为类比迁移做好铺垫。</td></tr>
<tr><td>探究方法</td><td>1. 布置研究内容。
三角形的面积该怎样计算?面积公式可以怎么推导呢?
2. 展示学生方法。
……
3. 寻找方法间的内在联系。</td><td>自己找方法,可以把自己的想法用图画出来,也可以借助三角形剪一剪、折一折。
在小组中说清楚黑板上的每一种方法,包括这些方法有没有共同之处、能不能分分类等。</td><td>在学生独立思考的基础上充分发挥小组的力量,培养学生合作交流的意识。
培养学生比较、概括、抽象的能力。</td></tr>
</table>

续表

教学环节	教师活动	学生活动	设计意图
交流方法	1. 请学生把这些方法分类，并说清分类的标准。 2. 听取学生汇报，并相机提问捕捉资源。 3. 小结：我们是如何推导出三角形的面积计算公式的？	交流反馈： (1) 按转化方法分。 (2) 按转化结果分。 用自己的语言把方法和转化前后的关系表述出来。	在交流中进一步提炼概括，并得出计算公式。
拓展延伸	我们利用割补的方法把三角形转化成学过的长方形或平行四边形，解决了新问题，以后我们还要用这种思想方法继续学习梯形等图形的面积计算。课后我们试一试。	练一练。 课后尝试独立推导梯形面积计算公式。	运用所学知识，把课堂教学向课后延伸。

[**教学设计 4**]

学校：常州市平冈小学	年级：一年级	班级：1 班	人数：34
学科：数学	课题：图形的初步认识	教师：蒋玉琴	日期：2012.4.16

一、教学目标

1. 通过动手操作活动，体验平面图形的生成过程。

2. 在分类活动中认识圆形、三角形、长方形和正方形，直观感受它们的特征。

3. 初步感受平面图形与立体图形的联系与区别，丰富对平面图形的认识。

二、制订依据

1. 教学内容分析。

一年级下的这个单元主要是经历从立体图形到平面图形的生成过程，并初步认识一些简单的平面图形，了解它们的主要特征。教材安排了第一课时认识圆和长方形、正方形，第二课时认识三角形和平行四边形。这些图形其实并非一个层次，圆是曲边图形，其他都属于直边图形。在直边图形里，三角形是三边形，长方形、正方形和平行四边形是四边形。如果按照教材划分的课时，学生接触到的就是点状的知识，不利于类意识的形成和层次意识的建立，也就不利于图形分类的知识结构的建构。

2. 学生实际分析。

学生在认识直观的长方体、正方体、圆柱体时，已经形成了一些有关常见的几何表面体的经验，在日常生活中，也积累了一些有关物体表面形状的经验。所以，让他们从直观几何体上“移”下平面图形来，既符合他们的认知水平和能力，也帮助他们积累了数学活动经验。

基于以上认识，我们将教材中的内容进行了重新组合，第一课时就让学生经历平面图形的生成过程，然后将学生“移”下来的所有平面图形进行分类，让学生在分类的过程中了解它们的主要特征，并寻找立体图形和平面图形的联系与区别。课堂中通过大量的图片欣赏和举例，丰富学生对平面图形的认识，规范和增强学生的语言表达。

教学过程

教学环节	教师活动	学生活动	设计意图
课前欣赏	大量的平面图形欣赏。	欣赏。	在欣赏中初步感受平面。
常规积累	今天同学们带来了很多积木，它们是什么形状的？	同桌交流。	回顾旧知，巩固对立体图形的认识。
经历平面图形生成过程	1. 在这些积木上有很多平平的面，你能找一找、摸一摸吗？动手试一试。 2. 我们今天就来研究这些平平的面（板书“面”）。	在积木上摸一摸平平的面。	体会平面图形的生成过程，感受“面”的来源，并通过自己动手画一画，初步感受立体图形和平面图形的联系与区别。
	1. 首先，我们要把这些平平的面从积木上移到纸上，想一想，可以怎样移？动手试一试。 2. 过程中推进： (1) 怎样才能画得好？ (2) 比一比谁描的图形种类多？	学生动手操作。	

续表

教学环节	教师活动	学生活动	设计意图
经历平面图形分类命名过程	1. 图形分类。 2. 展示学生画下来的图形：它们是从哪种积木上移下来的？分别是什么样子的？能把这些图形分分类吗？	观察后和同桌交流。 学生分类： 长方形、正方形、三角形、圆形。	通过对不同图形的观察进行分类，体会立体图形和平面图形的联系与区别，直观了解它们的主要特点。
	图形特点观察及命名。 1. 第一层次（长方形）： (1) 这类图形是从哪种积木上移下来的？它们是什么样子的？和原来的积木有什么不同吗？ (2) 交流长方形：长长方方的，是从长方体上画下来的，长方形只有一个面，而一个长方体就能找到好几个这样的面。 (3) 命名：长方形。贴出标准图形。 2. 第二层次（正方形、圆和三角形）： (1) 那么下面这三类图形是从哪种积木上移下来的呢？它们是什么样子的？和原来的积木有什么不同吗？请你用完整的语言和同桌交流一下。 (2) 交流正方形、圆和三角形。命名并贴出标准图形。 (3) 小结：这四种图形都是从立体图形上移下来的，它们都是平平的，叫平面图形。	同桌交流。 观察另外三类图形的特征，以及它们和几何体的区别，与同桌交流。 用一段完整连贯的话说一说。 同桌互相讨论，交流想法。	
	举例。 1. 生活中也有很多这样的平面图形，你能在哪些物体的面上找到这样的图形？ （交流，注意学生用词。） 2. 课前欣赏的画面中也有很多这样的平面图形，大家来找一找。	找一找生活中的平面图形。 欣赏生活中的平面图形。	拓展对这几种平面图形的认识，规范和丰富学生的语言表达。

续表

教学环节	教师活动	学生活动	设计意图
体验特征	1. 出示:钉子板。 能在钉子板上把今天认识的图形都围出来吗? 2. 展示围成的图形。 3. 为什么没有圆? 思考:为什么圆形围不出?	学生动手操作。 讨论后得出:圆是曲边围成的图形。	通过围的过程加深对平面图形的认识,初步体会直边图形和曲边图形的差异。
拓展延伸	我们可以按照边的曲直把这些图形分成曲边图形和直边图形,这些图形是不是还可以进一步分类呢?我们将在二年级继续学习。	学生课后思考。	为后续学习设疑、铺垫。

［教学设计 5］

<table>
<tr><td>学校：常州市中山路小学</td><td>年级：三年级</td><td>班级：2 班</td><td>人数：43</td></tr>
<tr><td>学科：数学</td><td>课题：轴对称图形</td><td>教师：奚利贤</td><td>日期：2019.4.23</td></tr>
<tr><td colspan="4">一、教学目标
1. 通过观察、操作认识轴对称图形，理解对称轴的含义。
2. 会画轴对称图形的对称轴。
3. 通过学习逐步培养主动研究、探索和解决实际问题的能力。
4. 通过演示和观察，感受图形对称美，感悟数学知识的魅力。
二、教学重、难点
1. 认识轴对称图形，会画对称轴。
2. 识别轴对称图形，建立空间观念。</td></tr>
<tr><td colspan="4">教学过程</td></tr>
<tr><td>教学环节</td><td>教师活动</td><td>学生活动</td><td>设计意图</td></tr>
<tr><td>常规积累</td><td>1. 出示天安门、飞机、奖杯、脸谱、剪纸等。
2. 提问：观察下面的物体，你能发现它们的共同特征吗？</td><td>观察，体会或发现这些图形共同的特征。</td><td>初步感知图形“对称”的特点。</td></tr>
<tr><td>轴对称图形、对称轴的概念</td><td>1. 我们把一些物体画下来，可以得到下面的图形。你能把这些图形先对折，再观察它们的特点，然后把这些图形分分类吗？（飞机、奖杯、脸谱、剪纸、环形交叉标志、巴西国旗、平行四边形等。）
2. 过程中指导：折与对折。
3. 观察对折后两边完全重合的图形（手指，不说），说说这些图形对折后有什么特点？
4. 辨析：
（1）环形交叉标志、巴西国旗（小结：只有对折后两边完全重合的图形才能归在这一类）。
（2）平行四边形（小结：平行四边形对折后两边的图形虽然一样，但不完全重合，所以平行四边形不能归为这一类）。
5. 命名（手指）：我们把这一类对折后两边完全重合的图形就叫作轴对称图形，对折时会产生一条折痕，折痕所在的位置就叫作对称轴。对称轴一般由点到线来画。教师举例。</td><td>对折、观察、分类。
感知：两边一样、两边相同、没有多余、正好等等。
理解部分重合与完全重合。
理解两边一样和重合后一样。
选一个轴对称图形画出它的对称轴，并说一说自己是怎样找到这条对称轴的？</td><td>学生学习知识不是一个简单的接受过程，而应是一个发现的过程，一个创造的过程。学生只有通过自己的实践、比较、思索、发现，才能真正对学习内容产生兴趣，进而领悟、内化为自己所有。</td></tr>
</table>

续表

教学环节	教师活动	学生活动	设计意图
找出对称轴	1. 交流讨论:我们可以怎样来找轴对称图形的对称轴呢? 2. 巩固练习:刚才的一组图形我们通过折一折的方法找到了它们的对称轴,老师这儿还有一组图形,请你选择自己擅长的方法找到它们的对称轴。 3. 快速反应:出示图片,想象,它们的对称轴在哪里? 有几条?	同桌讨论(折、画、想)。 选择折、画或想的方法找到它们的对称轴。 想象对称轴。	学生经历折、画、想这样找对称轴的过程,层层递进,促进学生思维的发展。

［教学设计 6］

学校:常州市东方小学	年级:五年级	班级:8 班	人数:45 人
学科:数学	课题:圆的认识	教师:许红英	日期:2010.4.13

一、教学目标

1. 在大量感性材料与现实情境的分析中感悟、认识圆的本质特征,理解圆心和半径的作用。

2. 掌握圆各部分名称,会用字母表示圆心、半径,理解并掌握同圆(或等圆)中半径与直径的特点。

3. 能比较熟练地用圆规画圆。

4. 经历和体验“材料感知—聚类分析—归纳特征—抽象命名”的概念建构的过程,逐步提升学生比较、概括、抽象及数学语言的表达能力。

二、制订依据

1. 教学内容分析。

圆是小学数学里最后教学的一个平面图形,也是教学中唯一一个由曲线围成的平面图形。对于“圆的认识”,苏教版教材分三段编排:首先是通过描物体上的圆形面,直观感受圆的曲线特征;其次通过折圆形纸片或用圆规画圆介绍圆的各部分名称;最后通过画、量、折等小组活动,深入体验半径和直径的特征与关系,同时规范地指导画圆步骤,让学生熟练掌握画圆的方法。学生认识圆的过程主要以认知和操作为主。

教材在编排体系中关注到了学生认知平面图形的一般规律,通过画、量、看、想、议等活动引导学生对于圆的内部特征进行分析,使学生随之掌握画圆的一般方法与步骤。

圆是指平面上一动点以一定点为中心、以一定长为距离运动一周的轨迹。从中可以看出:圆的本质特点在于“定点、定长和旋转一周”,这也就是工具能够画圆的原理所在。如何在教学中把握重点,让学生感悟概念的本质内涵?教材着力于让学生结合现实情境在操作中去感悟。

怎样才能让教材知识更加丰富鲜活,将其静态的美动态地呈现出来,从而展现其独特的本质内涵呢?

不妨让学生在圆概念学习的过程中经历“材料感知—寻找不同中的相同—归纳提炼、抽象命名”的聚类分析过程,让学生在过程中形成对概念内涵的丰富认识,提升学生比较、归纳和抽象的能力。

基于以上认识和理解,本节课重点从三个环节组织教学:第一环节,圆的原理认识。通过在不同情境中画圆的输入,启发学生发现内隐的共同特点,提炼特征,并反思寻找各个情境中的关键要素。第二环节,通过进一步的画圆活动,结合原理的认识,产生对圆心、半径功能的认识。第三环节,通过折圆纸片的活动,组织学生针对半径与直径的特点展开交流,深入探究更为核心的要素特点。

2. 学生实际分析。

生活中的许多物体都有圆形的面,圆的外部形状已经留在学生的头脑中,学生对“圆”有着丰富的感性认识。虽然学生没有系统地学习过有关圆的知识,但是在日常的阅读、游戏等过程中,学生对“圆规”“圆心”等词汇并不陌生,也有比较丰富的体验画圆的感性认识。同时,学生在学习本课之前,对平面图形上的直线图形有了系统的认识和理解,在学习的过程中也积累了相当丰富的方法,如“折、量、画、数、比(估)、看、议”等。这些都为本节课的学习打下一定的基础。

学生在本节课学习前期,对圆的核心特征与要素只是有一个初步的印象,而对于其特性及功能还不甚清晰,这同样也是本节课中学生发展的生长点。因此本节课的教学就是抓住学生知与不知、表面知道与深层模糊的冲突,通过对现实情境的分析与归纳,使学生形成较为系统的关于圆的特征的认识。

续表

教学过程			
教学环节	教师活动	学生活动	设计意图
感悟圆的外部特征	1. 呈现一组图片,学生欣赏。 从中你看到了什么平面图形?说一说它与其他平面图形比如长方形、正方形有什么显著的不同。 2. 明确:像长方形那样由线段围成的图形为直线图形,而圆是由曲线围成的。	1. 观看媒体。 2. 同桌相互说一说圆与其他平面图形的不同。 学生可能: (1) 没有角。 (2) 是曲线围成。	借助媒体,通过思考与交流,使学生在直观认识圆的基础上进一步明了圆与其他平面图形的区别。凸显圆的外部直观特征。
感悟原理,提炼特征	第一层次:不同情境中画圆的输入。 1. 情境一:空中画圆。 先来做个小游戏,瞧这个工具(出示工具开始转动),当我的手停止不动时,小球由于惯性,甩出了什么? 2. 情境二:操场上画圆。 (1) 在空中浮现了一个小小的圆形轨迹。如果要在操场上画一个大大的圆呢?大胆想象一下,可以怎样画? (2) 看来你们的想法和体育老师的做法是不谋而合啊。让我们一起来看看他到底是怎么画圆的,有什么技巧?(看视频。) 要用力按住绳子的一端。 绳子要拉直,不能松…… 绳子可以用牛皮筋代替吗? 3. 情境三:教师演示圆规画圆。 (1) 过渡:刚才小球由于惯性转出了一个圆,体育老师利用特殊的工	1. 预设可能: (1) 用大圆规。 (2) 利用一个大圆纸片画。 (3) 以一只脚为原点,手上拿着铲子,然后旋转一周画。 (4) 再大些,怎么画? 两位同学合作,一个拉住绳子的一端,另一个拉紧绳子转一圈。 2. 小结:要画大圆就得先把绳子的一端用力按住,再将这根很长的绳子拉紧绷直了,最后转动一周,这些技巧都很重要。	圆是定点、定长、旋转一周得到的图形。虽然学生不一定能够画一个漂亮的圆,但是对画圆并不陌生。借助学生对画圆的感性认识,将不同情境中的画圆过程清晰地呈现在学生面前,使得学生在不断地观察、操作和思考的过程中感悟画圆的原理所在,为进一步归纳提炼圆的特征提供丰富的感性支撑,为概念形成的水到渠成做准备。

续表

教学环节	教师活动	学生活动	设计意图
	具在操场上画了一个大圆，后来，人们利用画圆的原理，创造出了什么画圆工具？（圆规。） （2）圆规画圆非常方便，它是画圆常用的工具。注意观察我在黑板上画圆的过程，不要漏掉任何一处细节。 4. 情境四：学生试画圆。	3. 共同经历四次画圆的过程并思考是怎样画的。怎样画得又快又好？要注意些什么？初步感受画圆的原理。 （1）观察思考如何用圆规画圆。 （2）学生首次尝试用圆规画圆。 4. 可能状态： （1）画得很好。 （2）画不圆。 5. 学生交流中抓住： （1）中间一个点不能动。 （2）圆规两脚的间距不能变。 （3）要旋转一周。 （4）要握住头。	
感悟原理，提炼特征	第二层次：发现共同的特点，提炼圆的特征。 1. 提问：在空中画圆，在操场上画圆，在黑板上画圆，在纸上画圆。在不同的情境里画圆，有没有相同的地方？ 2. 组织学生交流想法。	1. 回顾四种情境中的画圆过程，思考内隐的共同特征，并与同桌交流。 2. 感悟：虽然情境不同，但是都要确定一个点、确定一定的长度，最后旋转一周。	通过聚类分析，突出圆的基本特征。对定点、定长和旋转一周有更加深刻的认识，形成概念。
	第三层次：命名并思考不同情境中的关键要素。 1. 谈话：虽然画圆的情境不同，但都要先固定一个点，展开一定的距离，然后旋转一周。 2. 介绍：我们把固定的点叫作圆心，通常用字母 O 表示。确定的这段距离，叫“半径”，用字母 r 表示。 3. 提问：回顾刚才画圆的四个情境，你能找到它们的圆心和半径吗？ 组织交流。	1. 认识圆的各个部分，并与同桌互相说一说。 2. 独立思考以后与同桌交流。 3. 学生回答每一种情境中圆心的位置和半径的长短。 辨析：半径从哪里开始画到哪里？	借助情境图，让学生在充分体验和感悟的基础上认识圆的各部分名称。 在操作中辨析比较，使学生进一步明晰“半径”是连接圆心和圆上任意一点的线段。

续表

教学环节	教师活动	学生活动	设计意图
感悟原理，提炼特征	提问：每一个情境中的圆，它的圆心在哪里？半径在哪里？ 示范：在圆中画一条半径。 找出自己画的圆的圆心和半径，并用字母表示。 过程中：有的同学还不止画了一条半径呢！这些半径都相等吗？ 4. 现在你能说说，什么是半径了吗？ （看动画。）	重点辨析在操场画圆的半径和甩球画圆的半径。 4. 通过相互补充，在过程中渗透感悟半径有无数条，且长度相等。	引导学生回忆不同情境中画圆的过程，找到圆心和半径，在反思中进一步认识圆的基本特征。
理解直径及其与半径的关系	第一层次：找出直径。 1. 看动画，观察其中有一条特殊的线段(电脑凸显这条线段)。 问：它特殊在哪里？像这样特殊的线段，圆里面还有吗？ 师揭示：它叫直径，用字母 d 表示。 2. 现在，你能说说什么是直径吗？ 3. 找出圆形纸片的直径。 给你一张圆纸片，你能不借助工具，找到直径吗？	1. 可能： (1) 在同一条直线上。 (2) 经过圆心。 (3) 两端都在圆周上。 追问：圆心在哪里？两端在哪里？ 2. 对折后，折痕就是直径。 追问：对折后，直径所在的直线，还是圆的什么？ (对称轴。)	创设现实的问题情境，引导学生在操作活动中找到圆心，并直观感受折痕即圆的直径。
	第二层次：在小组活动中发现直径、半径的特点与关系。 1. 师问：半径与直径它们都有哪些特点？圆的对称轴、半径、直径、圆心，它们有怎样的联系呢？可以继续折一折、画一画、量一量、想一想，相信你有更多的发现。 2. 教师在过程中可以打开思路：有的同学关注了直径和半径的长短关系，有的还在研究条数。	1. 学生带着问题展开活动，研究直径、半径的特点与关系。 2. 在交流中明确： (1) 直径是半径的 2 倍。 (2) 直径和半径有无数条。 (3) 同一圆中直径长度相等，半径长度也相等。 (4) 圆是轴对称图形，直径就是它的对称轴，有无数条对称轴。	在小组活动中独立探究，在交流互动中教师引导学生逐步发现直径、半径的特点及相互关系。

续表

教学环节	教师活动	学生活动	设计意图
感悟圆的位置关系与大小	1. 现在你能更熟练、准确地用圆规画圆了吗？画出两个圆，边画边体会一下圆心与半径的作用。教师巡视，捕捉基础性资源。 (1) 同心圆。 (2) 分离的两个圆(一样大)。 (3) 相交的两个圆(一样大)。 2. 分步呈现学生的圆。 (1) 为什么同一个圆心却可以画两个圆？ (2) 这里的几组圆大小是一样的，那是什么原因使得两个圆有这些不同的位置关系？关键在哪里呢？	1. 在教师的问题引导下主动用圆规画两个圆。学生画出的两个圆，位置关系有多种。 2. 学生在教师的引导下思考并形成想法： (1) 改变圆的半径后，圆的大小不一样了——半径决定圆的大小。 (2) 圆心决定圆的位置。	在进一步练习画圆的过程中引导学生观察并思考，在具体的现实素材中，体会是什么原因造成圆有大有小，是什么原因导致位置关系不同的现象，在观察比较中明确圆心与半径。
总结拓展	1. 今天有什么收获？ 2. 还能研究圆的什么？	学生交流。	迁移其他平面图形的学习内容和学习方法，让学生对圆的整体学习有一个初步的认识。
欣赏图片	媒体播放。	在欣赏的过程中体会圆的美、圆的魅力和文化所在。	进一步体会圆无处不在，很美，有其独特的魅力。

［教学设计 7］

学校：常州市新北区安家中心小学	年级：六年级	班级：2 班	人数：38
学科：数学	课题：确定位置	教师：冯震	日期：2010. 3. 28

一、教学目标

1. 学生在具体情境中初步理解北偏东（西）、南偏东（西）的含义，会用方向和距离描述物体的位置，初步感受用方向和距离确定物体位置的科学性。

2. 优化学生的学习方式，促进学生积极参与整个学习活动，在经历描述物体方向和距离的过程中，进一步培养观察能力、识图能力和有条理地进行表达的能力，发展空间观念。

3. 学生体验数学与生活的密切联系，进一步增强用数学眼光观察日常生活现象、解决日常生活问题的意识。

二、制订依据

1. 教学内容分析。

本单元教学是在学生学习了东西南北等八个方向、认识了简单的线路图等基础上开展的，“从方向和距离两个方面确定物体所在的位置”，是“确定位置”内容的延续和发展。这部分内容对学生认识自己的生活环境、发展空间观念具有重要作用。

本节课以例题“描述灯塔的位置”为素材，鼓励学生联系已有的方向经验亲自参与探究活动，应用度量角和画角的方法以及比例尺的知识，进一步了解方向、体会距离，发展空间观念。

2. 学生实际分析。

学生在此前已经有四次有关方位的接触经历：一年级上册教材中，用上、下、前、后、左、右描述物体的相对位置；二年级上册教材中，用“第几排第几个”的形式描述物体所在的位置，用东、南、西、北描绘物体所在的方向；二年级下册教材中，认识东北、东南、西北、西南等方向，用方向词描述行走路线；四年级下册教材中，用“数对”确定物体的位置。此外，学生在四年级学习了角的度量，上一单元又研究了有关比例尺的知识，因此，知识储备是比较丰富的，但是如何让学生体会到只有将方向和距离两者结合起来才能确定物体的准确位置，如何让学生在确定位置中展开对角度的判断、测量与描述等，都会存在一定的难度。

因此，整个过程中我力求以学生发展为基点，在引发认知冲突中激发学生探究需求，让他们经历从模糊到清晰、从碎片到系统的认识过程。通过描述物体方向和距离的过程，进一步培养学生观察能力、识图能力和有条理地表达的能力，发展空间观念，实现“空间与几何”领域特有的育人价值。

教学过程

教学环节	教师活动	学生活动	设计意图
谈话导入、揭示课题	同学们，从六（2）班来到多媒体教室，什么发生了变化？在教室可以用什么方法确定位置？如果是在空中或海上，又是通过什么方式确定物体的位置呢？今天我们继续研究确定位置的方法。（板书“确定位置”。）	全班互动。	以简洁明了的谈话、设问导入新课，聚焦学生的注意力，有助于学生快速进入学习状态。

续表

教学环节	教师活动	学生活动	设计意图
	1. 初步感知准确描述位置需要方向(角度)和距离。 出示:一艘轮船在大海中航行的场景图。 "放":灯塔1在轮船东北方向。 2. 巡视收集两类资源:不是在东北区域、在东北区域不同的位置。 小结:东北、西北、东南、西南指一个区域,而不是一个准确的方向。 "放":那怎样才能准确描述灯塔1的位置呢?	根据教师的描述练习纸上描点表示灯塔1的位置。 独立思考后同桌交流。 初步感知:准确描述位置需要带角度的方向和距离。	充分利用学生已有的知识和经验,帮助学生找到新旧知识的连接点。但用已有知识进行描述所得到的图形都是不一样的,借此引发冲突,产生解决问题的需要,并提供充分自主探索和交流的机会,让学生体会到用方向和距离表示物体的位置更加准确。
核心过程推进	1. 在过程中认识、感悟。 (1) 出示轮船平面图(既有角度又有距离)。 "放":要求记录对灯塔1位置的描述。 巡视并收集资源。 (2) 并列呈现学生资源:你觉得哪种描述最准确? 小结:"北偏东30°"方向是确定的,距离又是确定的,所以第三种描述最准确。 (3) 观察:北偏东在什么区域?所以东北方向也叫北偏东,但不说东偏北,你们知道这是为什么吗? 2. 课件介绍。 方向的规定就是以航海学为依据的。人们都知道轮船在海洋里航行,茫茫大海很难找到参照物,所以是以罗盘(指南针)确定航行的方向。指南针的一端指着南、另一端指着北,先确定的是南北方向,所以航行的方向以南、北为标准。 拓展:东北方向也叫北偏东,那西北方向、西南方向、东南方向也叫什么呢? 跟老师边做手势边说。	每人尝试记录。 可能: (1) 灯塔在轮船的东北方向6千米处。 (2) 灯塔在轮船的东北方向30°、6千米处。 (3) 灯塔在轮船的从北往东偏(北偏东)30°方向6千米处。 同桌说说。 全班互动。 同桌说说后全班交流。 再次描述灯塔1的位置。 记录:描述灯塔2的位置。	只有让每一位学生参与学习的过程,才能了解学生的真实情况。学生凭借对准确描述位置的直觉,记录了自己的理解,在生生互动、师生互动中生成了正确认识。这种认识不是机械接受,是意义建构。

续表

教学环节	教师活动	学生活动	设计意图
核心过程推进	3. 板书： 灯塔1在轮船的北偏东30°方向6千米处。 灯塔2在轮船的北偏西55°方向6千米处。 进一步强调：30°和55°都是以什么方向为基准的？ 4. 反思、提炼。 回忆刚才的过程，说清物体的位置，必须具备什么条件？ 强调：首先要说清观测点。 因此，要精确描述物体的位置，必须说清（手指板书）观测点、方向和距离，如果只说北偏东或北偏西，只能确定物体所在的一个区域，或者说在一个面（边说边板书）上，有了度数就能确定在哪条线（边说边板书）上，最后只有告诉了我们距离，才能准确描述物体所在的一个点（边说边板书）上，这就是我们从面到线再到点，精确描述物体位置的方法。	独立思考后全班交流。	通过由“面”到“线”再到“点”，学生真切感受到了精确描述物体位置的方法，提升了思维。
	1. 联系实际，巩固深化。 (1) 下面让我们离开蔚蓝色的大海，仰望广阔的天空。 出示：这是一个飞机场的雷达屏幕，飞机怎样飞才能保证相对于机场的方向不变？飞机怎样飞才能保持和机场的距离不变？ (2) 趁着天气这么好我们去参加户外活动。我们来到了南山旅游景区（课件），以林峰塔为观测点，你能确定各个景点的位置吗？ 2. 教师巡视。 第一层次：关注飞霞阁的错误资源，突出南偏西的角度。 第二层次：交流玉龙潭位置。 (1) 在林峰塔附近有一个山洞（出示：山洞在林峰塔的北偏西40°方向9千米处）。 (2) 在这山洞的北偏东20°方向6千米处有一个孔雀园，你能指出它的大概位置吗？	请同学们先想一想再和同桌说说。 指名边做手势边说。 独立在练习纸上完成。 对飞霞阁方向的确定可能有：南偏西30°、南偏西60°、西偏南30°。 上台指一指是哪个角，然后量给大家看。 辨一辨、量一量。 同桌指一指在图上的大概位置。 课后探究：在平面图上准确找到它的位置。	利用生活中的场景渗透距离、方向、角度对描述物体的重要性。 在练习中将原有比例尺的知识穿插其中，培养了学生综合运用的能力。

续表

教学环节	教师活动	学生活动	设计意图
总结延伸	今天我们又一次走进了"确定位置",其实在之前我们曾多次与"确定位置"有亲密接触。 (课件回放。) 今天,当我们走出教室来到更为广阔的空间时,我们又学会了用方向和距离确定位置。从几行中的一个点,再到面中的一个点,再到空间中的一个点,人生就是这样一个不断丰富的过程。	学生边听边思考。	回顾总结,沟通了知识间的内在联系,促使学生达成认知的系统化,形成结构化的认识。激发学生进一步探究的激情。

课型系列研究四　解决问题的策略与统计概率

[教学设计 1]

学校:常州市平冈小学	年级:四年级	班级:2 班	人数:50
学科:数学	课题:解决问题的策略——画图	教师:蒋玉琴	日期:2011.5.18

一、教学目标

1. 在具体的问题情境中产生画图的需求,学会用画图的方法整理条件与问题,进而发现内在联系,形成解决问题的思路和步骤。

2. 在解决问题的过程中体验画图的优势,形成依托图形灵活、有效地解决不同问题的自觉与能力。

3. 进一步积累解决问题的经验,形成初步的策略意识和选择意识,发展形象思维和抽象思维,提高学好数学的自信。

二、制订依据

1. 教学内容分析。

解决问题的策略是解决问题的一种必要的思想方法,它体现了正确、合理、灵活地解决问题的思维素质,掌握得好与坏将直接影响学生解决问题的能力。这部分内容是在学生已经初步学习了用列表的策略解决实际问题,了解了同一问题可以有不同的解决方法的基础上学习的。本课系统研究用画图的方法收集、整理信息,并在画图的过程中分析数量关系,寻求解决较复杂的面积问题的有效方法。教材安排的例题,主要是呈现生活情境,提供数学信息,让学生经历"画图整理信息—分析数量关系—解决实际问题"的全过程,使学生在解决问题的过程中感受画图整理信息的价值,并产生对这一策略的心理需求,形成解决问题的策略,从而提高学生解决问题的能力。另外,教材对两个量一增一减的变化没有要求,因此课堂上只是通过教师的示范让学生有所了解,不做画图的要求。

2. 学生实际分析。

学生在三年的学习过程中,尝试过画线段图来表示相差关系、倍数关系,在图形单元中运用过画示意图的方法帮助自己思考较复杂的减拼等问题,这些都有助于学生自觉地调用经验来学习、体会和应用"画图"这一策略。在四年级上学期学生初步体验了用表格整理信息这一策略的价值,对数学学习中面对具体情境要选用恰当的策略帮助自己思考和解答有初步的感受。

在三年级学习周长和面积的时候,大部分学生会用画长方形、正方形的图示,来帮助解决周长和面积的简单变式问题。但是面对数量关系比较隐蔽或稍复杂的长方形面积计算问题时,部分学生不知道从何下手,部分学生知道要画图,但仅仅是凭直觉在画,对于为什么画、怎样画、画完之后怎样利用图来解决问题并不清晰。因此要在学习过程中帮助学生不断反思,不断总结,发现、梳理、提炼自己的思路并最终形成有效的策略。

续表

教学过程			
教学环节	教师活动	学生活动	设计意图
常规积累	呈现材料。 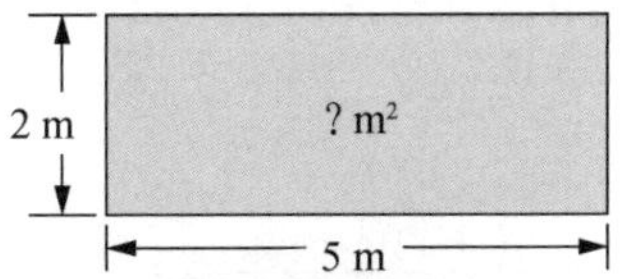 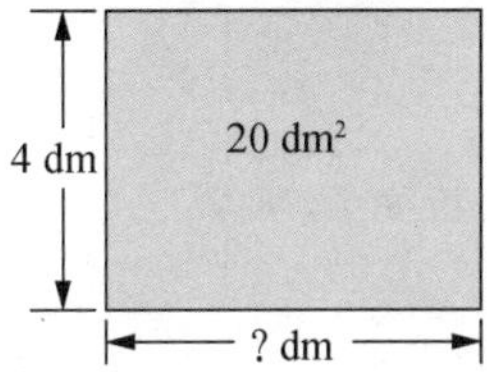 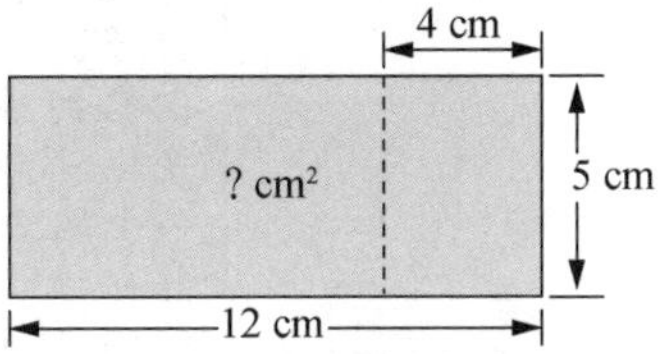 2 m；? m^2；5 m 4 dm；20 dm^2；? dm 4 cm；? cm^2；5 cm；12 cm	同桌互说，每个图中每个数据表示什么意思，再动笔算一算。	一方面复习三年级下册长方形面积计算的基本公式，另一方面引导学生关注隐含条件，明确要求出面积，必须知道长和宽这两个必要条件。
创设情境引入策略	1. 一"放"：产生画图的需求。 梅山小学有一块长方形花圃，长 8 米。在修建校园时，花圃的长增加了 3 米，这样花圃的面积就增加了 18 平方米。原来花圃的面积是多少平方米？ 过程中质疑：怎么没有刚才的题目解答得快了？ 2. 交流： (1) 指导长增加 3 米的画法。 (2) 针对学生画图情况指导如何标注条件和问题。 (3) 体会画图的意义。 3. 小结：图使数量关系一目了然，画图是解决问题一个很好的策略。板书课题。	独立尝试，解答问题。与常规积累题对比，产生画图的需求。 感悟如何表示增加。明确标注的全面性。与文字表达比较，发现图一下子就能找到关系。	时刻关注学生状态，针对学生的困难进行指导，一是激发画图的需求，二是指导增加 3 米的画法。 引导学生结合着示意图进行观察推理，分析数量关系，确定解题思路，感悟到画图方法在解决复杂面积计算问题中的优越性。

续表

<table>
<tr><th>教学环节</th><th>教师活动</th><th>学生活动</th><th>设计意图</th></tr>
<tr><td rowspan="3">整体把握一个量变化的情况，初步感受策略</td><td>二“放”：一个量变。
尝试各种变化。
提问：刚才解决的问题，花圃的长变了，增加了，长还可以怎样变？既然长可以变，还可以变什么呢？有几种不同的情况？你能不能画一画？
交流类型。</td><td>尝试画图。
一共有几种情况，互相说一说。</td><td rowspan="5">打开学生的思路，通过由易到难两个层次的变化，按类清楚地表达一个量变的四种情况，并在计算中找到解决问题的共同之处。对两个量都变的情况适当放低要求。
通过学生尝试、教师补充的方式，使学生整体把握面积变化的各类情况。为后面正确画图解决更复杂的面积问题做准备。</td></tr>
<tr><td>标注条件和问题。
要求：通过研究，同学们发现有这样四种情况（呈现），老师提供条件和问题，四人小组每人选择一题标注条件和问题，并列式计算。
交流：如何标注，选择一题说明思路。</td><td>依据图，分析关系，列式解答。</td></tr>
<tr><td>沟通联系。
提问：解决问题的过程有什么共同的地方？
小结：解决这些情况时，不管是长增加、减少，或者是宽增加、减少，都要利用已知量先求出不变量，求出原来的面积。</td><td>感悟：先求出不变的量。</td></tr>
<tr><td rowspan="2">整体把握两个量变化的情况，深入感悟策略</td><td>三“放”：两个量变。
提问：刚才讨论的是一个量变的情况，有没有更复杂的情况（两个量的变化）？怎么变呢？
聚焦：长增加，宽增加，你会把变化的过程在图中表示出来吗？</td><td>同桌互说。
尝试画图。</td></tr>
<tr><td>交流：
（1）类型。
（2）画法：聚焦“长增加、宽增加”。PPT 动画演示。
迁移：其他的几种你会画吗？
重点交流“一个增加一个减少”的情况。
标注计算：老师也给大家提供了数据，请标注，找到联系，并计算。
归纳：变化情况不一样，有什么相同的地方？</td><td>预设：
（1）有的同时增加的画法不正确，缺一块。
（2）一个增加一个减少的情况大多数学生比较困难。
找到现在的长和宽，计算。</td></tr>
</table>

续表

教学环节	教师活动	学生活动	设计意图
整体把握两个量变化的情况，深入感悟策略	练习：我们学校准备改建一块长方形花圃，原来长 10 米，宽 8 米。改建后长增加了 5 米，宽增加了 2 米。花圃的面积增加了多少平方米？ 根据学生完成情况交流。 小结解题步骤：画图整理信息，分析数量关系，解决实际问题。	根据要求，独立画示意图并标上条件和问题（阴影），根据图来分析数量关系并解答。 小结解题步骤。 互动交流。	让学生完整经历判断、画图、分析、解答的过程，通过分析，感知画图整理信息、根据对应数量关系分析思考，是解决问题的最佳途径，进一步体验“画图”对解决问题的作用。
拓展延伸巩固策略	谈话：今天这节课，通过画示意图，解决了面积变化的问题，初步体会了画图的策略。实际生活中问题的类型非常丰富，针对其他问题，又该怎样来画图？我们以后继续学习。	课后自主探索。	巩固画图策略，把被动应对转变为主动把握，从而清晰把握其中不变的解题思路。

[教学设计 2]

<table>
<tr><td>学校:常州市平冈小学</td><td>年级:五年级</td><td>班级:2 班</td><td>人数:50</td></tr>
<tr><td>学科:数学</td><td>课题:解决问题的策略——列举</td><td>教师:蒋玉琴</td><td>日期:2010.11.3</td></tr>
<tr><td colspan="4">一、教学目标
1. 经历用一一列举策略解决实际问题的过程,能不遗漏、不重复地列举出符合要求的所有答案。
2. 感受“一一列举”的特点和价值,进一步发展思维的条理性和严密性。
3. 进一步积累解决问题的经验,增强解决问题的策略意识,提高学好数学的信心。
二、制订依据
1. 教学内容分析。
四年级教材中安排了“列表整理”和“画图”这两个基本策略的教学,为学生对策略的学习和应用打下了良好的基础。本节课的主要内容是教学解决问题的常用策略之一——枚举。所谓枚举就是一一列举,即把事情发生的各种可能逐个罗列,并用某种形式进行整理,从而得到问题的答案。生活中有许多实际问题,需要通过列式计算来解决。但有些问题,不必通过列式,只要联系生活经验,用列举的方法就能比较容易地得到解决。在列举时,要做到不重复、不遗漏,关键要做到有序地思考,必要时可以先分类再列举。在列举出所有的情况后,更需要根据实际情况做出判断和筛选。
2. 学生实际分析。
本单元教学用“一一列举”的策略解决一些简单的实际问题。在此之前,学生已经学习过用列表整理的策略解决问题,对策略运用的价值已有了一些初步的体验和认识。
学习这一部分知识的重点是培养学生的有序思维。对于“有序”,在以前的学习和生活中学生的体验是相当深刻的,早在一年级学习 10 以内数的分与合的过程中就已经有了初步体会。随着教学的深入,这样的体验越来越充分。这样的经验积累,有助于学生自觉地调用经验来学习、体会和应用“一一列举”这一策略。但在遇到较复杂的问题时,对可能出现的情况要先进行分类,再一一列举。学生缺乏类似的体验,有 60%的学生是凭感觉,90%的学生对组合后出现的重复情况也没有足够的敏感性,不会关注结果的重复,因此需要给予学生方法上的指导。</td></tr>
<tr><td colspan="4">教学过程</td></tr>
<tr><td>教学环节</td><td>教师活动</td><td>学生活动</td><td>设计意图</td></tr>
<tr><td>常规积累</td><td>1. 显示故事画面:乌鸦喝水、曹冲称象、司马光砸缸。
2. 提问:想一想,这些故事都能告诉大家什么道理呢?谁来跟大家交流一下?上学期学过什么解决问题的策略?这节课继续研究新的策略。</td><td>回顾旧知,个别回答。</td><td>开门见山,导入新课,提出研究问题。</td></tr>
</table>

续表

教学环节	教师活动	学生活动	设计意图
解决问题 感悟策略	情境引入：找出14路和31路公交车第二次同时发车的时间。	把14路和31路车发车时间分别列举出来。	感受列举策略，体验列举过程。
	探索方法。 1. 出示例1，提出问题： 如果你是王大叔，你会围成长和宽分别是多少米的长方形羊圈？ 2. 教师巡视，捕捉资源。 3. 呈现资源，引导辨析： (1) 看到这几位同学的想法，你有什么想说的？ (2) 你认为哪种列举方法更清晰？	独立审题，尝试解题。 学生情况预设： ① 列举无序，答案错误。 ② 列举有序，重复。 ③ 多种形式的正确资源。 观察比较，集体评价。	在引导学生评价的过程中突出有序列举的价值，初步体验一一列举的策略。
	发现规律。 1. 联系生活，合理分析： 你会选择哪种围法？为什么？ 2. 引导比较，发现规律： 观察比较表中数据，说说有什么发现？ 3. 拓展： 当周长是100米、50米、120米时，长和宽分别是多少时面积最大？	个别交流，说说自己选择的围法。 仔细观察，寻找规律。	沟通数学与实际生活的联系，依托一一列举策略发现规律。
运用策略 体会价值	1. 出示例2，突破难点： “最少订1本，最多订3本”是什么意思？ 2. 呈现资源，分析沟通。 指名交流，引导思考：这几种方法在表达形式上似乎不同，但不同中有没有相同之处呢？ 3. 比较例1和例2两种列举方式，有什么相同和不同之处？（有序，确定起点，确定类型。）	理解题意，独立解答。 学生情况预设： ① 列表格。 ② 文字。 ③ 字母表示。 ④ 算式。 个别介绍，相互评价。 观察分析，发现共性。	在运用策略的过程中帮助学生多角度分析解题过程，体会在遇到较复杂的问题时，要做到不重复不遗漏地有序列举，可以先分类再按类列举。
	1. 出示习题。 2. 捕捉资源。 3. 集体评议。 4. 比较订书和打靶问题，有什么异同？（确定类型，有序列举，有重复，无重复。）	独立练习，引发争论。 学生情况预设： ① 3种。 ② 6种。 ③ 9种。 ④ 5种。 重新审题，形成共识。	在体验先分类再有序列举的基础上，进一步体会不同情境下不重复的意义。

续表

教学环节	教师活动	学生活动	设计意图
拓展延伸	今天我们学习了一一列举的策略，其实在我们以前的学习过程中早就与一一列举策略接触过。在实际的生活中，有时还必须从不同角度思考，灵活地运用列举策略来解决问题，我们将会进一步研究。	PPT上了解二到四年级接触过的列举策略。 回顾总结。	回顾总结，激发进一步学习的兴趣。
板书设计	确定起点 解决问题的策略——一一列举 有序　　确定类型 （不重复　不遗漏）		

［教学设计3］

学校：常州市平冈小学	年级：五年级	班级：2班	人数：47
学科：数学	课题：解决问题的策略——倒推	教师：蒋玉琴	日期：2011.3.12

一、教学目标

1. 在主动整理信息并感悟数量关系的基础上，体验用“倒推”的策略解决问题的思路。

2. 在对解决实际问题过程的不断反思中，感受“倒推”的策略对于解决特定问题的价值。

3. 进一步积累解决问题的经验，增强解决问题的策略意识。

二、制订依据

1. 教学内容分析。

生活里的事情从发生到结束总是有过程的，事情发生的过程或是在数量的多少上发生变化，或是在方向、路线、时间等方面发生变化，或是在其他方面发生变化。研究这些事情里的数学问题经常有两条线索：一条是从事情的起始状态，根据将要发生的变化，推断结束时的状态；另一条是从事情的结束状态，联系已经发生的变化，追溯起始状态。学生比较习惯用前一条线索分析数量关系和解决实际问题，但是，有些问题用后一种思路去解决是比较方便的。本单元教学“倒推”策略，通俗地讲就是“倒过去想”，即从事情的结果倒过去想它在开始的时候是怎样的。

在简单的事情中初步体会倒推是一种策略。例1用图画呈现了甲、乙两杯果汁共400毫升，甲杯倒入乙杯40毫升，两杯里的果汁同样多。这是一件事情的开始、变化、结果三个时段的主要状况。甲杯里的部分果汁倒入乙杯后，两杯果汁才同样多，如果把甲杯倒入乙杯的那些果汁仍然倒回甲杯，就恢复了两杯果汁的原状。这是人们的经验，也是学生能够想到的办法，教材用图画展示了思考的过程和问题的答案。这道例题的教学重点在于体验“倒推”是解决问题的策略。为此，还安排了两项活动。一是在表格里先填写甲杯和乙杯现在各有果汁200毫升，再填写它们原来有多少毫升果汁，通过填表反思“倒回去”的过程。利用加法或减法计算倒入和倒出的问题，能进一步理解“倒回去”的意思，体会它对解决问题的作用。二是组织学生说说解决这个问题的策略，先回顾例题是怎样的实际问题、它是怎样解决的，再交流解决问题的方法有什么特点，以及对这种方法的感受。这样，就从解决问题的过程中提炼了思想方法。

举一反三，运用倒推策略解决实际问题。例2中小明的邮票经过两次变化最后还剩52张，问题是他原来有多少张邮票。学生会感到，这题的事情虽然和例1不同，但都要从现在的数量追溯原来的数量。教材通过“你准备用什么策略解决这个问题”引导学生“倒过去想”，即：如果跟小华要回30张邮票，那么小明就有52＋30＝82(张)；如果不收集24张邮票，那么小明只有82－24＝58(张)。“倒过去想”需要整理事情从开始到结束的变化过程，排出各次变化的次序。还要联系生活经验，思考“倒过去”的方法。如送出的应要回，收集的应去掉。在倒过去想的时候，还要逆着事情变化的顺序进行，先把后发生的变化倒回去，再把先发生的变化倒回去，直至回到事情的原来情况。这些都落实在说说自己的想法和列式解答之中。教材给出的第二种方法没有完全按照事情发生变化的次序一步步地逆推，而是先分析事情发展过程中的两次变化对小明邮票张数造成的总的影响。由于今年收集的邮票比送给小军的邮票少6张，所以现在的邮票应该比原来少6张，然后逆推：如果现在的邮票再多6张，就是原来邮票的张数。教学时要提倡第一种方法，因为这种方法比较清楚地体现了逆推的策略，思考和操作比较顺畅，适宜多数学生应用。根据求出的答案，顺推过去看看，剩下的是52张吗？一方面能检验答案是否正确，另一方面能让学生再次体验事情的变化是有次序的。顺着变化一步一步地推，是从开始推向结果；逆着变化一步一步地推，是从结果推向起始。无论顺推还是逆推，有条理的思考是十分重要的。

2. 学生实际分析。

通过前面的学习，学生已经初步形成了运用列表、画图等策略解决问题的意识，掌握了基本的列表、画图的技能，对运用策略梳理信息、外化数量关系从而解决问题的价值，有深刻的感悟。在日常的生活和学习中，学生已经初步积累了一些用倒推的方法解决实际问题的经验，遇到问题会身临其境地联想事件的发展变化过程。这样的经验积累，有助于学生自觉地调用经验来学习、体会和应用“倒推”这一策略。但是如何把倒推的过程清晰地表达出来，学生间思维方式和表达方式的差异比较大。再有就是面对复杂的数量关系、富有变化的问题素材和表述方式，如“一半多1张”，三分之二的学生在整理数量发展、变化的线索时有困难。

续表

教学过程			
教学环节	教师活动	学生活动	设计意图
常规训练	1. 猜一猜:蒋老师的年龄加上6的和再除以4,恰巧是12岁。老师今年是多少岁? 边说边写:? 岁→? →12岁 你是怎么想的? 小结:看来要解决这个生活中的问题,必须从结果倒过来想。 2. 蒋老师家住城北,早晨我遇到了一个问题:早晨从家送女儿要10分钟,从女儿学校到我的学校,开车需20分钟,如果我要在7:30准时到校,那至少要几点几分从家出发?	观察题目,先独立思考再同桌交流,最后大组交流。 学生情况预设:大部分学生都能从结果出发倒过来推想。	调用学生已有的生活和学习经验,在具体情境中自觉运用"倒过来推想"的方法解决问题,为新知的学习做好热身准备。
研创性导入	引发思考:解决上面两个问题时,你觉得有什么相同的地方?今天,我们就来学习关于这一策略的知识。在解决刚才两个问题时,同学们不知不觉中使用了一个数学策略。今天这节课,我们就来研究这样的解决问题的策略。	跟着提问思考。	
初步感悟倒推策略	1. 出示例题,提出问题。 小明原来有一些邮票,今年又收集了24张,送给小军30张后,还剩52张。小明原来有多少张邮票? 2. 进一步提问: 对于原来有多少张邮票的问题,哪些信息有用?它们之间有什么关系?你能先对这些信息进行整理,接着思考方法,最后再列式解答吗? 3. 教师巡视,过程指导: 你能先将这些信息进行整理,然后再解答出这个问题吗? 你的结论正确吗?能不能想办法验证一下?	独立审题,尝试解答。 学生情况预设: ① 能摘录条件,但受四年级列表整理信息策略的影响,不能顺着数量发展、变化的线索整理信息。 ② 能按照数量发展、变化的线索整理信息,并正确解答。 ③ 52+30−24=58(张),在脑子里先理清了数量发展、变化的先后顺序,再倒过来想,不需要借助信息整理,能直接列式计算。 ④ $x+24-30=52$ $x=52+30-24$ $x=58$ 不需要借助信息整理,能按照数量发展、变化的线索直接列方程计算。 ⑤ 30−24=6(张) 52+6=58(张)	尝试用已有的经验解决问题,在互动交流的过程中感受按数量发展和变化的线索摘录条件整理信息、感悟信息关系,并按照线索再倒过来推想解决问题的优越性,体验用"倒推"的策略解决问题的思路。

续表

<table>
<tr><th>教学环节</th><th>教师活动</th><th>学生活动</th><th>设计意图</th></tr>
<tr><td rowspan="2">初步感悟倒推策略</td><td>呈现资源，组织交流。
第一层次：呈现学生资源①②③，请学生说说为什么这样做？可以怎样验证答案是否正确？
第二层次：呈现资源④⑤，在学生说理的过程中与资源②沟通。
第三层次：辨析、比较。</td><td>沟通讨论资源②也是运用了倒推。
交流方法，感悟倒推策略。</td><td rowspan="2">通过举例，积累更多感性材料。丰富学生对能运用“倒推”这一策略解决问题的特征认识。</td></tr>
<tr><td>1. 回顾过程，形成认识。
看，我们用流程图摘录下信息后“顺着理”，再“倒着想”，就能求出小明原来的邮票数了。
2. 检验：同学们真厉害，采用了多种条件的方法来解决这个问题，那么结果是否正确呢？
你能来检验吗？与同桌说一说。
3. 小结：我们从现在倒过来求出了原来后，还可以把结果代入关系“正着查”。
4. 生活中还有哪些问题也能这样先整理信息再倒过来推算？你能举出一些这样的例子吗？</td><td>体会按照数量发展、变化的线索整理信息的优越性。
在方法沟通中再次感受倒过来推想的思路和价值。
同桌相互回忆后个别交流。
联系生活，举例说明。</td></tr>
<tr><td>体会策略运用价值</td><td>刚才这道题用倒推的策略就能很轻松地解决，那“倒推”的策略到底能解决哪一类的问题？
1. 谈话导入例1，课件演示。
师：同学们，从图中你可以了解到哪些信息？那么原来甲乙两瓶各有多少毫升果汁呢？
把你的思路记录下来。
小结：看来当我们遇到知道“现在”要求“原来”这类问题时，就适用倒推的策略。
2. 比较沟通：回顾刚才这两个问题的解决，你发现了哪些相同之处？哪些不同之处？
相同：解决问题的一般步骤；如何整理？（从原来通过一定的变化整理到现在。）如何解决？（从现在倒推到原来。）这类问题的一般特征是什么？（都是知道了现在的情况求原来的情况。）</td><td>学生独立解答，同桌互说想法。
资源：
① 流程图。
② 独立列式：
400÷2＝200
甲：200＋40
乙：200－40
③ 列表：借助示意图，我们清楚地看出果汁的变化，如果将示意图简化一下，我还可以利用表格呈现（形成表格）。<table><tr><th></th><th>甲杯（ml）</th><th>乙杯（ml）</th></tr><tr><td>现在</td><td></td><td></td></tr><tr><td>原来</td><td></td><td></td></tr></table></td><td>在具体运用倒推策略解决数量关系比较复杂、问题情境和表达方式富有变化的问题中，感悟按照数量发展变化的前后顺序整理信息，感悟信息关系的重要性。在对解决实际问题过程的不断反思和矛盾冲突中，感受“倒推”的策略对于解决特定问题的价值。</td></tr>
</table>

续表

教学环节	教师活动	学生活动	设计意图
体会策略运用价值	不同:第一个问题是一个数量的几次倒推;第二个问题是两个数量的一次倒推(板书)。 3. 思考:第1、2题用什么方法来整理信息? 高标:第1题为一个变化量,用流程图整理;第2题有两个变化量,用表格整理。(板书流程图、表格。)	把表格填写完整。 反思交流问题的解决策略。	
拓展延伸	1. 快速反应:你准备用什么策略? (1) 一辆公交车从起点出发时车上有一些乘客。到了第二站,先下车5人,又上车8人,这时车上一共有13人。从起点出发时车上原有多少人? (2) 冬冬和芳芳原来共有60张画片,冬冬给了芳芳5张画片后,两人的画片同样多。原来两人各有多少张画片? (3) 有1克、2克、5克的砝码各一个,可以称量多少种不同质量的物体? (4) 小明今天带了12元钱去学校,买了一支钢笔用去5元,小红又还给他4元,小明身上还有多少钱? 2. 提出挑战: 运用倒推的策略解决了一个量变化的复杂问题,如果两个量、三个量同时变化,你能用倒推的策略解决吗?	交流表达自己是怎样运用倒推的策略整理信息解决问题的。 总结整理相应策略:流程图、列表格、画线段图等。 完成练习题。	在解决两个量、三个量的变化问题以及面对更加复杂的情境时,进一步体会运用倒推这一策略的价值。
板书设计	解决问题的策略——倒推 一个量　几次变化　　顺着理　　　　　　　　流程图 　　　　　　　　　　倒着想　　原来——现在　　列表格 两个量　一次变化 　　　　　　　　　　正着查　　　　　　　　线段图		

[**教学设计 4**]

学校:常州市薛家中心小学	年级:六年级	班级:5 班	人数:47
学科:数学	课题:解决问题的策略——假设	教师:吴春燕	日期:2011.10.17

一、教学目标

1. 从一一列举出发感悟部分列举的优越性,提升学生对数的敏感性。

2. 通过列举、画图等已有经验分析、抽象出假设法,初步学会运用假设的策略解决问题。

3. 反思解决实际问题的过程,感受假设策略对于解决特定问题的价值,形成假设的思维过程。

二、制订依据

1. 教学内容分析。

在四、五年级学生学习了列表、画图、列举、倒推等策略解决实际问题后,本课借助“租船问题”“鸡兔同笼”等现实、有趣、富有挑战的学习素材,引领学生展开探索。从一一列举到假设,是一个从一般到特殊的发展过程,一一列举是把所有解决问题的可能性都罗列出来,而假设是从一个极端的角度切入,通过一次调整就把正确结果找到,只是过程中的思维要求更高,更加抽象。如何帮助学生顺利地从对旧知的直觉运用提升到对新知的逐步感悟和理解,这一过程还可以提供哪些独特的育人价值,都是需要教师深入思考和精心设计的。因此,教师设计从一一列举的一般方法进入:通过对列举解决问题过程中隐含规律的分析、比较,引入假设、调整的思路,并培养学生对数据的敏感性;通过边画边寻找调整规律,通过图与算式的沟通,从具体到抽象,帮助学生理解假设的思维过程,掌握用假设法解决问题的策略。

2. 学生实际分析。

一半学生都已经建立了应用画图、一一列举等策略来解决问题的意识,还有极个别学生会用算式表达计算过程。因此,教学这一内容时,学生的水平参差不齐。假设这一内容对于大多数学生来说是非常抽象的,学生会不知从何下手。即便是在课外学会了假设“套路”的学生,也并不一定说得清为什么要这样做。因此,本节课要通过“列举”这一知识起点,结合画图帮助学生在旧知中找到新知的生长点,帮助学生从直观抽象过渡到用算式表达,提高学生的思维能力。

教学过程			
教学环节	教师活动	学生活动	设计意图
创设情境 合理猜想	青枫公园有大、小船只若干条,大船可坐 5 人,小船可坐 3 人。如果租用 10 条船,可以怎么租?能同时供多少同学游玩呢? 过程中点拨:想想这个问题怎么去思考呢?比比谁的答案最全面。	与同桌交流,指名说出猜想的依据。 独立思考,同桌交流,完整回答。	经历猜想与分析的过程,感知数的范围与假设要关注的两个要素,并且使学生明确可以从大、小两个角度提出假设。感悟假设的现实意义。

续表

教学环节	教师活动	学生活动	设计意图
尝试解决 初步感知	过渡：下面要加大难度，增加一个条件。 出示：青枫公园有大、小船只若干条，大船可坐 5 人，小船可坐 3 人。如果租用 10 条船，全部坐满刚好坐 42 人。 一"放"：现在租的船既要满足 10 条，还要满足坐满，就是不能有空位，刚好坐 42 人。又该怎么租呢？写出你的思考过程，如果有困难可以画图，也可以列表。 一"收"：呈现列举的方法，组织讨论。 (1) 全部列举，起点不同。 (2) 部分列举。 指名学生介绍自己的做法。相机比较列举结果，有什么发现？ 过程中拓展：每调整一次都相差 2 个人。 (3) 如果是 48 人、32 人、38 人，应该分别从几条船入手列举？为什么？ 小结：可以根据范围和不同的数据，确定不同的列举起点，使得我们的列举调整起来更加方便、简洁。	学生尝试解答。 学生情况预设： ① 全部列举、部分列举。 ② 起点不同。 ③ 其他资源。 观察、比较列举的结果，说说自己的发现。 同桌互说，个别交流。	通过比较，体会部分列举的优越性，从中体会列举过程中隐藏的规律，建立学生对假设起点的敏感性。
反思提炼 形成策略	谈话：如果是 100 条船，最多可坐几人？最少呢？如果坐满刚好能坐 470 人，打算从哪里列起？你愿意像刚才那样来一一列举吗？为什么？除了列举还有更简洁的方法吗？ 二"放"：数目很大，不方便研究。我们不妨缩小范围来研究。还是利用第一幅船图，试着画一画，看看在调整的过程中有什么规律？想一想，如果用算式该怎么表示呢？ 二"收"：出示"假设都是小船图"的资源。 组织交流：说说他是怎么想的？	学生尝试。 轻轻说一说，并交流。 画一画，写一写。	随着数据变大形成新的冲突，引发学生对运用算式假设的需求。 引导学生利用船图进行调整的同时，思考算式的表达方式。搭建从具象到抽象的桥梁。

续表

教学环节	教师活动	学生活动	设计意图
反思提炼 形成策略	追问：为什么每条船都要增添2个人，可以增加3个人、4个人吗？ 三“放”：如果假设全都是大船呢？你也能借助船图一下子进行调整，并用算式表达这个过程吗？注意边画图，边计算，边说解题思路。 三“收”：呈现算式资源。 (1) 说说每一步表示什么意思？ (2) 比一比有什么相同的地方？ (3) 相机归纳，完善假设策略的思考过程。 小结：看来不管用列举、画图还是算式，解决问题的思维方式是一致的，都是在假设的基础上，与实际总数比较，再进行调整以符合要求。 揭题：这就是我们今天学习的新的解决问题的策略——假设。	同桌相互交流后个别回答。	通过说一说、比一比，归纳出解决问题的步骤，提炼假设的策略。
应用策略	1. 如果租用100条船，大船能坐5人，小船能坐3人。全部坐满刚好坐470人。租了几条大船，几条小船？ 2. 六年级学生制作了88件标本，准备贴在13块展板上展出。每块小展板贴4件，每块大展板贴10件，两种展板各多少块？	独立完成，同桌交流：是如何假设的，每一步表示什么意思。 尝试从不同角度假设。	在解决数据较大的问题过程中进一步体会假设策略的价值，进一步理解和熟练策略的应用。
课后延伸	其实运用假设的策略解决问题古已有之。出示“鸡兔同笼”问题。	课后尝试。	
板书设计	解决问题的策略——假　设 船图(1)　　　船图(2) 算式　　假设　　算式 比较 调整 验证		

［教学设计 5］

学校：常州市五星实验小学	年级：四年级	班级：3 班	人数：45
学科：数学	课题：简单平均数	教师：张姝	日期：2009.3.22

一、教学目标

1. 在比较中感悟平均数对数据的代表性意义，了解平均数在现实生活中的比较作用。

2. 知道求平均数的一般方法和特殊方法，能根据数据确定平均数的范围。

二、制订依据

1. 教学内容分析。

平均数是常用的统计量，小学数学里所讲的平均数一般是指算术平均数，也就是一组数据的和除以这组数据的个数所得的商。在统计中算术平均数常用于表示统计对象的一般水平，它是描述数据集中程度的一个统计量。我们既可以用它来反映一组数据的一般情况，也可以用它进行不同数据的比较，用平均数描述、分析一组数据的状况特征。

教材首先创设一个现实问题情境：三(2)班同学参加踢毽比赛，用统计表呈现了历次比赛结果，并提出“如果要比较他们的比赛情况，你能从哪些方面进行比较呢”，在尝试中促使学生产生求平均数的需求。教材在引导学生感知大量不同背景材料的基础上，通过对这些不同背景材料的聚类分析，从中归纳提炼出他们共同的本质属性，并对这一本质进行抽象命名。在这个过程中，帮助学生理解求得平均数的一般方法，即“总数÷份数＝平均数”，使学生能够理解公式中份数的内涵，帮助学生学会对大量事实材料进行处理，提升学生归纳提炼和概括抽取本质特征的抽象思维能力，帮助学生感受其中的数学学习思维方式。

2. 学生实际分析。

虽然学生有“平均分”“每份同样多”的认识，在解决现实问题的过程中能大致实现对平均数的理解，但学生对于平均数概念和作用的理解可能存在一些困难：比如怎样理解平均数是数据的中间数？它能起到对数据的代表性作用，可以用来解决现实生活中的哪些比较问题？怎样理解一般方法中份数的内涵？何时可选用特殊方法？如何从大量不同背景材料中抽取平均数的本质特征？等等。

<table>
<tr><th colspan="4">教学过程</th></tr>
<tr><th>教学环节</th><th>教师活动</th><th>学生活动</th><th>设计意图</th></tr>
<tr><td>常规积累</td><td>口算练习。</td><td>口算。</td><td>调动学生积极状态。</td></tr>
<tr><td>初步理解平均数，探索求平均数的方法</td><td>呈现信息：
体育节上学校举行了踢毽子比赛，下面是三(1)班部分同学的成绩情况记录表：
<table>
<tr><th>姓名</th><th>性别</th><th>第一次</th><th>第二次</th><th>第三次</th></tr>
<tr><td>小华</td><td>女</td><td>11</td><td>13</td><td>15</td></tr>
<tr><td>小兰</td><td>女</td><td>18</td><td>23</td><td>10</td></tr>
<tr><td>明明</td><td>男</td><td>16</td><td>14</td><td>12</td></tr>
<tr><td>方方</td><td>女</td><td>生病</td><td>23</td><td>19</td></tr>
</table>这张表中有哪些信息？</td><td>学生预设：
(1) 每次的个数。
(2) 每人踢的个数。
(3) 还有人缺赛一次。
同桌讨论。</td><td>提供研创和真实的问题，设计组合比较，引导学生整体感知材料，为解决问题做准备。</td></tr>
</table>

续表

<table>
<tr><th>教学环节</th><th>教师活动</th><th>学生活动</th><th>设计意图</th></tr>
<tr><td rowspan="3">初步理解平均数，探索求平均数的方法</td><td>确定研究对象：
根据这些信息和数据，我们可以从多方面比较比赛的情况。
先来研究学生和学生之间的比较。
探索求平均数的方法：
你觉得谁的踢毽成绩最好？如果要选一名最优秀的同学参加区级比赛，应该选择谁？为什么？比总个数公平吗？比每次踢的个数公平吗？
一个人每次踢的个数都不同，我们难以比较，如果一个人每次个数都一样，用这个数进行比较，同意吗？
想一想，怎么让小华的个数每次变得同样多？
把你的方法记录下来，再和同桌交流。</td><td>预设可能：
(1) 移多补少。
(2) 求和均分。</td><td>引导学生发现用“总数”或“部分数”比较的不公平，使学生产生认知冲突，激发学生思考如何用新的方法解决问题，产生求“平均数”的需求。</td></tr>
<tr><td>为什么除以3？
说明：“11+13+15”求的是3次的总个数，3表示踢3次，所以要除以3得到平均每次的个数。
拓展：如果踢了4次呢？5次呢？如果缺赛少了1次呢？
你能求出小兰、明明、方方平均每次踢的个数吗？
在记录本上写一写。</td><td>指名交流，完整表达总数和次数的关系。</td><td>帮助学生理解比较两种方法，体会求的数据是代表一般水平的数，因而可以用来比较。
初步拓展对“份数”的内涵理解。
将练习融于解决问题的过程中。
让学生感知理解“总数”和“次数”的对应变化。</td></tr>
<tr><td>评：
感受“移多补少”的局限性，“求和均分”的普适性。
板书：总数÷次数
现在选谁参加区比赛？
小结：原来各人每次踢的个数不同，无法比较，我们用“移多补少”和“求和均分”的方法，求出每次踢的一样多的数，这个一样多的、代表一般水平的数就是几次的平均数。根据平均数就能比较出谁的踢毽成绩最好。很公平。</td><td>思考总结。</td><td>初步感受平均数的作用。</td></tr>
</table>

续表

教学环节	教师活动	学生活动	设计意图
运用求平均数的方法,再次感知平均数	刚才我们比较了学生之间的成绩,能不能比比3次,哪一次成绩最好呢? 要求:在自备本上做好记录,只列式不计算,可以估一估它的范围。 呈现学生算式。 追问: 第二次为什么除以3? 同样是3,为什么前面表示3次,这里表示3个人?	一半学生算一、二,一半学生算一、三。	帮助学生感受平均数在最大数和最小数之间。 让学生再次体会总数和份数要对应。 感受份数的内涵会随着总数的变化而变化。
提炼抽象平均数的概念和数量关系	在现实生活中,这样的问题还有很多。 1. 丁丁前三天看书80页,第四天看了25页。红红第一天看书20页,第二天看书15页,第三天看了25页。谁看得快? 2. 绿车第一小时行驶了80千米,第二小时行驶了120千米,第三小时行驶了110千米;蓝车两个小时共行驶了210千米。哪辆车开得快? 你能解决这两个问题吗? 引导提炼求具体平均数的方法。	只列式不计算。 交流想法。	通过教师示范,拓展学生思维。
	你能不能也举些求平均数的例子,并说说计算方法。 引导提炼方法。	学生举例。	引导学生模仿创造。
	提炼抽象求平均数的方法。 先求总数,再平均分得到一个能表示一般水平的数,这个数就叫平均数。 总个数、总页数、总人数、总元数等等就是“总数”,那总数对应的次数、人数、小时数、天数、年数等等可以概括为“份数”。怎样求平均数?	总数÷份数=平均数。	引导学生在大量感性背景材料的基础上感知,提炼抽象出“平均数”的概念,归纳概括出求平均数的方法,帮助学生理解平均数的丰富内涵。
	体会平均数的作用: 平均数在最大数和最小数之间,表示数据的中间数,对一组数据有代表性;因为平均数有代表性,在生活中可以用平均数来比较。	结合具体情境感悟。	

续表

教学环节	教师活动	学生活动	设计意图
总结延伸	今天我们研究了“平均数”。 我们是怎样研究的？ 你对“平均数”有哪些认识？ 我们通过生活中大量的事例，发现平均数可以表示一组数据的一般水平，可以用它来进行公平的比较。 今后很多知识我们还要用这样的方法、过程学习。	总结交流方法、作用。	引导学生对学习过程进行反思，总结提炼学习方法结构。

[教学设计 6]

学校:常州市蓝天实验学校	年级:五年级	班级:3 班	人数:39
学科:数学	课题:加权平均数	教师:张丽东	日期:2010.3.26

一、教学目标

1. 熟练掌握计算加权平均数的方法。
2. 丰富"权重"对平均数的影响,能正确、熟练地估计加权平均数可能的范围。
3. 深切感受加权平均数在现实生活中的意义和作用。

二、制订依据

1. 教学内容分析。

"加权平均数"是简单算术平均数的后续学习内容,我们已经改变了以往数量关系式的专项训练,通过不同购买方案引导学生参与平均数形成的过程,使学生在感悟和体验的过程中对平均数问题形成有意义的认识。虽然我们在感受"权重"对平均数的影响时,融练习于此,但是原有教学情境过于单一,且局限在两个数中。基于此,我们设计了此练习课,试图从三方面打开学生思路,丰富学生认识,使学生对平均数的意义理解更深刻。

2. 学生实际分析。

学生经历了平均数的形成过程,感受了"权重"对平均数的影响。但是,理解上还是存在着一些偏差。我们发现,脱离了什锦糖的情境,学生在解决问题时还是产生了一些困难,所以,有必要帮助学生丰富各种情境,形成一般方法。但是,形成一般方法后,又会使学生思维产生定势,所以我们拓展了特殊方法,期望学生能主动观察数据特点,灵活选择方法。

教学过程

教学环节	教师活动	学生活动	设计意图
常规积累	昨天是怎样研究平均数的?发现了怎样的规律?举例说一说。 1. 要求:估一估平均数的范围。 <table><tr><td>名称</td><td>单价</td><td>数量</td></tr><tr><td>奶糖</td><td>60 元/千克</td><td>2 千克</td></tr><tr><td>橡皮糖</td><td>80 元/千克</td><td>3 千克</td></tr></table><table><tr><td>内容</td><td>月份</td><td>平均每月用水吨数</td></tr><tr><td rowspan="2">用水情况</td><td>前 4 个月</td><td>25 吨</td></tr><tr><td>后 2 个月</td><td>35 吨</td></tr></table>2. 提问:你有什么好方法吗? 3. 总结:先找中间数,再找偏向。	同桌互相说一说。 先独立思考,然后和同桌互相说一说你是怎样估计的。 同桌互相说一说。	回顾旧知,为练习做铺垫。 培养学生对权重偏向和找中间数来确定估计范围的敏感性。

续表

教学环节	教师活动	学生活动	设计意图
基本练习	1. 要求：先估一估范围，再列式计算，并说说数量关系。 (1) 一辆摩托车从甲地开往乙地，前2个小时平均每小时行驶30千米，后3个小时平均每小时行驶50千米。这辆汽车从甲地开往乙地平均每小时行驶多少千米？ (2) 学校举行了冬季体育竞赛，三年级(1)班1分钟跳绳情况：男生25人，平均每人跳绳120个；女生20人，平均每人跳绳130个。三(1)班平均每人1分钟跳绳多少个？ 2. 提问：你采用了什么数量关系式？ 3. 板书： 总路程÷总时间＝平均每小时行的路程 总个数÷总人数＝平均每人跳的个数	学生先独立思考，然后和同桌交流解法和数量关系。	从生活实际问题出发，不仅让学生巩固有关“权重”的体验，也让学生对于加权平均数中的“权重”概念有着更为生活化的理解。
	逆向思考。 1. 出示： 甲队的队员平均每人9岁，乙队的队员平均每人11岁，那么这两个队的队员平均年龄可能是多少岁？ 2. 过程中打开： (1) 不能用算式表达的时候可以用文字叙述。 (2) 很多同学想到了10岁，一定是吗？还有其他可能吗？ 3. 总结： 平均数与人数之间有着密切的联系。	学生独立思考。 预设： ① 学生不知所措。 ② (11＋9)÷2＝10(岁)。 ③ 提出缺少条件。	通过对人数的不同设计，让学生体会人数变化给平均年龄带来的影响。

续表

<table>
<tr><th>教学环节</th><th>教师活动</th><th>学生活动</th><th>设计意图</th></tr>
<tr><td rowspan="2">变式练习与拓展</td><td>1. 拓展到三个数。
出示基本练习的第 1 张表：
添加巧克力 100 元/千克和 5 千克，问混合什锦糖的单价是多少呢？
要求：
先估一估，再算一算，最后说说数量关系。
追问：
如果是四种糖呢？七种呢？怎么求？
小结：
虽然糖的种类可以增加，数量也会发生变化，但求什锦糖的数量关系不变。
2. 拓展简便方法。</td><td>学生先估再算，同桌交流。</td><td>从两种到多种，丰富学生对加权平均数的认识，掌握求平均数的方法。</td></tr>
<tr><td>出示：
四年级三个班身高情况调查表
2010 年 3 月
<table><tr><th></th><th>男生人数（人）</th><th>平均身高（厘米）</th><th>女生人数（人）</th><th>平均身高（厘米）</th></tr><tr><td>四(1)班</td><td>20</td><td>140</td><td>20</td><td>142</td></tr><tr><td>四(2)班</td><td>22</td><td>142</td><td>18</td><td>140</td></tr><tr><td>四(3)班</td><td>21</td><td>141</td><td>19</td><td>141</td></tr></table>提问：
这张表格你看得懂吗？怎样求各班男女生的平均身高？
聚焦：方法的选择。
追问：
观察表格中的数据，你发现了什么？
(1) 当人数相等的时候，全班平均数就取中间值。
(2) 当人数不一样，但平均数一样的时候，不管人数多少，全班平均数是不变的。
(3) 当人数不一样，平均数也不一样的时候，全班的平均数，就要注意了：如果男生人数多，平均数就偏向男生的平均数；如果女生人数多，平均数就偏向女生的平均数。</td><td>学生列式计算。
根据资源对比，说说方法。
先独立想想，再在小组内交流一下。</td><td>通过求特殊数据的平均数，让学生充分感受到在解决实际平均数问题时，方法的多样性和灵活性。</td></tr>
<tr><td>课堂总结</td><td>通过今天的学习，你对平均数又有了哪些新的收获和认识？</td><td>同桌互相说一说。</td><td>归纳总结、提炼方法。</td></tr>
</table>

［教学设计 7］

学校：常州市薛家中心小学	年级：四年级	班级：1 班	人数：46
学科：数学	课题：条形统计图	教师：吴春燕	日期：2010.11.16

一、教学目标

1. 使学生在画图和读图活动中，产生用一格表示多个单位的需求，知道用一格可以表示几。

2. 使学生经历观察统计图、用条形表示统计数据并进行简单分析的过程，体验描述数据的不同方式，认识条形统计图的要素，感受条形统计图的特点和作用。

二、制订依据

1. 教学内容分析。

苏教版教材在 1—3 年级都有“统计”知识的渗透与教学，尤其是三年级对“每格表示 1”的简单条形统计图的认识，还有本单元第一课时分段整理数据的学习，都让学生对统计的目的和意义已有所感知。四年级继续学习条形统计图，主要是让学生在画图和读图等活动中知道 1 格可以表示多个单位，认识条形统计图的要素，感受条形统计图的特点和作用。教材没有直接告诉学生条形统计图里的 1 格不仅能表示 1 个单位，还能表示多个单位，而是出现了许多 1 格表示多个单位的条形统计图，让学生在看图、说图时注意到图里的 1 格表示了多个单位。我认为这样教学，学生固然可以掌握知识，但学生感受不到 1 格可以表示多个单位背后的实际需求，所以我在对预案进行设计时，对教材本身的教学顺序做了调整。先创设问题情景，激发学生的认知冲突，再放手让学生自己想办法解决困难，让学生在“想一想”“议一议”“画一画”的过程中，体悟每格不仅可以表示“1”，还可以表示“几”，使学生对 1 格表示几个单位的合理性有更多的体会。

2. 学生实际分析。

学生在三年级已经认识过 1 格表示 1 个单位的条形统计图，初步了解了条形统计图表示数据的基本方法及其作用，并学会了如何根据数据特点灵活进行分段整理，本次教学是在该基础上进行的。在新旧矛盾冲突中，让学生产生“用一格表示几”的需求，知道如何用一格表示几，是本课要突破的关键所在。

教学过程

教学环节	教师活动	学生活动	设计意图
知道一格可以表示“几”	1. 上节课大家学习了分段整理数据，还做成了统计表（多媒体出示统计表）。 你能把这张表制成统计图吗？先想想你准备怎样画？ 制造冲突：“优”只有 1 天，画一格就行了，但“良”有 21 天，要画 21 格，这么多画得下吗？有什么好的办法解决格数少、数量多的问题？和同桌讨论后把你们的想法画下来。 半成品加工（呈现没标数据的资源）：如果这样画，你能看出他表示的是哪种状况吗？又看得出有多少天吗？	学生思考后指名回答。 预设：学生大都会想到用一格表示 1 天。 和同桌轻声交流解决办法后动手画。 预设：学生可能不在纵轴上标数据，横轴上也没标出项目。	巧妙地利用学生的旧知与新问题之间的冲突，创设问题情境，激发起学生解决问题的强烈欲望。课堂上，教师留给学生充分的时间和空间，着眼于培养学生解决问题的能力。

续表

教学环节	教师活动	学生活动	设计意图
知道一格可以表示“几”	2. 明确：在横轴上标好项目，纵轴上标出数据，别人才会一目了然。 3. “收”： (1) 这位同学是怎样画的？解决刚才的问题了吗？你有什么建议吗？ 提炼：要想画出合适的统计图，我们不仅要考虑格子的多少，还要根据数据的特点，合理地选择1格表示多少个单位。 (2) 同时呈现学习资源①②③，问：要表示的天数是一样的，为什么条形的长度不一样呢？ 提炼：不同的学习材料中，每格表示的数量不同，条形的长度也就不同，但都能表示出规定的天数。	1格表示10。 ① 1格表示2。 ② 1格表示3。 ③ 1格表示5。	通过多种资源的交流，让学生感受到：根据实际的要求，一格可以表示不同的数量。
观察比较，体会条形统计图的特点和作用	1. 观察比较，揭示优点。 同学们，现在我们知道，数据整理好后可以制成统计表，也可以做成条形统计图，请大家比一比、想一想，条形统计图最大的优点是什么？什么情况下用条形图描述数据更合适？把你的想法跟同桌交流一下。 2. 小结：用条形统计图表示数据，可以从条形的长短直接看出数量的多少，非常的形象直观，便于比较。 3. 板书：形象直观，便于比较	同桌讨论，再指名汇报。	通过引导学生自主观察、比较，体会条形统计图的特点和作用。
	1. 生活中举例。 这样的条形统计图，在我们生活中经常可以看到，你注意过吗？ 2. 揭示课题：是啊，生活中，人们在描述数据时，为了突出数据的比较，常常会制作条形统计图，今天就让我们一起走进条形统计图的世界。	学生举例。	

续表

教学环节	教师活动	学生活动	设计意图
丰富感知，认识条形统计图的要素	多媒体分别出示 3 个不同的条形统计图。	同桌相互说说，由统计图可以获得哪些信息。 学生同桌互相合作，认识上述条形统计图。 交流，展示，补充。	通过同桌合作学习的方式，让每位同学都参与到识图的学习活动中，确保每位同学都有畅所欲言的机会。这样的处理，既突破了“一问一答”的局限，又调动了学生学习的主动性，为学生真正成为学习的主体构建了平台。
	问：这 3 个统计图有什么地方是相同的？又有什么不同？和同桌轻声地说一说，看哪一组找得最全。	预设： 相同——都有标题、时间、直条。（横轴、纵轴可能不会正确表述。） 不同——有的是竖着的，有的是横着的。	
拓展应用	1. 合理估计。 出示 4 个主要淡水湖面积统计图，根据统计图中条形的长短，你能估计一下这 4 个湖的面积大约各是多少平方千米？并说说你是怎样估计的。 学生交流后给出准确的数据，指出：在条形上面标出数据很有必要。 2. 对比分析。 刚才大家看到的是 1954 年制作的统计图，老师这儿还有 2006 年制作的统计图（多媒体出示），你看了这两幅条形统计图后有什么感觉？ 3. 拓展：其实我们还可以专门针对某一个淡水湖进行调查统计，看看这 50 多年湖的面积到底是怎样减少的。用怎样的方式描述更合理？后面我们将继续来学习相关的统计知识。	学生思考后在图中表示，并和同桌交流估计的方法。	现在很多学生的估计是凭空臆想，并不是我们所追求的合情合理的估计，所以我在读图练习时借用了教材中的例题，并做了相应的修改。一是为了能逐步培养学生合情合理的估计能力；二是为了训练学生更准确地读取统计图中的数据信息；三是为了说明条形图上方标出数据的合理性、必要性；四是为了与现在的 4 个湖的面积形成强烈的反差对比，使学生感受到“数的力量”，从而更好地激发学生的学习积极性。

续表

教学环节	教师活动	学生活动	设计意图
课后作业	请你们上网查找资料，小组合作了解我国长江、黄河、珠江、淮河四条河流的长度，在讨论研究的基础上画出统计图，并谈谈你们的想法。	查找资料。	课后作业的设计作为学生后续研究条形统计图的开端，意在培养学生调查信息、整理数据的能力，巩固条形统计图的画法，同时通过课外延伸，为学生尝试课外开展合作学习提供了良好的契机。

［**教学设计 8**］

学校：常州市花园第二小学	年级：四年级	班级：3 班	人数：46
学科：数学	课题：数据的分段整理	教师：王卫红	日期：2009.11.16

一、教学目标

1. 让学生经历整理和分析数据的简单统计过程，学会根据实际情况对一组数据进行分段整理。

2. 让学生进一步增强用统计的方法解决实际问题的意识，发展统计观念，培养学习的兴趣。

二、制订依据

1. 教学内容分析。

小学阶段的统计以描述统计为主，其中有认识统计表的教学，但描述统计的内容不多，教材把不多的内容分解编排到各个年级，很容易出现散点和碎片化的状态，所以就导致了以下现象的存在，如统计被异化为数数，学生不知道为什么要统计。我认识到，借助于描述统计的教学，要引导学生经历样本数据的收集、整理和分析的过程，帮助学生学会制作统计表，了解和认识统计知识在现实生活中的作用和意义，提升学生收集、分析、处理数据的水平和能力，并让学生能够根据这些规律做出初步的预测和判断。在本节课的教学中，我首先注意引导学生对现实生活中的不确定现象进行统计，如某班的测验成绩，通过情境的创设向学生交代和说明统计的目的和意义，将统计的基本思想方法渗透在教学的过程之中。其次，注意引导学生经历数据收集、处理和分析的统计过程，帮助学生有条理地统计数据，并能用画正字的方法进行数据统计。最后，注意引导学生从整体上认识和把握统计表的要素，培养学生根据统计表说明数据分布状况的能力。

2. 学生实际分析。

学生在三年级统计教学的过程中，已见过和填写过单式统计表和复式统计表，也会用画正字的方法来统计数据，所以对于学生来说填写四年级上册的分段统计表是没有什么难度的，那么本节课的重点在于：如何从技能角度对一组数据进行判断和分析，从而进行分段；如何对于分段后的数据再一次分析，从而进行评价。从思想方法角度来说，由于本节课的基本要求是体现统计的意义，所以重点在于如何将统计的基本思想方法渗透在教学的过程中。

教学过程

教学环节	教师活动	学生活动	设计意图
激趣导入	同学们，我们都考过试，某小学为了了解同学们最近学习的情况，进行了一次小测验，四(2)班成绩如下(展示表格)。	学生观察。	通过谈话，进入课题。

续表

<table>
<tr><th>教学环节</th><th>教师活动</th><th>学生活动</th><th>设计意图</th></tr>
<tr><td rowspan="2">自主探究</td><td>创设情境。
你能很快判断这次考试的成绩是好还是坏吗？想要知道成绩是好还是坏，对这些数据该如何处理才看得清？
师总结：也就是要看清各个分数段的人数。
要想看清各个分数段的人数，就要怎么办？
板书：分段整理数据</td><td>生回答。
生：
① 平均分数。
② 90 分以上的人数，80—89 分的人数。</td><td rowspan="2">根据教材，但不拘泥于教材，围绕“要知道成绩是好是坏”这个问题的讨论，初步让学生体会“分段标准”，以此问题来激起学生统计的需求。
通过学生自己完成这张半成品的统计表，体现重心下移，让学生参与到这张统计表的制作过程中来，而不仅仅是统计数据。
在收集资源的时候，一是对第一横栏的处理要分两个层次，二是对第二横栏的处理也是分两个层次：首先是统计数据的方法，然后是增添合计的作用。</td></tr>
<tr><td>探究方法。
根据老师提供的数据，请用数据分段整理的方法来完成这张统计表。
第一横栏的处理：
① 如果只有优秀、良好，你知道这位同学的各种等第处于怎样的分数段吗？怎么办？
② 10 分一段与 20 分一段进行比较，哪个更好？为什么？
③ 我们在统计第二横栏数据的时候，你是用什么方法做到有序又简单的统计的？小组交流。
师总结：其实在统计数据的时候画正字是一个很好的方法，只须看一遍就能统计出所有的数据。
④ 为了保证我们填写的数据正确，还可以添一栏合计，并进行检验。你是怎么检验的？
请你看一看老师统计的这张表，跟刚才的原始数据相比较，信息明显要更加怎么样？
看了这张表，你觉得四(2)班的学习成绩怎么样？</td><td>生：用这些数据分段统计四(2)班学生成绩。
完成统计表情况预设：
① 可能只有优秀、良好。
② 可能没写完。
③ 分段的各种资源可能是 10 分一段。
④ 可能是 20 分一段。
答：10 分一段分四段比较合理，20 分一段才分 2 段，太少了。
学生检验方法预设：
① 打钩。
② 打各种符号。
③ 画正字。
(若学生的数据出现问题，可用检验的方法进行纠正。)</td></tr>
</table>

续表

<table>
<tr><th>教学环节</th><th>教师活动</th><th>学生活动</th><th>设计意图</th></tr>
<tr><td>运用新知解决问题</td><td>1. 前一阶段，四(2)班同学在体育课上测了仰卧起坐的成绩，以下是全体女生的成绩(展示表格)，你觉得四(2)班女生成绩怎么样呢？
数据多，看不清，应对其进行分段处理。根据国家体育锻炼标准，老师已写了一半，对于这张表有什么疑问吗？请你接着把表填完。
2. 现在老师告诉你，34—39 分段属于良好，那么其他分数段又应是什么等第？这里分段的每段数据又有什么特点吗？
3. 老师纠正不及格与优秀的问题。
4. 现在对这张表在分段整理之后，你来评价一下女生的成绩。
师总结：经过分段整理，原来一头雾水的成绩就变得更清晰了？我们还能对它进行什么处理？</td><td>生：不知道或无根据地说。
学生填表，对分段是不是一定要按照同等分数为一段提出疑问。
生回答：10—20 是不及格，21—33 是及格，34—39 是良好，40—59 是优秀。</td><td>围绕本课知识重点进行基本练习，及时巩固所学新知；凸显“分段标准”在数据整理中的桥梁作用。与此同时让学生知道数据分段并不是等分的，让学生进一步感受把数据进行整理，可以使数据的分布状况更清楚，清晰地反映出现实状况。</td></tr>
<tr><td>拓展运用</td><td>1. 其实，像这样分段整理的方法在生活中的运用还有很多，比如空气污染指数，书上有具体的介绍。请大家带着问题阅读课本上的“你知道吗”。
2. 你们知道我们常州空气质量情况怎样吗？老师从网上收集了今年 8 月常州市及桂林市的空气质量日报情况摘要(显示)。
3. 观察表中的数据，结合我们刚才整理的空气质量划分标准，请第一、二小组分段整理常州的数据，第三、四小组分段整理桂林的数据，并把统计表填写完整(出示)。</td><td>学生完成表格填写。
常州市 2009 年 8 月空气质量日报情况统计表
2009 年 9 月
<table><tr><td>污染指数</td><td>0—50</td><td>51—100</td><td>101—200</td></tr><tr><td>空气质量状况</td><td>优</td><td>良</td><td>轻度污染</td></tr><tr><td>天数</td><td>1</td><td>21</td><td>9</td></tr></table></td><td>在学生对本地空气质量情况有了充分感受后(估计大多数学生都会觉得常州的空气质量还是不错的，因为 21 天是“良”，只有 9 天是“轻度污染”)。引用“国家环保总局网”提供的桂林市 8 月份空气质量</td></tr>
</table>

续表

<table>
<tr><th>教学环节</th><th>教师活动</th><th>学生活动</th><th>设计意图</th></tr>
<tr><td rowspan="2">拓展运用</td><td>常州市2009年8月空气质量日报情况统计表
年　月
<table><tr><td>污染指数</td><td></td><td></td><td></td></tr><tr><td>空气质量状况</td><td></td><td></td><td></td></tr><tr><td>天数</td><td></td><td></td><td></td></tr></table>
桂林市2009年8月空气质量日报情况统计表
年　月
<table><tr><td>污染指数</td><td></td><td></td><td></td></tr><tr><td>空气质量状况</td><td></td><td></td><td></td></tr><tr><td>天数</td><td></td><td></td><td></td></tr></table></td><td>桂林市2009年8月空气质量日报情况统计表
2009年9月
<table><tr><td>污染指数</td><td>0—50</td><td>51—100</td><td>101—200</td></tr><tr><td>空气质量状况</td><td>优</td><td>良</td><td>轻度污染</td></tr><tr><td>天数</td><td>29</td><td>2</td><td>0</td></tr></table></td><td>情况，既体现了数据来源的真实性，又引起了学生的强烈震撼，为下面“两个城市空气质量情况对比”做好铺垫。同时，渗透了“根据数据实际情况，灵活运用整理方法”的思想。</td></tr>
<tr><td>1. 显示常州和桂林8月两张统计表。
2. 第一、二组先说，常州的天气怎么样？三、四组的意见呢？看了上面的两张统计表，你的想法又有什么改变？作为常州的一员，我们可以做些什么？</td><td>学生讨论，回答。</td><td>其实这里的天气有两次对比，一是污染指数的对比，二是两个城市的对比。这里渗透一种统计意识，对比使我们对数据的分析更为有效。两张单式统计表的对比也为复式统计表的教学做了相应的衔接和铺垫。</td></tr>
<tr><td>总结</td><td>通过今天的学习，对原始数据进行怎样的处理，数据会更有价值？有什么价值？</td><td>学生总结。</td><td></td></tr>
</table>

[教学设计9]

学校:常州市新北区安家中心小学	年级:六年级	班级:2班	人数:38
学科:数学	课题:分数表示可能性大小	教师:冯震	日期:2011.12.16

一、教学目标

1. 学生理解并掌握用分数表示可能性大小的基本方法,会用分数表示简单事件发生的可能性,进一步加深对可能性大小的认识。

2. 学生进一步体会数学知识间的内在联系,感受数学思考的严谨性与数学学习的趣味性。

3. 学生认识数学与生活的联系,初步感悟生活中任何幸运和偶然的背后都是有科学规律支撑的。

二、制订依据

1. 教学内容分析。

"可能性"的知识属于统计与概率学习领域。学生在二年级时已经学习了客观事件出现的可能性,感受过不确定现象;三年级时认识了可能性大小;四年级时又学习了等可能性和游戏规则的公平性。在这些知识和经验基础上继续可能性教学,可以说是对前面知识的延伸与发展,通过本课教学,重点是让学生从对可能性大小的定性描述过渡到定量刻画,进一步加深对可能性大小的认识与理解。

2. 学生实际分析。

学生在此前已经对可能性话题有过三次接触:二年级会用"可能""一定""不可能"等词语描述生活中的现象;三年级会用"经常""偶尔"等词语描述一些事件发生的可能性;四年级学会了设计简单游戏的公平规则。此外,生活中可能性问题也是随处可见,因此,学生的认知经验是比较丰富的。如何在分数和可能性之间架桥,发展学生的数学思维,增强应用意识?首先,通过设计决定谁先发球的规则,聚类分析,感悟概率是1/2的内涵,并以此为基点进行拓展。在设计"摸球"游戏中,领悟概率$1/a$的内涵。在此基础上,设计摸牌的可能性,领会几分之几表示事件发生的可能性,体验概率区间的思想,再进行异域的沟通和融合——可能性也可以在数轴上表示。然后,通过走进生活和设计可能性是1/4的游戏,培养学生思维的严谨性、研创性和深刻性。最后,通过与旧知的沟通,促使学生形成认知的系统化,形成结构化的认识。

整个过程,我力求以学生发展为立足点,在尊重教材的基础上,创造性地使用教材,让学生亲历知识形成的过程,充分体会概率思想,体验数学的价值,感悟生活中任何幸运和偶然的背后都是有科学规律支撑的,增强应用意识。

教学过程

教学环节	教师活动	学生活动	设计意图
常规积累	我们一起来玩个摸球游戏好吗?布袋子里有些球,任意摸一个,摸到红球算男生赢,摸到黄球算女生赢,谁愿意来摸?(袋子里放2个红球。)	看到红球时就说男生赢,反之就说女生赢。 全班互动。 取出球,发表感言。	游戏导入,激活旧知,激发学生兴趣。

续表

教学环节	教师活动	学生活动	设计意图
核心过程推进	设计发球权游戏,感知用 1/2 表示事件发生的可能性。 “放”:有两位同学也正要举行一场乒乓球比赛,谁先发球呢?如果你是裁判,你能帮他们设计一条公平而简洁的规则吗? “收”:抛硬币、猜乒乓球、掷骰子还是抓阄,这些规则有什么相同的地方? 板书:每种情况的可能性都是 1/2 揭示课题。	独立思考后说给同桌听听。 可能:抛硬币、猜乒乓球、掷骰子、抓阄、石头剪刀布。 同桌说说。	通过设计“决定谁先发球的规则”,聚类分析,感悟概率是1/2的内涵。
	摸球游戏:巩固用 1/2、1/3 表示可能性。 一个神秘布袋,里面有一些球,但是里面没有红球,现在放入一个红球,从中任意摸出一个球,摸到红球的可能性是几分之几? 回应:那现在你们只能知道什么? 出示球(一红一蓝)交流。	全班互动。 预测: ① 有可能是 1/2、1/3、1/4…… ② 不能确定。	通过猜神秘布袋里一个红球的可能性,引发学生深层次思考,体会到随着球的个数的增加,摸到红球的可能性就越小,可能性是球的总个数分之一。
	在这个小布袋里装着一个球(看不见颜色),我把这个球放进这个袋子里,想一想,任意摸一个球,现在摸到红球的可能性是几分之几? 出示未知球(黄球):现在知道了吗? 拓展:摸到黄球的可能性是几分之几?摸到蓝球的可能性呢?	全班互动。 预测: ① 可能性是 1/3。 ② 无法确定。 ③ 不是 1/3,就是 2/3。	
	教学用几分之一表示可能性(包括一个和一类)。 放:在袋子里画一些球,要求摸到红球的可能性是 1/4。 过程中打开:我看到同学们有的画了 2 个红球,有的画了 3 个红球。	学生活动。 设计好的同桌相互说说。	设计可能性是 1/4 的游戏,使学生明白了分子 1 既可以表示 1 个,也可以表示 1 类,完善了学生的认识,张扬了学生的个性,培养了学生思维的严谨性、研创性和深刻性。
	收:第一层次先出示“红蓝白绿　红蓝白白　红蓝蓝蓝……”。 这几种方案可行吗?	全班互动。 谈感受。	

续表

教学环节	教师活动	学生活动	设计意图
核心过程推进	第二层次再出示“红红蓝蓝白白绿绿　红红红黄黄黄黄黄黄黄黄黄……”。 “放”：图中有的画了 2 个红球，有的画了 3 个红球，摸到红球的可能性怎么都是 1/4？ “收”：请学生交流。 小结。 迁移和提升：摸牌游戏。 出示牌：把这些牌洗一下反扣在桌上，从中任意摸一张牌，摸到某种牌的可能性是几分之几。 拓展：摸到红桃 K 的可能性是几分之几？小于 10 的可能性呢？ 小结：可能性与数轴的沟通。	交流汇报画法： 摸到每个球的可能性都是 1/8，红球有 2 个，摸到红球的可能性是 2 个 1/8，就是 1/4。 因为一共有 8 个球，有 2 个红球，摸到红球的可能性是 2/8，也就是 1/4。 2 个红球看作一组，因为红球的个数占总个数的 1/4。	学生自主探索，独立解决，体验概率区间的思想，进行异域的沟通和融合：认识到可能性也可以在数轴上表示。让学生的思维不断向纵深推进。
	某一个商场正在进行转转盘中大奖的活动，看看要求，购满 100 元，可以到转盘上转 1 次指针(出示转盘)。 (1) 如果你是商家，你将规定怎样的中奖规则？ (2) 如果有 80 位顾客，每人转动指针一次，可能有几次停在红色区域？几次停在黄色区域？几次停在蓝色区域？你能选一个解释一下吗？ 停在红色区域一定是 10 次吗？ (3) 转转盘的人越来越多，随着客流量的增加，转到红色区域可能性的大小会有变化吗？为什么？	同桌讨论。 学生活动： 学习卡上，能写几个就写几个。 写完了与同桌交流。 预测： 每张牌的可能性、红桃、奇数、大于 5 的…… 快速反应。 独立思考后同桌交流。	将数学回归到生活，把所学的知识应用到生活中，学生体会学习数学的重要性，体验学而有用的喜悦感，使学生知识技能、情感态度和价值观得到和谐的发展。
	现在越来越多的人想通过购买彩票一夜暴富。其中著名的有体彩“七星彩”彩票，这是它的游戏规则部分介绍，如果你去买一个号码，中头等奖的可能性是多少？	先想一想，然后同桌互相说说。 同桌讨论。	

续表

教学环节	教师活动	学生活动	设计意图
总结延伸	生活中这样的可能性问题随处可见。比如，我想找一位同学谈谈对这节课的感受，你被选中的可能性是几分之几？如果是在男生中选一位，你被选中的可能性又是几分之几？ 总结：今天我们学习了用分数表示可能性的多少；二年级时同学们就会用“可能”“一定”“不可能”等词语描述生活中的现象；三年级时初步认识了可能性的大小，会用“经常”“偶尔”等词语描述一些事件发生的可能性；四年级时了解了等可能性和游戏规则的公平性，学会了设计简单游戏的公平规则。随着年龄的增长，以后我们还会进一步研究可能性的有关知识。	全班互动。 举例说说生活中的可能性。 猜拳中赢、输的可能性究竟是几分之几？ 课后依托书上习题去思考、发现，下节课交流。	回顾总结，激发学生进一步探究的欲望。